campusmad

La diferencia entre aprobar y sacar plaza

Curso *ONLINE*
Ley 39/2015, de 1 de octubre, del Procedimiento Administrativo Común de las Administraciones Públicas. Test comentados para oposiciones

Accede a tu **Curso *ONLINE*** y disfruta de los siguientes recursos:

- Técnicas de Memoria 360.
- Test *online*.
- Vídeos de todos los Títulos.
- Esquemas de todos los Títulos.
- Actualizaciones legislativas (Boletines Oficiales).
- Enlace a Legislación consolidada de la Ley.
- Recursos y novedades exclusivas.

Valida los código de acceso al CURSO *ONLINE** que encuentras en la última página de tus libros y disfruta de 180 días de acceso a recursos exclusivos.

Infórmate en: mad.es/registro-campus

AF212341

NOTA IMPORTANTE:

* El acceso al CURSO *ONLINE* estará disponible desde marzo de 2024 (algunos recursos podrían estar disponibles en fecha posterior).

Tendrá una duración de 180 días con opción de RENOVAR, desde la validación de códigos o hasta el 31 de diciembre del 2025 lo que se cumpla antes.

MAD se reserva el derecho a ampliar dichas fechas.

Ley 39/2015, de 1 de octubre, del Procedimiento Administrativo Común de las Administraciones Públicas

Febrero, 2024

Ley 39/2015, de 1 de octubre, del Procedimiento Administrativo Común de las Administraciones Públicas

Test comentados para oposiciones

Volumen 1

Autores

CLARA INÉS CARRILLO PARDO
Licenciada en Derecho

FRANCISCO JESÚS TORRES FONSECA
Licenciado en Derecho

ENCARNA ROJO FRANCO
Profesora de Derecho Público

JUAN CARLOS USERO LÓPEZ
Licenciado en Derecho
Funcionario de Cuerpo Superior de Administradores
Generales de Comunidad Autónoma
Consejero Técnico

JOSÉ LUIS GARRIDO VELA
Licenciado en Derecho

© 7 Editores Recursos para la Cualificación Profesional y el Empleo, S.L. (7 Editores)
© Los autores
Primera edición, febrero 2024 (286 páginas)
Derechos de edición reservados a favor de 7 Editores
IMPRESO EN ESPAÑA
Diseño Portada: 7 Editores
Edita: 7 Editores
Avda. San Francisco Javier, 9 · Edificio Sevilla 2 · Planta 11 · Módulos 25-27 · 41018 Sevilla
Teléfono: 954 784 411 · WEB: www.mad.es · e-mail: administracion@7editores.com
ISBN: 978-84-142-8007-2
ISBN obra completa: 978-84-142-8008-9
© "Editorial Mad" y "Eduforma" son nombres comerciales registrados de
7 Editores Recursos para la Cualificación Profesional y el Empleo, S.L.

Presentación

Presentamos el primer volumen de preguntas comentadas sobre la Ley 39/2015, de 1 de octubre, del Procedimiento Administrativo Común de las Administraciones Públicas que constituye un recurso didáctico completo y eficaz para un conocimiento profundo de la Ley. La colección se completa con un segundo volumen en el que incluimos preguntas diferentes.

La peculiaridad del libro radica en que las respuestas a todas las preguntas se encuentran comentadas con apoyo en la propia Ley, doctrina, sentencias u otro tipo de resoluciones, lo que lo convierte en un manual de uso imprescindible para favorecer la comprensión y un estudio realmente eficaz de la Norma.

Es por ello que está especialmente dirigido a opositores de todas las categorías ya que se trata de una Ley transversal que es requerida en la mayoría de los Programas de las Convocatorias, así como a profesionales del Derecho y empleados públicos que quieran profundizar en sus conocimientos sobre la Ley a efectos prácticos.

Asimismo, destacar que a través de nuestro Curso online le ofrecemos de forma gratuita por la compra del libro una serie de recursos didácticos para completar su preparación, como son la realización de los test online, esquemas o la consulta del texto literal de la Ley. En la página final del libro podrá ver el código de acceso y las condiciones generales de uso de dicho Curso.

Índice

Ley 39/2015, de 1 de octubre, del Procedimiento Administrativo Común de las Administraciones Públicas

Ley 39/2015, de 1 de octubre, del Procedimiento Administrativo Común de las Administraciones Públicas

https://www.boe.es/buscar/act.php?id=BOE-A-2015-10565&tn=1&p=20220330

TÍTULO PRELIMINAR

Disposiciones generales

1. Uno de los objetos que regula la Ley 39/2015, de 1 de octubre, es el procedimiento administrativo común a todas las Administraciones Públicas. ¿Cuál es la justificación jurídica de esta reserva material?

a) El Preámbulo de la Ley 30/1992, de 26 de noviembre, de Régimen Jurídico de las Administraciones Públicas y del Procedimiento Administrativo Común.
b) La Ley de Régimen Jurídico de la Administración del Estado, de 26 de julio de 1957.
c) El artículo 149.1.18 de la Constitución española de 1978.
d) La Ley de Procedimiento Administrativo de 17 de julio de 1958.

2. La Ley 39/2015, de 1 de octubre, tiene por objeto regular los requisitos de validez y eficacia de los actos administrativos. ¿A qué se refiere el concepto de validez de un acto administrativo?

a) La validez de un acto administrativo se refiere a la capacidad de este para generar efectos ante terceros.
b) La validez de un acto administrativo se refiere a que la notificación del mismo se haya practicado de forma satisfactoria.
c) La validez de un acto administrativo se refiere a que el acto administrativo se haya publicado si forma parte de un procedimiento selectivo o de concurrencia competitiva de cualquier tipo.
d) La validez de un acto administrativo se refiere a la adecuación a derecho de todos sus elementos.

3. El procedimiento administrativo común a todas las Administraciones Públicas, que es objeto de regulación por la Ley 39/2015, de 1 de octubre, ¿incluye el de reclamación de responsabilidad de las Administraciones Públicas?

a) No, el procedimiento de reclamación de responsabilidad de las Administraciones Públicas se regula en el Real decreto 1398/1993, de 4 de agosto, por el que se aprueba el Reglamento de los procedimientos de las Administraciones Públicas en materia de responsabilidad patrimonial.

b) Sí, el procedimiento de reclamación de responsabilidad de las Administraciones Públicas se incluye en el procedimiento administrativo común aunque la Ley 39/2015, de 1 de octubre, deriva su regulación al Real decreto 429/1993, de 26 de marzo, por el que se aprueba el Reglamento de los procedimientos de las Administraciones Públicas en materia de responsabilidad patrimonial.

c) No, solo incluye el procedimiento sancionador.

d) Sí.

4. La Ley 39/2015, de 1 de octubre, tiene por objeto regular los principios a los que se ha de ajustar el ejercicio de la iniciativa legislativa y la potestad reglamentaria. Entre estos principios NO se encuentra/n:

a) El principio de simplificación administrativa.

b) Los principios de necesidad y eficacia.

c) El principio de proporcionalidad.

d) Los principios de seguridad jurídica, transparencia y eficiencia.

5. ¿Pueden incluirse trámites adicionales o distintos de los contemplados en la Ley 39/2015, de 1 de octubre?

a) Sí, mediante disposición administrativa y de manera motivada.

b) Sí, cuando resulte eficaz, proporcionado y necesario para la consecución de los fines propios del procedimiento.

c) Solo mediante ley cuando resulte eficaz, proporcionado y necesario para la consecución de los fines propios del procedimiento, y con sucinta referencia de hechos y fundamentos de derecho.

d) No, en ningún caso.

6. La Ley 39/2015, de 1 de octubre, ¿es aplicable a la Representación Permanente de España ante la Unión Europea?

a) No, en tanto esta se regula por la Ley 2/2014, de 25 de marzo, de la Acción y del Servicio Exterior del Estado.

b) No, en tanto la Representación Permanente de España ante la Unión Europea no forma parte del sector público.

c) Sí, porque forma parte de la Administración General del Estado en el exterior.

d) No, le es aplicable el Reglamento interno del Consejo Europeo.

7. La Ley 39/2015, de 1 de octubre, ¿es aplicable a la Agencia de defensa del territorio de Mallorca?

a) No, en tanto la Agencia de defensa del territorio de Mallorca no es una entidad integrante en la Administración Local.

b) Sí, en tanto la Agencia de defensa del territorio de Mallorca es un organismo autónomo del Consell de Mallorca.

c) No, en tanto la Agencia de defensa del territorio de Mallorca no forma parte del sector público.

d) Sí, con las particularidades previstas por la Ley 28/2006, de 18 de julio, de Agencias estatales para la mejora de los servicios públicos.

8. La Universidad Nacional de Educación a Distancia:

a) Se rige por la Ley 39/2015, de 1 de octubre, del Procedimiento Administrativo Común de las Administraciones Públicas y, supletoriamente por la Ley orgánica 2/2023, de 22 de marzo, del Sistema Universitario.

b) Se rige por el Decreto 2310/1972, de 18 de agosto, por el que se crea la Universidad Nacional de Educación a Distancia y, supletoriamente por la Ley orgánica 2/2023, de 22 de marzo, del Sistema Universitario.

c) Se rige supletoriamente por la Ley 39/2015, de 1 de octubre, del procedimiento administrativo común de las Administraciones Públicas.

d) Se rige por el Real Decreto 1239/2011, de 8 de septiembre, por el que se aprueban los Estatutos de la Universidad Nacional de Educación a Distancia y supletoriamente por el Decreto 2310/1972, de 18 de agosto, por el que se crea la Universidad Nacional de Educación a Distancia.

9. El art. 2.2.b) de la Ley 39/2015, de 1 de octubre, establece que el sector público institucional se integra por las entidades de Derecho Privado vinculadas o dependientes de las Administraciones Públicas, que quedarán sujetas a lo dispuesto en las normas de esta ley que específicamente se refieran a las mismas, y en todo caso, cuando ejerzan potestades administrativas. ¿Cuál de las siguientes disposiciones de la Ley se refiere específicamente a estas entidades?

a) En los Organismos públicos y entidades de Derecho Público vinculados o dependientes de la Administración General del Estado, ponen fin a la vía administrativa los actos y resoluciones emanados de los máximos órganos de dirección unipersonales o colegiados, de acuerdo con lo que establezcan sus estatutos, salvo que por ley se establezca otra cosa.

b) En el ámbito estatal ponen fin a la vía administrativa los actos y resoluciones emanados de los Ministros y los Secretarios de Estado en el ejercicio de las competencias que tienen atribuidas los órganos de los que son titulares.

c) En los Organismos públicos y entidades de Derecho Público vinculados o dependientes de la Administración General del Estado, serán competentes para la revisión de oficio de las disposiciones y los actos administrativos nulos y anulables, los órganos a los que estén adscritos los Organismos públicos y entidades de Derecho Público, respecto de los actos y disposiciones dictados por el máximo órgano rector de estos.

d) Los procedimientos de naturaleza sancionadora se iniciarán siempre de oficio por acuerdo del órgano competente y establecerán la debida separación entre la fase instructora y la sancionadora, que se encomendará a órganos distintos. Se considerará que un órgano es competente para iniciar el procedimiento cuando así lo determinen las normas reguladoras del mismo.

10. ¿Cuál de las siguientes NO tiene la consideración de Administración Pública?

a) La Junta de Castilla y León.
b) La Universidad Autónoma de Barcelona.
c) El Cabildo de Tenerife.
d) El Instituto de la Cinematografía y de las Artes Audiovisuales.

11. La Cámara de Comercio de España:

a) Se regirá por su normativa específica en el ejercicio de las funciones públicas que les hayan sido atribuidas por Ley o delegadas por una Administración Pública.
b) No se rige por la Ley 39/2015, de 1 de octubre, del procedimiento administrativo común de las Administraciones Públicas.
c) Tiene la consideración de Administración Pública.
d) Forma parte del sector público institucional.

12. Según la redacción del art. 2 de la Ley 39/2015, de 1 de octubre, del procedimiento administrativo común de las Administraciones Públicas:

a) El sector público se clasifica en sector público institucional y sector público administrativo.
b) El concepto de administración pública es equivalente al de sector público.
c) Tienen la consideración de Administraciones Públicas todos los organismos y entidades que forman parte del sector público institucional.
d) El término Administraciones Públicas hace referencia a una parte del sector público.

Soluciones comentadas

1. c) El artículo 149.1.18 de la Constitución española de 1978.

La respuesta correcta es la c), en base al artículo 1.1 de la ley.

Efectivamente, la Ley 39/2015, de 1 de octubre, tiene por objeto regular el procedimiento administrativo común a todas las Administraciones Públicas, que es una competencia exclusiva del Estado atribuida por el artículo 149.1.18 de la Constitución española de 1978. Este precepto establece como competencia exclusiva del Estado el procedimiento administrativo común, sin perjuicio de las especialidades derivadas de la organización propia de las Comunidades Autónomas.

La Ley de Régimen Jurídico de la Administración del Estado, de 26 de julio de 1957 y la Ley de Procedimiento Administrativo de 17 de julio de 1958 fueron derogadas, con algunas excepciones en su articulado, con la aprobación de la Ley 30/1992, de 26 de noviembre, de régimen jurídico de las administraciones públicas y del procedimiento administrativo común y así lo estableció el apartado dos de su Disposición derogatoria.

2. d) La validez de un acto administrativo se refiere a la adecuación a derecho de todos sus elementos.

La respuesta correcta es la d), en base al artículo 1.1 de la ley.

El art. 39.1 de la Ley 39/2015, de 1 de octubre, establece que los actos de las Administraciones Públicas sujetos al Derecho Administrativo se presumirán válidos y producirán efectos desde la fecha en que se dicten, salvo que en ellos se disponga otra cosa. Las respuestas a), b) y c) se refieren a la eficacia de los actos administrativos, que quedará demorada cuando el acto esté supeditado a su notificación o publicación, en los términos establecidos en los artículos 40 y siguientes de la Ley 39/2015.

Un acto administrativo será válido cuando los elementos que lo integran: subjetivo, objetivo, final, formal y causal, sean conformes al ordenamiento jurídico (artículos 34 y 36 Ley 39/2015). En este sentido, la ley establece que:

a) Los actos administrativos que dicten las Administraciones Públicas se producirán por el órgano competente (elemento subjetivo).

b) Los actos administrativos que dicten las Administraciones Públicas se ajustarán a los requisitos y al procedimiento establecido (elemento objetivo).

c) El contenido de los actos se ajustará a lo dispuesto por el ordenamiento jurídico (elemento objetivo).

d) El contenido de los actos será determinado (elemento objetivo).

e) El contenido de los actos será adecuado a sus fines (elementos final y causal).

f) Los actos administrativos se producirán por escrito a través de medios electrónicos, a menos que su naturaleza exija otra forma más adecuada de expresión y constancia (elemento formal).

3. d) Sí.

La respuesta correcta es la d), en base al artículo 1.1 de la ley.

Efectivamente, el art. 1.1 de la Ley 39/2015, de 1 de octubre, establece que la presente ley tiene por objeto regular el procedimiento administrativo común a todas las Administraciones Públicas, incluyendo el sancionador y el de reclamación de responsabilidad de las Administraciones Públicas. Esta atribución se ampara en lo establecido por el art. 149.1.18 de la Constitución Española de 1978 que atribuye como competencia exclusiva al Estado el sistema de responsabilidad de todas las Administraciones Públicas.

El Real decreto 429/1993, de 26 de marzo, por el que se aprueba el Reglamento de los procedimientos de las Administraciones Públicas en materia de responsabilidad patrimonial, quedó derogado con la entrada en vigor de la Ley 39/2015, de 1 de octubre (D.d.única.2 Ley 39/2015). Mientras estuvo vigente, aquella norma regulaba los procedimientos para reconocer el derecho a indemnización de los particulares por las lesiones que aquellos sufriesen en cualquiera de sus bienes y derechos siempre que la lesión fuera consecuencia del funcionamiento normal o anormal de los servicios públicos, salvo en los casos de fuerza mayor o de daños que el particular no tuviera el deber jurídico de soportar de acuerdo con la ley. También les eran de aplicación los procedimientos previstos en el Reglamento, para el reconocimiento de la responsabilidad patrimonial en que incurrían las Administraciones Públicas cuando actuaban en relaciones de Derecho Privado.

Actualmente, el régimen jurídico aplicable a los procedimientos de reclamación de responsabilidad de las Administraciones Públicas es el establecido por la Ley 39/2015, de 1 de octubre, del Procedimiento Administrativo Común de las Administraciones Públicas y por la Ley 40/2015, de 1 de octubre, de régimen jurídico del sector público.

4. a) El principio de simplificación administrativa.

La respuesta correcta es la a), en base al artículo 1.1 de la Ley en su relación con el artículo 129.1. El principio de simplificación administrativa no se incluye entre los principios de buena regulación para el ejercicio de la iniciativa legislativa y la potestad reglamentaria, sino que es uno de los principios de la ordenación del procedimiento, por el cual se deben acordar en un solo acto todos los trámites que, por su naturaleza, admitan un impulso simultáneo y no sea obligado su cumplimiento sucesivo (art. 72.1 Ley 39/2015).

El artículo 129.1 de la Ley 39/2015, de 1 de octubre, establece que en el ejercicio de la iniciativa legislativa y la potestad reglamentaria, las Administraciones Públicas actuarán de acuerdo con los principios de necesidad, eficacia, proporcionalidad, seguridad jurídica, transparencia, y eficiencia.

En virtud de los principios de necesidad y eficacia, la iniciativa normativa debe estar justificada por una razón de interés general, basarse en una identificación clara de los fines perseguidos y ser el instrumento más adecuado para garantizar su consecución (art. 129.2 Ley 39/2015).

En virtud del principio de proporcionalidad, la iniciativa que se proponga deberá contener la regulación imprescindible para atender la necesidad a cubrir con la norma, tras constatar que no existen otras medidas menos restrictivas de derechos, o que impongan menos obligaciones a los destinatarios (art. 129.3 Ley 39/2015).

A fin de garantizar el principio de seguridad jurídica, la iniciativa normativa se ejercerá de manera coherente con el resto del ordenamiento jurídico, nacional y de la Unión Europea, para generar un marco normativo estable, predecible, integrado, claro y de certidumbre, que facilite su conocimiento y comprensión y, en consecuencia, la actuación y toma de decisiones de las personas y empresas (art. 129.4 Ley 39/2015).

En aplicación del principio de transparencia, las Administraciones Públicas posibilitarán el acceso sencillo, universal y actualizado a la normativa en vigor y los documentos propios de su proceso de elaboración; definirán claramente los objetivos de las iniciativas normativas y su justificación en el preámbulo o exposición de motivos; y posibilitarán que los potenciales destinatarios tengan una participación activa en la elaboración de las normas (art. 129.5 Ley 39/2015).

En aplicación del principio de eficiencia, la iniciativa normativa debe evitar cargas administrativas innecesarias o accesorias y racionalizar, en su aplicación, la gestión de los recursos públicos (art. 129.6 Ley 39/2015).

Es necesario apuntar que la Sentencia del Tribunal Constitucional 55/2018, de 24 de mayo, declaró contrario al orden constitucional de competencias al artículo 129 de la Ley 39/2015, de 1 de octubre, en los términos del fundamento jurídico 7 b), la literalidad del cual se reproduce a continuación:

«Los Estatutos de Autonomía reconocen la iniciativa legislativa a los gobiernos autonómicos, no a sus administraciones. A diferencia de lo que ocurre con la potestad reglamentaria, que también corresponde al Gobierno, el ejercicio de esta prerrogativa se inserta en el ámbito de las relaciones del Gobierno con las cámaras parlamentarias. El procedimiento de elaboración y aprobación de proyectos de ley es la vía que permite al gobierno autonómico participar en la función legislativa y, por tanto, articular sus políticas públicas a través de normas con rango de ley. Consecuentemente, el ejercicio de la iniciativa legislativa por parte de las Comunidades Autónomas, en general, y la elaboración de anteproyectos de ley, en particular, quedan por completo al margen del artículo 149.1.18 CE en lo que se refiere tanto a las «bases del régimen jurídico de las administraciones públicas» como al «procedimiento administrativo común».

Los artículos 129 (salvo el apartado cuarto, párrafos segundo y tercero, cuya impugnación ya hemos examinado), 130, 132 y 133 de la Ley 39/2015 se refieren al ejercicio, por parte de los gobiernos nacional y autonómico, tanto de la potestad reglamentaria como de la iniciativa legislativa. Se aplican, por tanto, a las iniciativas de rango legal de las Comunidades Autónomas. Invaden por ello las competencias que estas tienen estatutariamente atribuidas en orden a organizarse y regular la elaboración de sus leyes. Procede, pues, estimar el recurso en este punto y declarar en consecuencia la invasión competencial que denuncia el Gobierno de Cataluña.

Tal declaración, sin embargo, tampoco conlleva en este caso la nulidad de los artículos 129, 130, 132 y 133 de la Ley 39/2015. Según acabamos de ver, tales preceptos se refieren también a las iniciativas legislativas del Gobierno nacional, lo que no ha suscitado controversia alguna en este proceso. De modo que, para remediar la invasión competencial señalada, basta declarar que estos preceptos son contrarios al orden constitucional de competencias y que, en consecuencia, no son aplicables a las iniciativas legislativas de las Comunidades Autónomas (STC 50/1999, FFJJ 7 y 8).»

5. c) Solo mediante ley cuando resulte eficaz, proporcionado y necesario para la consecución de los fines propios del procedimiento, y con sucinta referencia de hechos y fundamentos de derecho.

La respuesta correcta es la c), en base al artículo 1.2 de la Ley 39/2015, de 1 de octubre. Este precepto establece que únicamente podrán incluirse trámites adicionales o distintos de los contemplados en la ley cuando resulte eficaz, proporcionado y necesario para la consecución de los fines propios del procedimiento. La inclusión solo se podrá realizar mediante ley y de manera motivada.

6. c) Sí, porque forma parte de la Administración General del Estado en el exterior.

La respuesta correcta es la c) basada en el artículo 2.1.a) de la Ley 39/2015, de 1 de octubre.

La Representación Permanente de España ante la Unión Europea forma parte de la Organización del Servicio Exterior del Estado a que hace referencia el artículo 42 de la Ley 2/2014, de 25 de marzo, de la Acción y del Servicio Exterior del Estado, como parte integrante de la Administración General del Estado en el exterior.

Por otro lado, el art. 55.2 de la Ley 40/2015, de 1 de octubre, de régimen jurídico del sector público, establece que la Administración General del Estado comprende:

– La Organización Central, que integra los Ministerios y los servicios comunes.

– La Organización Territorial.

– La Administración General del Estado en el exterior.

En relación con esta última, el art. 80 de la Ley 40/2015, de 1 de octubre, establece que el Servicio Exterior del Estado se rige en todo lo concerniente a su composición, organización, funciones, integración y personal por lo dispuesto en la Ley 2/2014, de 25 de marzo, de la Acción y del Servicio Exterior del Estado y en su normativa de desarrollo y, supletoriamente, por lo dispuesto en la Ley 40/2015.

En conclusión, la Representación Permanente de España ante la Unión Europea forma parte de la Administración General del Estado y por tanto, le es de aplicación la Ley

39/2015, de 1 de octubre, aunque en lo relativo a su composición, organización, funciones, integración y personal se rija por la Ley 2/2014, de 25 de marzo.

7. b) Sí, en tanto la Agencia de defensa del territorio de Mallorca es un organismo autónomo del Consell de Mallorca.

La respuesta correcta es la b) en base a los artículos 2.1 y 2.2 de la Ley 39/2015, de 1 de octubre.

La Agencia de Defensa del Territorio de Mallorca es un organismo autónomo de carácter administrativo del Consell de Mallorca, que es la institución de gobierno de la isla, entidad local territorial reconocida por el art. 3.1 de la Ley 7/1985, de 2 de abril, reguladora de las bases del régimen local.

El art. 2.1 de la Ley 39/2015, de 1 de octubre, establece que la presente ley se aplica al sector público, que comprende, además de la Administración General del Estado, las Administraciones de las Comunidades Autónomas, las Entidades que integran la Administración Local y el sector público institucional. Los Consejos Insulares de las Islas Baleares se regulan en el artículo 61 y siguientes de la Ley orgánica 1/2007, de 28 de febrero, de reforma del Estatuto de Autonomía de las Illes Balears, en el que se establece que los Consejos Insulares son las instituciones de gobierno de cada una de las islas y ostentan el gobierno, la administración y la representación de las islas de Mallorca, Menorca, Ibiza y Formentera, así como de las islas adyacentes a estas. Los Consejos Insulares también son instituciones de la Comunidad Autónoma de las Illes Balears.

El art. 2.2.a) de la Ley 39/2015, de 1 de octubre, determina que el sector público institucional se integra por cualesquiera organismos públicos y entidades de Derecho Público vinculados o dependientes de las Administraciones Públicas. La Agencia de Defensa del Territorio de Mallorca forma parte del sector público institucional, como organismo autónomo de carácter administrativo dependiente de la Administración Balear.

La Ley 28/2006, de 18 de julio, de Agencias estatales para la mejora de los servicios públicos quedó derogada con la entrada en vigor de la Ley 40/2015, de 1 de octubre, de régimen jurídico del sector público. Su objeto fue establecer el régimen jurídico, la naturaleza, la constitución y el funcionamiento de las Agencias Estatales que cree el Gobierno para la gestión de los programas correspondientes a políticas públicas de la competencia del Estado (D.d.e) Ley 40/2015).

8. c) Se rige supletoriamente por la Ley 39/2015, de 1 de octubre, del procedimiento administrativo común de las Administraciones Públicas.

La respuesta correcta es la c) en aplicación del artículo 2.2.c) de la Ley 39/2015, de 1 de octubre.

Las Universidades públicas forman parte del sector público institucional al que es de aplicación la Ley 39/2015, de 1 de octubre, del procedimiento administrativo común de las administraciones públicas. En este sentido, el art. 2.2.c) de la ley establece que el sector público institucional se integra, entre otros organismos y entidades, por las Universidades públicas, que se regirán por su normativa específica y supletoriamente por las previsiones de esta ley.

La Universidad Nacional de Educación a Distancia es una institución de Derecho Público, que se rige por la Ley orgánica 2/2023, de 22 de marzo, del Sistema Universitario y por el Real Decreto 1239/2011, de 8 de septiembre, por el que se aprueban sus Estatutos, entre otras disposiciones específicas.

9. d) Los procedimientos de naturaleza sancionadora se iniciarán siempre de oficio por acuerdo del órgano competente y establecerán la debida separación entre la fase instructora y la sancionadora, que se encomendará a órganos distintos. Se considerará que un órgano es competente para iniciar el procedimiento cuando así lo determinen las normas reguladoras del mismo.

La respuesta correcta es la alternativa d) en aplicación del artículo 2.2.b) de la Ley 39/2015, de 1 de octubre.

Las alternativas de respuesta b) y c) se refieren a los Organismos públicos y entidades de Derecho Público vinculados o dependientes de la Administración General del Estado (art. 114.2.d) y art. 111.c).1.º de la Ley 39/2015), pero no a las entidades de Derecho Privado vinculadas o dependientes de las Administraciones Públicas.

En el ejercicio de la potestad sancionadora, según establece el art. 1.2.b) de la Ley 39/2015, las entidades de Derecho Privado vinculadas o dependientes de las Administraciones Públicas quedarán sujetas a lo dispuesto en las normas de esta ley, como es el caso de lo establecido en el art. 63.1, a que hace referencia la respuesta d).

10. b) La Universidad Autónoma de Barcelona.

La respuesta correcta es la b) en aplicación del artículo 2.3 de la Ley 39/2015, de 1 de octubre.

Según el referido artículo, tienen la consideración de Administraciones Públicas la Administración General del Estado, las Administraciones de las Comunidades Autónomas, las Entidades que integran la Administración Local, así como los organismos públicos y entidades de Derecho Público vinculados o dependientes de las Administraciones Públicas.

La Junta de Castilla y León es la institución de gobierno y administración de la Comunidad de Castilla y León (art. 28.1 de la Ley orgánica 14/2007, de 30 de noviembre, de reforma del Estatuto de Autonomía de Castilla y León), por lo tanto, tiene la consideración de Administración Pública Autonómica.

El Cabildo de Tenerife es el órgano de gobierno, administración y representación de la isla (art. 41.1 de la Ley 7/1985, de 2 de abril, reguladora de las bases del régimen local) y tiene la consideración de Entidad integrante de la Administración Local (art. 3.1.c) Ley 7/1985).

El Instituto de la Cinematografía y de las Artes Audiovisuales, regulado en la Ley 55/2007, de 28 de diciembre, del cine, es un organismo autónomo adscrito a la Secretaría General de Cultura que planifica las políticas de apoyo al sector cinematográfico y a la producción audiovisual, por tanto, tiene la consideración de organismo público adscrito al Ministerio de Cultura de la Administración General del Estado.

La Universidad Autónoma de Barcelona es una Institución de Derecho Público que forma parte del sector público institucional pero no tiene la consideración de Administración Pública en aplicación de lo establecido en el artículo 2.3 de la Ley 39/2015, de 1 de octubre.

11. a) Se regirá por su normativa específica en el ejercicio de las funciones públicas que les hayan sido atribuidas por Ley o delegadas por una Administración Pública.

La respuesta correcta es la a) en aplicación del artículo 2.4 de la Ley 39/2015, de 1 de octubre.

La Cámara de Comercio de España es una corporación de Derecho Público integrada por las entidades más representativas de la vida económico-empresarial del país, a la que es de aplicación la Ley 4/2014, de 1 de abril, básica de las Cámaras Oficiales de Comercio, Industria, Servicios y Navegación.

El art. 2.4 de la Ley 39/2015, de 1 de octubre, establece que las Corporaciones de Derecho Público se regirán por su normativa específica en el ejercicio de las funciones públicas que les hayan sido atribuidas por ley o delegadas por una Administración Pública, y supletoriamente por la presente ley.

La Ley 39/2015, de 1 de octubre, es de aplicación supletoria a la Cámara de Comercio de España pero esta no forma parte del sector público institucional ni tiene la consideración de Administración Pública (art. 2.2 y 2.3 Ley 39/2015).

12. d) El término Administraciones Públicas hace referencia a una parte del sector público.

La respuesta correcta es la d) en aplicación del artículo 2.3 de la Ley 39/2015, de 1 de octubre.

El sector público al que es de aplicación la Ley 39/2015, de 1 de octubre, del procedimiento administrativo común de las Administraciones Públicas comprende a la Administración General del Estado, las Administraciones de las Comunidades Autónomas, las Entidades que integran la Administración Local y el sector público institucional (art. 2.1). De estos, únicamente tienen la consideración de Administraciones Públicas los tres primeros, además de los organismos públicos y entidades de Derecho Público vinculados o dependientes de las Administraciones Públicas (art. 2.3).

La entidades de Derecho Privado vinculadas o dependientes de las Administraciones Públicas y las universidades públicas, aun formando parte del sector público institucional, no tienen la consideración de Administraciones Públicas (arts. 2.2 y 2.3 Ley 39/2015).

TÍTULO I

De los interesados en el procedimiento

1. ¿A qué capacidad se refiere el art. 3 de la Ley 39/2015, de 1 de diciembre, en relación con las personas físicas?

a) A la capacidad jurídica.

b) A la capacidad para ser titular de derechos subjetivos.

c) A la capacidad para ser titular de deberes jurídicos.

d) A la capacidad de obrar.

2. Los menores de edad, ¿tienen capacidad de obrar ante las Administraciones Públicas?

a) Sí, en todo caso, para el ejercicio y defensa de aquellos de sus derechos e intereses cuya actuación esté permitida por el ordenamiento jurídico sin la asistencia de la persona que ejerza la patria potestad, tutela o curatela.

b) No, en ningún caso; únicamente tendrán capacidad de obrar ante las Administraciones Públicas, las personas físicas mayores de edad no incapacitadas.

c) Sí, para el ejercicio y defensa de aquellos de sus derechos e intereses cuya actuación esté permitida por el ordenamiento jurídico sin la asistencia de la persona que ejerza la patria potestad, tutela o curatela, aunque sean menores incapacitados, siempre que la extensión de la incapacitación no afecte al ejercicio y defensa de los derechos o intereses de que se trate.

d) Sí, excepto los menores incapacitados.

3. Excepto el supuesto previsto por el artículo 3.b) de la Ley 39/2015, de 1 de octubre, los menores de edad no tienen capacidad de obrar ante las Administraciones Públicas, y necesitan de la asistencia de la persona que ejerza la patria potestad, tutela o curatela. En relación con la patria potestad, señala cuál de los siguientes enunciados es incorrecto:

a) La patria potestad, como responsabilidad parental, se ejercerá siempre en interés de los hijos, de acuerdo con su personalidad, y con respeto a sus derechos, su integridad física y mental.

b) El ejercicio de la patria potestad comprende representar a sus hijos y administrar sus bienes.

c) Los hijos emancipados están bajo la patria potestad de los progenitores.

d) Si los hijos tuvieren suficiente madurez deberán ser oídos siempre antes de adoptar decisiones que les afecten.

4. ¿Quiénes de los siguientes están sujetos a tutela?

a) Los menores emancipados que estén bajo la patria potestad.

b) Los menores no emancipados que no estén bajo la patria potestad.

c) Los menores emancipados que no estén bajo la patria potestad.

d) Los hijos no emancipados.

5. ¿Cuál de las siguientes características se vincula con la institución de la curatela del menor a que hace referencia el art. 3.b) de la Ley 39/2015, de 1 de octubre?

a) El curador no cuida de la persona sujeta a curatela, sino de su patrimonio.

b) La función del curador es la de complementar la capacidad del menor en todos aquellos actos o negocios jurídicos que no puede realizar por sí mismo.

c) El curador tiene cura de la persona sujeta a curatela, pero no de su patrimonio.

d) El curador tiene cura de la persona sujeta a curatela y de su patrimonio.

6. Los patrimonios independientes o autónomos, ¿tienen capacidad de obrar ante las Administraciones Públicas?

a) Sí.

b) No.

c) Siempre que la ley así lo declare expresamente.

d) Los patrimonios independientes o autónomos tienen reconocida capacidad jurídica ante las Administraciones Públicas en aplicación del artículo 3 de la Ley 39/2015, de 1 de octubre.

7. Tendrán capacidad de obrar ante las Administraciones Públicas las personas jurídicas que ostenten capacidad de obrar con arreglo a las normas civiles. ¿En qué momento adquirirán esta capacidad?

a) Desde el instante mismo en que, con arreglo a derecho, hubiesen quedado válidamente constituidas.

b) Las personas jurídicas adquirirán su capacidad de obrar en los mismos términos que las personas físicas.

c) En el momento en que finalice su personalidad.

d) Las personas jurídicas no tienen capacidad de obrar ante las Administraciones Públicas sino capacidad jurídica.

8. En aplicación del art. 3 de la Ley 39/2015, de 1 de octubre, NO tendrán capacidad de obrar ante las Administraciones Públicas:

a) Las personas físicas incapacitadas.

b) Las personas jurídicas que ostenten capacidad de obrar con arreglo a las normas civiles.

c) Los menores de edad para el ejercicio y defensa de aquellos de sus derechos e intereses cuya actuación esté permitida por el ordenamiento jurídico sin la asistencia de la persona que ejerza la patria potestad, tutela o curatela.

d) Las asociaciones de interés público reconocidas por la ley.

9. ¿Una persona declarada pródiga tiene capacidad de obrar plena ante las Administraciones Públicas?

a) Sí; las personas físicas tienen capacidad de obrar ante las Administraciones Públicas.
b) No; puede estar sujeta a tutela.
c) No; puede estar sujeta a curatela.
d) No; está sujeta a la patria potestad de sus progenitores.

10. La Ley 40/2015, de 1 de octubre, de régimen jurídico del sector público, ¿establece alguna regulación sobre la capacidad de obrar de los interesados ante las Administraciones Públicas?

a) Sí, en su artículo 3.
b) Sí, en tanto la Ley 40/2015, de 1 de octubre, tiene por objeto regular el procedimiento administrativo común a todas las Administraciones Públicas.
c) No, en tanto la Ley 40/2015, de 1 de octubre, únicamente tiene por objeto regular los principios a los que se ha de ajustar el ejercicio de la iniciativa legislativa y la potestad reglamentaria.
d) No.

11. Una persona que quiera participar en un proceso selectivo para cubrir plazas en una Administración Pública, ¿se considera interesada en el procedimiento administrativo?

a) Sí, en aplicación del artículo 4.1.a) de la Ley 39/2015, de 1 de octubre.
b) Sí, en aplicación del artículo 4.1.b) de la Ley 39/2015, de 1 de octubre.
c) Sí, en aplicación del artículo 4.1.c) de la Ley 39/2015, de 1 de octubre.
d) No, en tanto el procedimiento lo ha promovido la Administración y no la persona interesada.

12. En un procedimiento de exproplación forzosa, una persona reclama para sí la titularidad de una parcela que no está a su nombre; ¿tendrá la consideración de persona interesada en el procedimiento administrativo?

a) Sí, en aplicación del artículo 4.1.a) de la Ley 39/2015, de 1 de octubre.
b) Sí, en aplicación del artículo 4.1.b) de la Ley 39/2015, de 1 de octubre.
c) Sí, en aplicación del artículo 4.1.c) de la Ley 39/2015, de 1 de octubre.
d) No, en tanto el procedimiento lo ha promovido la Administración y no la persona interesada.

13. En un procedimiento de expropiación forzosa, el titular de un bien inmueble objeto de expropiación, ¿tendrá la consideración de interesado en el procedimiento administrativo?

a) Sí, en aplicación del artículo 4.1.a) de la Ley 39/2015, de 1 de octubre.
b) Sí, en aplicación del artículo 4.1.b) de la Ley 39/2015, de 1 de octubre.
c) Sí, en aplicación del artículo 4.1.c) de la Ley 39/2015, de 1 de octubre.
d) Sí, en aplicación del artículo 4.2 de la Ley 39/2015, de 1 de octubre.

14. ¿Qué interés se reconocería a los Colegios Profesionales para intervenir en el procedimiento de homologación de títulos obtenidos en el extranjero?

a) Interés legítimo individual de cada uno de los profesionales que integran los Colegios Profesionales.

b) Derechos subjetivos de los poseedores de los títulos que van a ser objeto de homologación.

c) Intereses legítimos colectivos.

d) Intereses sociales.

15. La titular de un establecimiento de restauración en Benidorm, quiere solicitar al Ayuntamiento una autorización para proceder a la ocupación de un espacio de uso público con mesas, sillas y sombrillas para su negocio. ¿Tendrá la consideración de interesada en el procedimiento administrativo de autorización?

a) Sí, en aplicación del artículo 4.1.a) de la Ley 39/2015, de 1 de octubre.

b) Sí, en aplicación del artículo 4.1.b) de la Ley 39/2015, de 1 de octubre.

c) Sí, en aplicación del artículo 4.1.c) de la Ley 39/2015, de 1 de octubre.

d) Sí, en aplicación del artículo 4.2 de la Ley 39/2015, de 1 de octubre.

16. La titular de un establecimiento de restauración en Benidorm, quiere solicitar al Ayuntamiento una autorización para proceder a la ocupación de un espacio de uso público con mesas, sillas y sombrillas para su negocio y fallece antes de que el Ayuntamiento le conceda la correspondiente autorización de ocupación, ¿puede su hijo sucederla en la condición de interesado?

a) No, en tanto las autorizaciones de ocupación se conceden con carácter personal.

b) No, en tanto las autorizaciones de ocupación no pueden ser cedidas a terceros.

c) Sí, en tanto se trata de una relación jurídica transmisible.

d) Sí, como legítimo heredero.

17. Un Ayuntamiento procede a iniciar un procedimiento sancionador por una presunta infracción de una ordenanza municipal. ¿Qué precepto de la Ley 39/2015, de 1 de octubre, otorga al presunto infractor la condición de interesado en el procedimiento?

a) El artículo 4.1.b) de la Ley 39/2015, de 1 de octubre.

b) El artículo 4.1.c) de la Ley 39/2015, de 1 de octubre.

c) El artículo 4.2 de la Ley 39/2015, de 1 de octubre.

d) El artículo 4.3 de la Ley 39/2015, de 1 de octubre.

18. La relación jurídica establecida entre el Ayuntamiento y un ciudadano, como presunto infractor de una ordenanza municipal:

a) Tiene la consideración de relación jurídica transmisible, lo que determina que el derecho-habiente sucederá en la condición de interesado del presunto infractor.

b) No tiene la consideración de relación jurídica.

c) Queda fuera de la regulación establecida por la Ley 39/2015, de 1 de octubre, en tanto le será de aplicación la ordenanza municipal correspondiente.

d) No tiene la consideración de relación jurídica transmisible.

19. Según dispone el art. 5.1 de la Ley 39/2015, de 1 de octubre, podrán actuar por medio de representante, entendiéndose con este las actuaciones administrativas, salvo manifestación expresa en contra del interesado:

a) Los interesados que, sin haber iniciado el procedimiento administrativo, tengan derechos que puedan resultar afectados por la decisión que en el mismo se adopte.

b) Las personas físicas con capacidad jurídica que hayan promovido el procedimiento administrativo como titulares de derechos o intereses legítimos.

c) Los interesados con capacidad de obrar.

d) Las personas físicas o jurídicas y las asociaciones y organizaciones representativas de intereses económicos y sociales.

20. ¿Quién NO puede actuar en representación ante las Administraciones Públicas?

a) Las personas físicas con capacidad de obrar.

b) Las corporaciones, asociaciones y fundaciones de interés público reconocidas por la ley, siempre que ello esté previsto en sus Estatutos.

c) Las asociaciones de interés particular, siempre que ello esté previsto en sus Estatutos.

d) Las personas físicas menores de edad.

21. ¿En cuál de los siguientes casos NO será necesario acreditar la representación cuando se realice en nombre de otra persona?

a) Para presentar documentos que acompañen a la solicitud.

b) Para presentar un documento suscrito por un interesado en el que este manifiesta, bajo su responsabilidad, que cumple con los requisitos establecidos en la normativa vigente para obtener el reconocimiento de un derecho o facultad o para su ejercicio, que dispone de la documentación que así lo acredita, que la pondrá a disposición de la Administración cuando le sea requerida, y que se compromete a mantener el cumplimiento de las anteriores obligaciones durante el período de tiempo inherente a dicho reconocimiento o ejercicio.

c) Para interponer un recurso extraordinario de revisión.

d) Para desistir de la solicitud.

22. ¿En cuál de los siguientes supuestos será necesario acreditar la representación?

a) Para renunciar a una devolución tributaria en nombre propio.

b) Para presentar un documento en nombre de un interesado a través del cual este ponga en conocimiento de la Administración Pública competente sus datos identificativos o cualquier otro dato relevante para el inicio de una actividad o el ejercicio de un derecho.

c) Para solicitar una licencia municipal de obras menores en nombre de otra persona.

d) Para interponer un recurso potestativo de reposición en nombre de otra persona.

23. La representación podrá acreditarse mediante cualquier medio válido en Derecho que deje constancia fidedigna de su existencia. ¿Cuál de los siguientes NO tendrá la consideración de medio válido en Derecho?

a) Mediante apoderamiento *apud acta* efectuado por comparecencia personal.

b) Mediante apoderamiento *apud acta* efectuado por comparecencia electrónica en la correspondiente sede electrónica.

c) A través de la acreditación de la inscripción de la representación en el registro electrónico de apoderamiento de cualquier Administración Pública.

d) Mediante apoderamiento *apud acta* efectuado por comparecencia en las oficinas de asistencia en materia de registros.

24. La acreditación de la condición de representante y de los poderes que tiene reconocidos en dicho momento se deberán incorporar al expediente administrativo. ¿A quién se atribuye la realización de dicha incorporación?

a) Al órgano competente para la iniciación del procedimiento.

b) Al órgano competente para la tramitación del procedimiento.

c) Al órgano competente para la resolución del procedimiento.

d) Al órgano competente para la revisión del procedimiento.

25. La falta o insuficiente acreditación de la representación:

a) Impedirá que se tenga por realizado el acto de que se trate.

b) No impedirá que se tenga por realizado el acto de que se trate.

c) Impedirá que se tenga por realizado el acto de que se trate si se aporta la acreditación de la representación o se subsana el defecto dentro del plazo de diez días o de un plazo superior cuando las circunstancias del caso así lo requieran.

d) No impedirá que se tenga por realizado el acto de que se trate si se aporta la acreditación de la representación o se subsana el defecto dentro del plazo de diez días o de un plazo superior cuando las circunstancias del caso así lo requieran.

26. ¿Cómo se computaría el plazo para aportar la acreditación o para subsanar un defecto?

a) Cuando los plazos se señalen por días, se entiende que estos son naturales, incluyéndose en el cómputo los sábados, los domingos y los declarados festivos.

b) Cuando los plazos se señalen por días, se entiende que estos son hábiles, excluyéndose del cómputo los domingos y los declarados festivos.

c) Cuando los plazos se señalen por días, se entiende que estos son hábiles, incluyéndose en el cómputo los sábados, los domingos y los declarados festivos.

d) Cuando los plazos se señalen por días, se entiende que estos son hábiles, excluyéndose en el cómputo los sábados, los domingos y los declarados festivos.

27. Sobre la posibilidad reconocida por el art. 5.7 de la Ley 39/2015, de 1 de octubre, señala la respuesta correcta:

a) Las Administraciones Públicas deberán habilitar con carácter general o específico a personas físicas o jurídicas autorizadas para la realización de determinadas transacciones electrónicas en representación de los interesados.

b) La habilitación con carácter general o específico a personas físicas o jurídicas autorizadas para la realización de determinadas transacciones electrónicas en representación de los interesados, deberá especificar las condiciones y obligaciones a las que se comprometen los que así adquieran la condición de representantes, y determinará la presunción de validez de la representación salvo que la normativa de aplicación prevea otra cosa.

c) Las Administraciones Públicas requerirán la acreditación de la referida representación.

d) La acreditación de la referida representación impedirá que el interesado pueda comparecer por sí mismo en el procedimiento.

28. Un Organismo, ¿puede disponer de su propio registro electrónico de apoderamientos?

a) No, únicamente la Administración General del Estado y las Comunidades Autónomas podrán disponer de un registro electrónico general de apoderamientos.

b) No, únicamente la Administración General del Estado, las Comunidades Autónomas y las Entidades Locales podrán disponer de un registro electrónico general de apoderamientos.

c) Sí, en ellos se inscribirán los poderes otorgados para la realización de trámites específicos en el mismo.

d) No, únicamente se creará el Registro Electrónico de Apoderamientos de la Administración General del Estado del que formarán parte todos los Organismos.

29. Los registros electrónicos generales y particulares de apoderamientos pertenecientes a todas y cada una de las Administraciones, deberán ser plenamente interoperables entre sí, de modo que se garantice su interconexión, compatibilidad informática, así como la transmisión telemática de las solicitudes, escritos y comunicaciones que se incorporen a los mismos. ¿Cuál de los siguientes enunciados NO se refiere a la interoperabilidad?

a) La interacción entre elementos que corresponden a diversas oleadas tecnológicas.

b) La información intercambiada puede ser interpretable de forma automática y reutilizable por aplicaciones que no intervinieron en su creación.

c) La capacidad de las entidades y de los procesos a través de los cuales llevan a cabo sus actividades para colaborar con el objeto de alcanzar logros mutuamente acordados relativos a los servicios que prestan.

d) El proceso tecnológico que permite convertir un documento en soporte papel o en otro soporte no electrónico en uno o varios ficheros electrónicos que contienen la imagen codificada, fiel e íntegra del documento.

30. Los poderes que se inscriban en los registros electrónicos generales y particulares de apoderamientos deberán corresponder a determinadas tipologías (señala cuál de las siguientes es correcta):

a) Un poder para que el poderdante pueda actuar en nombre del apoderado en cualquier actuación administrativa ante una Administración u Organismo concreto.

b) Un poder para que el poderdante pueda actuar en nombre del apoderado únicamente para la realización de determinados trámites especificados en el poder.

c) Un poder para que el poderdante pueda actuar en nombre del apoderado en cualquier actuación administrativa y ante cualquier Administración.

d) Ninguna de las respuestas anteriores es correcta.

31. Señala la respuesta correcta:

a) Los poderes inscritos en el registro tendrán una validez determinada máxima de cuatro años a contar desde la fecha de inscripción.

b) En cualquier momento antes de la finalización del plazo establecido en la alternativa de respuesta a), el poderdante podrá revocar o prorrogar el poder.

c) Las prórrogas otorgadas por el poderdante al registro tendrán una validez determinada máxima de cuatro años desde la fecha de inscripción.

d) El apoderamiento *apud acta* se otorgará mediante comparecencia electrónica en la correspondiente sede electrónica haciendo uso de los sistemas de firma electrónica previstos en la Ley 39/2015, de 1 de octubre, o bien mediante comparecencia personal en las oficinas de asistencia en materia de registros.

32. Señale la respuesta incorrecta. Cuando en una solicitud, escrito o comunicación figuren varios interesados:

a) Las actuaciones a que den lugar se efectuarán con el representante que expresamente hayan señalado.

b) Las actuaciones a que den lugar se efectuarán con el interesado que figure en primer término.

c) Las actuaciones a que den lugar se efectuarán con el interesado que expresamente hayan señalado.

d) En las solicitudes, escritos o comunicaciones pueden figurar varios interesados.

33. Señala la respuesta incorrecta. El art. 22 del Reglamento (UE) n.º 910/2014 del Parlamento Europeo y del Consejo de 23 de julio de 2014 relativo a la identificación electrónica y los servicios de confianza para las transacciones electrónicas en el mercado interior y por la que se deroga la Directiva 1999/93/CE, establece, en relación con las listas de confianza:

a) Cada Estado miembro establecerá, mantendrá y publicará listas de confianza con información relativa a los prestadores cualificados de servicios de confianza con respecto a los cuales sea responsable, junto con la información relacionada con los servicios de confianza cualificados prestados por ellos.

b) Los Estados miembros notificarán a la Comisión, sin retrasos indebidos, información sobre el organismo responsable del establecimiento, mantenimiento y publicación de las listas de confianza nacionales, y detalles relativos al lugar en que se publican dichas listas, los certificados utilizados para firmar o sellar las listas de confianza y cualquier modificación de los mismos.

c) Los Estados miembros establecerán, mantendrán y publicarán, de manera segura, las listas de confianza firmadas o selladas electrónicamente en una forma apropiada para el tratamiento automático.

d) A más tardar fue el 18 de septiembre de 2017 cuando la Comisión, mediante actos de ejecución, especificara la información a que se refiere la letra a).

34. Con carácter general, para realizar cualquier actuación prevista en el procedimiento administrativo, será suficiente con que los interesados acrediten previamente su identidad a través de cualquiera de los medios de identificación previstos en la Ley 39/2015, de 1 de octubre. Las Administraciones Públicas NO requerirán a los interesados el uso obligatorio de firma para:

a) Identificar a las autoridades y al personal al servicio de las Administraciones Públicas bajo cuya responsabilidad se tramiten los procedimientos.

b) Desistir de acciones.

c) Presentar declaraciones responsables o comunicaciones.

d) Formular solicitudes.

35. En relación con la asistencia en el uso de medios electrónicos a los interesados, el art. 12.2 de la Ley 39/2015, de 1 de octubre, dispone que las Administraciones Públicas asistirán en el uso de medios electrónicos:

a) A quienes ejerzan una actividad profesional para la que se requiera colegiación obligatoria, para los trámites y actuaciones que realicen con las Administraciones Públicas en ejercicio de dicha actividad profesional.

b) A ciertos colectivos de personas físicas que por razón de su capacidad económica, técnica, dedicación profesional u otros motivos quede acreditado que tienen acceso y disponibilidad de los medios electrónicos necesarios.

c) A los empleados de las Administraciones Públicas para los trámites y actuaciones que realicen con ellas por razón de su condición de empleado público.

d) A los interesados no incluidos en los apartados 2 y 3 del artículo 14 de la Ley 39/2015, de 1 de octubre, que así lo soliciten, especialmente en lo referente a la identificación y firma electrónica, presentación de solicitudes a través del registro electrónico general y obtención de copias auténticas.

36. Si alguno de los interesados dispone de los medios electrónicos necesarios, su identificación o firma electrónica en el procedimiento administrativo podrá ser válidamente realizada por un funcionario público mediante el uso del sistema de firma electrónica del que esté dotado para ello. En este caso:

a) Será necesario que el interesado que carezca de los medios electrónicos necesarios se identifique ante el funcionario.

b) Será necesario que el interesado que carezca de los medios electrónicos necesarios se identifique ante el funcionario y preste su consentimiento expreso para esta actuación.

c) Será necesario que el interesado que carezca de los medios electrónicos necesarios se identifique ante el funcionario y preste su consentimiento expreso para esta actuación, de lo que deberá quedar constancia para los casos de discrepancia.

d) Será necesario que el interesado que carezca de los medios electrónicos necesarios se identifique ante el funcionario y preste su consentimiento expreso para esta actuación, de lo que deberá quedar constancia para los casos de discrepancia o litigio.

37. Señala la respuesta incorrecta respecto a los interesados:

a) Se consideran interesados en el procedimiento administrativo los que, sin haber iniciado el procedimiento, tengan derechos que puedan resultar afectados por la decisión que en el mismo se adopte.

b) Cuando en una solicitud, escrito o comunicación figuren varios interesados, las actuaciones a que den lugar se efectuarán con el representante o el interesado que expresamente hayan señalado, y, en su defecto, con cualquiera de los demás.

c) Cuando la condición de interesado derivase de alguna relación jurídica transmisible, el derecho-habiente sucederá en tal condición cualquiera que sea el estado del procedimiento.

d) La presentación de una denuncia y la comparecencia en el trámite de información pública, respectivamente, no confieren u otorgan, por sí solas, la condición de interesado en el procedimiento.

38. Si durante la instrucción de un procedimiento, se advierte la existencia de personas que sean titulares de derechos o intereses legítimos y directos cuya identificación resulte del expediente y que puedan resultar afectados por la resolución que se dicte:

a) Se comunicará a dichas personas la tramitación del procedimiento cuando así lo solicite el interesado que inició el procedimiento.

b) Se publicará por edictos.

c) Se comunicará a dichas personas la tramitación del procedimiento cuando este no haya tenido publicidad.

d) No se comunicará, salvo que se presenten en forma legal en el procedimiento.

Soluciones comentadas

1. d) A la capacidad de obrar.

La respuesta correcta es la d), en base al artículo 3.a) de la Ley 39/2015, de 1 de octubre.

Efectivamente, a los efectos previstos en la Ley 39/2015, de 1 de octubre, las personas físicas tendrán capacidad de obrar ante las Administraciones Públicas si así la ostentan con arreglo a las normas civiles.

La diferencia entre la capacidad jurídica y la capacidad de obrar es que la primera se refiere al hecho de que una persona pueda ser titular de derechos subjetivos y de deberes jurídicos, mientras que la segunda se centra en la aptitud para ejercer estos derechos y deberes de los que se es titular. La capacidad jurídica de una persona física coincide con la de su personalidad jurídica y a ella se refiere el art. 30 del Código Civil cuando establece lo siguiente: «La personalidad se adquiere en el momento del nacimiento con vida, una vez producido el entero desprendimiento del seno materno». En el momento en que se produce nuestro nacimiento, las personas físicas adquirimos plena capacidad jurídica, podemos ser titulares de derechos subjetivos y de deberes jurídicos.

La capacidad de obrar no se adquiere en el momento del nacimiento ya que requiere de la concurrencia de determinados requisitos en la persona física en cuestión. En función de estos, la capacidad de obrar podrá tener diferentes grados para el sujeto. Si nos referimos a la capacidad de obrar plena, que es la que está carente de cualquier limitación, la persona física la adquirirá una vez alcance su mayoría de edad. En estos términos se pronuncia el art. 322 del Código Civil cuando establece que: «El mayor de edad es capaz para todos los actos de la vida civil, salvo las excepciones establecidas en casos especiales por este Código». Sírvase como ejemplo de estas excepciones, lo previsto en el art. 175.1 del Código Civil que exige ser mayor de 25 años para que una persona física pueda adoptar.

En el momento en que la persona física cumple 18 años (art. 315 del Código Civil), adquiere plena capacidad de obrar, lo que le permite ejercer los derechos subjetivos y los deberes jurídicos que adquirió al nacer, asumiendo la correspondiente responsabilidad.

2. c) Sí, para el ejercicio y defensa de aquellos de sus derechos e intereses cuya actuación esté permitida por el ordenamiento jurídico sin la asistencia de la persona que ejerza la patria potestad, tutela o curatela, aunque sean menores incapacitados, siempre que la extensión de la incapacitación no afecte al ejercicio y defensa de los derechos o intereses de que se trate.

La respuesta correcta es la c), en base al artículo 3.b) de la Ley 39/2015, de 1 de octubre.

La ley establece que los menores de edad tendrán capacidad de obrar ante las Administraciones Públicas para el ejercicio y defensa de aquellos de sus derechos e intereses cuya actuación esté permitida por el ordenamiento jurídico sin la asistencia de la persona que ejerza la patria potestad, tutela o curatela. No obstante, la propia ley establece una excepción a esta atribución y es el supuesto de los menores incapacitados. En términos generales, los menores incapacitados no tendrán capacidad de obrar ante las Administraciones Públicas para el ejercicio de aquellos de sus derechos e intereses cuya actuación esté permitida por el ordenamiento jurídico sin la asistencia de la persona que ejerza la patria potestad, tutela o curatela, siempre que la extensión de esta incapacitación, que será declarada en la correspondiente sentencia judicial, según establece el artículo 199 del Código Civil, afecte al ejercicio y defensa de los derechos o intereses de que se trate. En sentido contrario, si la extensión de esta incapacitación no afecta al ejercicio de estos derechos o intereses, la Ley 39/2015, de 1 de octubre, les reconocerá capacidad de obrar para su ejercicio y defensa.

El art. 200 del Código Civil establece que las causas de incapacitación son enfermedades o deficiencias persistentes de carácter físico o psíquico que impidan a la persona gobernarse por sí misma.

3. c) Los hijos emancipados están bajo la patria potestad de los progenitores.

La respuesta correcta es la c), en base al artículo 3.b) de la Ley 39/2015, de 1 de octubre.

Efectivamente, según establece el art. 154 del Código Civil, la patria potestad, como responsabilidad parental, se ejercerá siempre en interés de los hijos, de acuerdo con su personalidad, y con respeto a sus derechos, su integridad física y mental. Esta función comprende los siguientes deberes y facultades:

a) Velar por los hijos, tenerlos en su compañía, alimentarlos, educarlos y procurarles una formación integral.

b) Representar a los hijos y administrar sus bienes.

El mismo precepto también establece que si los hijos tuvieren suficiente madurez deberán ser oídos siempre antes de adoptar decisiones que les afecten.

Para que un hijo esté bajo la patria potestad de sus progenitores no tiene que estar emancipado. Si está emancipado, la emancipación le habilita para regir su persona y bienes como si fuera mayor (con las excepciones previstas en el Código Civil). El art. 314 del Código Civil establece que además de por la mayor edad, la emancipación también puede tener lugar por concesión de los que ejerzan la patria potestad o por concesión judicial. Para que tenga lugar la emancipación por concesión de quienes ejerzan la patria potestad, se requiere que el menor tenga 16 años cumplidos y que la consienta. Por otro lado, el juez podrá conceder la emancipación de los hijos mayores de 16 años si estos la pidieren y previa audiencia de los padres en los siguientes casos (art. 320 Código Civil):

1. Cuando quien ejerce la patria potestad contrajere nupcias o conviviere maritalmente con persona distinta del otro progenitor.

2. Cuando los padres vivieren separados.

3. Cuando concurra cualquier causa que entorpezca gravemente el ejercicio de la patria potestad.

4. b) Los menores no emancipados que no estén bajo la patria potestad.

La respuesta correcta es la b), en base al artículo 3.b) de la Ley 39/2015, de 1 de octubre.

El art. 222 a) del Código Civil establece que estarán sujetos a tutela los menores no emancipados que no estén bajo la patria potestad. La finalidad de la tutela es proteger al menor a la que está sujeto. Las funciones tutelares constituyen un deber, se ejercerán en beneficio del tutelado y estarán bajo la salvaguarda de la autoridad judicial (art. 216 Código Civil).

El tutor es el representante del menor, salvo para aquellos actos que pueda realizar por sí solo y a los que hace referencia el art. 3.b) de la Ley 39/2015, de 1 de octubre. La finalidad del tutor es proteger al menor, a sus bienes o a ambas cosas. Se diferencia de la patria potestad en que la tutela está sujeta a un control y supervisión judicial.

5. b) La función del curador es la de complementar la capacidad del menor en todos aquellos actos o negocios jurídicos que no puede realizar por sí mismo.

La respuesta correcta es la b), en base al artículo 3.b) de la Ley 39/2015, de 1 de octubre.

La curatela es una institución jurídica cuya finalidad es atribuir a una persona, denominada curador, la función de complementar la capacidad de un menor, en todos aquellos actos o negocios jurídicos que no puede realizar por sí mismo. Se diferencia de la tutela en el hecho de que el curador no tiene cura del menor sujeto a curatela, ni de su patrimonio, únicamente le asiste en un acto o negocio jurídico, a fin de complementar su capacidad.

Esta institución jurídica se regula en los artículos 286 y siguientes del Código Civil.

6. c) Siempre que la ley así lo declare expresamente.

La respuesta correcta es la c), en base al artículo 3.c) de la Ley 39/2015, de 1 de octubre.

Efectivamente, este precepto dispone que tengan capacidad de obrar ante las Administraciones Públicas los grupos de afectados, las uniones y entidades sin personalidad jurídica y los patrimonios independientes o autónomos, cuando la Ley así lo declare expresamente.

Un patrimonio independiente o autónomo es aquel que todavía no se ha vinculado a un sujeto determinado pero que es susceptible de generar en sí mismo derechos y obligaciones. Un ejemplo de patrimonio independiente o autónomo son las herencias yacentes, que se refieren a aquellas situaciones en las que los herederos de las mismas no han aceptado todavía la herencia, y por tanto esta carece de titulares.

Así, el art. 35.4 de la Ley 58/2003, de 17 de diciembre, General Tributaria, atribuye la consideración de obligados tributarios, en las leyes en que así se establezca, a las herencias yacentes y a las mismas la normativa tributaria impone el cumplimiento de obligaciones tributarias.

7. a) Desde el instante mismo en que, con arreglo a derecho, hubiesen quedado válidamente constituidas.

La respuesta correcta es la a), en base al artículo 3.a) de la Ley 39/2015, de 1 de octubre.

El art. 3.a) de la Ley 39/2015, de 1 de octubre, establece que tendrán capacidad de obrar ante las Administraciones Públicas las personas jurídicas que ostenten capacidad de obrar con arreglo a las normas civiles.

El art. 35 del Código Civil diferencia dos tipos de personas jurídicas:

a) Las corporaciones, asociaciones y fundaciones de interés público.

b) Las asociaciones de interés particular, sean civiles, mercantiles o industriales.

El art. 35.1.º del Código Civil, en relación con las personas jurídicas públicas, determina que la personalidad de las corporaciones, asociaciones y fundaciones de interés público reconocidas por la ley empieza desde el instante mismo en que, con arreglo a derecho, hubiesen quedado válidamente constituidas.

En el caso de las asociaciones de interés particular, civiles, mercantiles o industriales, es la ley la que les concede personalidad propia, independiente de la de cada uno de los asociados.

En el caso de las personas jurídicas, la personalidad, la capacidad jurídica y la capacidad de obrar coinciden en el momento de su constitución válida.

8. a) Las personas físicas incapacitadas.

La respuesta correcta es la a), en base al artículo 3 de la Ley 39/2015, de 1 de octubre.

Las personas físicas pueden ser declaradas incapaces por sentencia judicial debido a enfermedades o deficiencias persistentes de carácter físico o psíquico que impidan a la persona gobernarse por sí misma. Una persona física estará sujeta a tutela cuando la sentencia lo haya establecido (artículos 199, 200 y 222.2.º del Código Civil).

9. c) No; puede estar sujeta a curatela.

La respuesta correcta es la c), en base al artículo 3.a) de la Ley 39/2015, de 1 de octubre.

El art. 3.a) de la Ley 39/2015, de 1 de octubre, dispone que las personas físicas que ostenten capacidad de obrar con arreglo a las normas civiles tendrán capacidad de obrar ante las Administraciones Públicas.

Se conoce como pródigo a la persona que, atendiendo a un comportamiento desordenado, pone en peligro su patrimonio. Esta conducta creadora de un riesgo, justifica que se le pueda limitar su capacidad de obrar para realizar actos de administración y disposición de su patrimonio. Para que se le pueda declarar como pródigo por sentencia judicial, es necesario que existan personas que perciban o tengan derecho a la percepción de alimentos del sujeto en cuestión (cónyuge, descendientes o ascendientes).

La sentencia judicial determinará aquellos actos que el pródigo no puede realizar sin consentimiento del curador. Así, el art. 286 del Código Civil establece que los declarados pródigos estarán sujetos a curatela.

10. d) No.

La respuesta correcta es la d), en base al artículo 3 de la Ley 39/2015, de 1 de octubre y al artículo 1 de la Ley 40/2015, de 1 de octubre.

El artículo 1 de la Ley 40/2015, de 1 de octubre, de régimen jurídico del sector público, establece que su objeto es establecer y regular las bases del régimen jurídico de las Administraciones Públicas, los principios del sistema de responsabilidad de las Administraciones Públicas y de la potestad sancionadora, así como la organización y funcionamiento de la Administración General del Estado y de su sector público institucional para el desarrollo de sus actividades.

Únicamente el artículo 3 de la Ley 39/2015, de 1 de octubre, contiene la regulación de la capacidad de obrar de los interesados ante las Administraciones Públicas.

11. b) Sí, en aplicación del artículo 4.1.b) de la Ley 39/2015, de 1 de octubre.

La respuesta correcta es la b), en base al artículo 4.1.b) de la Ley 39/2015, de 1 de octubre.

Efectivamente, el art. 4.1.b) de la Ley 39/2015, de 1 de octubre, dispone que se consideran interesados en el procedimiento administrativo los que, sin haber iniciado el procedimiento, tengan derechos que puedan resultar afectados por la decisión que en el mismo se adopte.

Los procesos selectivos los convocan las Administraciones Públicas de oficio, tal y como reconocen los artículos 54 y 58 de la Ley 39/2015, de 1 de octubre. En estos supuestos, el derecho que resultará afectado por la decisión que en el mismo se adopte es el que reconoce el art. 23.2 de la Constitución de 1978 cuando establece que: «Asimismo, tienen derecho a acceder en condiciones de igualdad a las funciones y cargos públicos, con los requisitos que señalen las leyes».

12. c) Sí, en aplicación del artículo 4.1.c) de la Ley 39/2015, de 1 de octubre.

La respuesta correcta es la c), en base al artículo 4.1.c) de la Ley 39/2015, de 1 de octubre.

El art. 4.1.c) de la Ley 39/2015, de 1 de octubre, establece que se consideran interesados en el procedimiento administrativo aquellos cuyos intereses legítimos, individuales o colectivos, puedan resultar afectados por la resolución y se personen en el procedimiento en tanto no haya recaído resolución definitiva.

El interés legítimo equivale a una situación jurídica en la que una persona no es titular de un derecho (en el ejemplo que se propone, la parcela objeto de expropiación no consta como propiedad de la persona que la reclama), pero se encuentra en una posición singular respecto el resto de ciudadanos, posición que es protegida por el ordenamiento jurídico. El ostentar un interés legítimo en sí mismo no otorga a la persona que lo alega la condición de interesado en el procedimiento, a no ser que se persone en el procedimiento antes de que se dicte resolución definitiva. Si ostenta un interés legítimo y se persona en el procedimiento en tanto no haya recaído resolución definitiva, tendrá la consideración de interesada en el procedimiento en aplicación del art. 4.1.c) de la Ley 39/2015, de 1 de octubre.

13. b) Sí, en aplicación del artículo 4.1.b) de la Ley 39/2015, de 1 de octubre.

La respuesta correcta es la alternativa de respuesta b), en base al artículo 4.1.b) de la Ley 39/2015, de 1 de octubre.

Efectivamente, el art. 4.1.b) de la Ley 39/2015, de 1 de octubre, dispone que se consideran interesados en el procedimiento administrativo los que, sin haber iniciado el procedimiento, tengan derechos que puedan resultar afectados por la decisión que en el mismo se adopte.

Según establece el art. 2.1 de la Ley de 16 de diciembre de 1954 sobre expropiación forzosa, esta solo podrá ser acordada por el Estado, la Provincia o el Municipio, lo cual implica que el procedimiento de expropiación se inicie de oficio.

El titular de un bien inmueble objeto de expropiación ostenta el derecho a la propiedad privada, que tiene su reconocimiento constitucional en el art. 33.1 de la Constitución de 1978: «Se reconoce el derecho a la propiedad privada y a la herencia».

14. c) Intereses legítimos colectivos.

La respuesta correcta es la alternativa c), en base al artículo 4.2 de la Ley 39/2015, de 1 de octubre.

El art. 1 de la Ley 2/1974, de 13 de febrero, establece que los Colegios Profesionales son Corporaciones de derecho público, amparadas por la ley y reconocidas por el Estado, con personalidad jurídica propia y plena capacidad para el cumplimiento de sus fines. Son fines esenciales de estas Corporaciones la ordenación del ejercicio de las profesiones, la representación institucional exclusiva de las mismas cuando estén sujetas a colegiación obligatoria, la defensa de los intereses profesionales de los colegiados y la protección de los intereses de los consumidores y usuarios de los servicios de sus colegiados, todo ello sin perjuicio de la competencia de la Administración Pública por razón de la relación funcionarial.

Por otro lado, el art. 4.2 de la Ley 39/2015, de 1 de octubre, dispone que las asociaciones y organizaciones representativas de intereses económicos y sociales sean titulares de intereses legítimos colectivos en los términos que la ley reconozca.

Cuando se trata de defender intereses colectivos que trascienden al individual de cada profesional, y que interesan a todos, como es el caso de los intereses propios de una profesión como tal, el interés es directo de los Colegios Profesionales y la Administración está obligada a comunicarles la tramitación del procedimiento.

15. a) Sí, en aplicación del artículo 4.1.a) de la Ley 39/2015, de 1 de octubre.

La respuesta correcta es la a), en base al artículo 4.1.a) de la Ley 39/2015, de 1 de octubre.

Las personas físicas o jurídicas titulares de establecimientos de restauración u hotelería, a los que se les haya otorgado la preceptiva licencia municipal de apertura, podrán solicitar la ocupación de los espacios de uso público con mobiliario, por lo tanto podrán promover el procedimiento.

El art. 4.1.a) de la Ley 39/2015, de 1 de octubre, dispone que se consideran interesados en el procedimiento administrativo quienes lo promuevan como titulares de derechos o intereses legítimos individuales o colectivos. El art. 38 de la Constitución de 1978 reconoce el derecho a la libertad de empresa en el marco de la economía de mercado.

16. c) Sí, en tanto se trata de una relación jurídica transmisible.

La respuesta correcta es la c), en base al artículo 4.3 de la Ley 39/2015, de 1 de octubre.

En tanto el Ayuntamiento todavía no había resuelto la concesión de la correspondiente autorización de ocupación, y tratándose de una relación jurídica transmisible (el hijo puede suceder a su progenitor en la solicitud), es de aplicación lo establecido en el artículo 4.3 de la Ley 39/2015, de 1 de octubre, al disponer que cuando la condición de interesado derivase de alguna relación jurídica transmisible, el derecho-habiente sucederá en tal condición cualquiera que sea el estado del procedimiento.

17. a) El artículo 4.1.b) de la Ley 39/2015, de 1 de octubre.

La respuesta correcta es la a), en base al artículo 4.1.b) de la Ley 39/2015, de 1 de octubre.

Tal y como establece el art. 63.1 de la Ley 39/2015, de 1 de octubre, los procedimientos de naturaleza sancionadora se iniciarán siempre de oficio por acuerdo del órgano competente. La consideración de interesado en el procedimiento del presunto infractor se acoge al art. 4.1.b) de la Ley 39/2015, de 1 de octubre, cuando establece que se consideran interesados en el procedimiento administrativo los que, sin haber iniciado el procedimiento, tengan derechos que puedan resultar afectados por la decisión que en el mismo se adopte.

Por otro lado, el art. 64.1 de la Ley 39/2015, de 1 de octubre, dispone que el acuerdo de iniciación en los procedimientos de naturaleza sancionadora se notificará a los interesados, entendiendo en todo caso por tal al inculpado.

18. d) No tiene la consideración de relación jurídica transmisible.

La respuesta correcta es la d), en base al artículo 4.3 de la Ley 39/2015, de 1 de octubre.

En tanto el ciudadano tiene la consideración de persona física, la posible sanción que el Ayuntamiento le imponga, derivada del correspondiente procedimiento sancionador, no será transmisible a sus derecho-habientes. El art. 4.3 de la Ley 39/2015, de 1 de octubre, establece que únicamente cuando la condición de interesado derive de alguna relación jurídica trasmisible, el derecho-habiente sucederá en tal condición cualquiera que sea el estado del procedimiento.

También cabe citar el art. 39.1, apartado tercero, de la Ley 57/2003, de 17 de diciembre, General Tributaria, cuando dispone que en ningún caso se transmitirán las sanciones, en lo que se refiere a los sucesores de personas físicas.

19. c) Los interesados con capacidad de obrar.

La respuesta correcta es la c), en base al artículo 5.1 de la Ley 39/2015, de 1 de octubre.

Efectivamente, según establece el art. 5.1 de la Ley 39/2015, de 1 de octubre, los interesados con capacidad de obrar podrán actuar por medio de representante, entendiéndose con este las actuaciones administrativas, salvo manifestación expresa en contra del interesado.

Recordemos que la Ley 39/2015, de 1 de octubre, atribuye la condición de interesado a los sujetos incluidos en su art. 4. Para que estos puedan actuar por medio de representante tienen que tener atribuida la capacidad de obrar, de modo que no es suficiente con ser interesado sino que este debe acreditar capacidad de obrar y, como hemos analizado en anteriores preguntas, es diferente de la capacidad jurídica.

20. d) Las personas físicas menores de edad.

La respuesta correcta es la d), en base al artículo 5.2 de la Ley 39/2015, de 1 de octubre.

El art. 5.2 de la Ley 39/2015, de 1 de octubre, dispone que las personas físicas con capacidad de obrar puedan actuar en representación de otras ante las Administraciones Públicas. En relación con las personas jurídicas establece que, siempre que ello esté previsto en sus Estatutos, podrán actuar en representación de otras ante las Administraciones Públicas. El Código Civil distingue dos tipos de personas jurídicas (art. 35):

- Las corporaciones, asociaciones y fundaciones de interés público reconocidas por la ley.

- Las asociaciones de interés particular, sean civiles, mercantiles o industriales.

El Código Civil NO atribuye capacidad de obrar a los menores de edad (art. 322).

21. a) Para presentar documentos que acompañen a la solicitud.

La respuesta correcta es la a), en base al artículo 5.3 de la Ley 39/2015, de 1 de octubre.

La Ley 39/2015, de 1 de octubre, exige la acreditación de la representación en los actos recogidos en su art. 5.3. Son los siguientes:

- *Formular solicitudes en nombre de otra persona*. Una solicitud es el documento a través del cual un ciudadano pide a la Administración algo relativo a una materia de tramitación reglada.

- *Presentar declaraciones responsables en nombre de otra persona*. La definición de declaración responsable se recoge en el art. 69.1 de la Ley 39/2015, en los siguientes términos: «A los efectos de esta ley, se entenderá por declaración responsable el documento suscrito por un interesado en el que este manifiesta, bajo su responsabilidad, que cumple con los requisitos establecidos en la normativa vigente para obtener el reconocimiento de un derecho o facultad o para su ejercicio, que dispone de la documentación que así lo acredita, que la pondrá a disposición de la Administración cuando le sea requerida, y que se compromete a mantener el cumplimiento de las anteriores obligaciones durante el período de tiempo inherente a dicho reconocimiento o ejercicio».

- *Presentar comunicaciones en nombre de otra persona*. El concepto de comunicación viene recogido en el art. 69.2 de la Ley 39/2015: «A los efectos de esta ley, se entenderá por comunicación aquel documento mediante el que los interesados ponen en conocimiento de la Administración Pública competente sus datos identificativos o cualquier otro dato relevante para el inicio de una actividad o el ejercicio de un derecho».

–   *Interponer recursos en nombre de otra persona*. El art. 112.1 de la Ley 39/2015 establece, en relación con la interposición de recursos: «Contra las resoluciones y los actos de trámite, si estos últimos deciden directa o indirectamente el fondo del asunto, determinan la imposibilidad de continuar el procedimiento, producen indefensión o perjuicio irreparable a derechos e intereses legítimos, podrán interponerse por los interesados los recursos de alzada y potestativo de reposición, que cabrá fundar en cualquiera de los motivos de nulidad o anulabilidad previstos en los artículos 47 y 48 de esta ley». Además, y en relación con el recurso extraordinario de revisión, el art. 113 de la referida ley regula que solo procederá contra los actos firmes en vía administrativa cuando concurra alguna de las circunstancias previstas en el art. 125.1.

–   *Desistir de acciones y renunciar a derechos en nombre de otra persona*. Cualquier interesado puede desistir de su solicitud o, cuando ello no esté prohibido por el ordenamiento jurídico, renunciar a sus derechos (art. 94.1 Ley 39/2015).

Para los actos y gestiones de mero trámite (como puede ser la presentación de documentos que acompañen a la solicitud), la representación se presume y, por tanto, la Ley 39/2015, no exige su acreditación.

22. a) Para renunciar a una devolución tributaria en nombre propio.

La respuesta correcta es la a), en base al artículo 5.3 de la Ley 39/2015, de 1 de octubre.

La Ley 39/2015, de 1 de octubre, exige la acreditación de la representación en los actos recogidos en su art. 5.3 (para los actos y gestiones de mero trámite se presumirá la representación).

–   *Formular solicitudes en nombre de otra persona*. Una solicitud es el documento a través del cual un ciudadano pide a la Administración algo relativo a una materia de tramitación reglada.

–   *Presentar declaraciones responsables en nombre de otra persona*. La definición de declaración responsable se recoge en el art. 69.1 de la Ley 39/2015, en los siguientes términos: «A los efectos de esta ley, se entenderá por declaración responsable el documento suscrito por un interesado en el que este manifiesta, bajo su responsabilidad, que cumple con los requisitos establecidos en la normativa vigente para obtener el reconocimiento de un derecho o facultad o para su ejercicio, que dispone de la documentación que así lo acredita, que la pondrá a disposición de la Administración cuando le sea requerida, y que se compromete a mantener el cumplimiento de las anteriores obligaciones durante el período de tiempo inherente a dicho reconocimiento o ejercicio».

–   *Presentar comunicaciones en nombre de otra persona*. El concepto de comunicación viene recogido en el art. 69.2 de la Ley 39/2015: «A los efectos de esta ley, se entenderá por comunicación aquel documento mediante el que los interesados ponen en conocimiento de la Administración Pública competente sus datos identificativos o cualquier otro dato relevante para el inicio de una actividad o el ejercicio de un derecho».

– *Interponer recursos en nombre de otra persona*. El art. 112.1 de la Ley 39/2015 establece, en relación a la interposición de recursos: «Contra las resoluciones y los actos de trámite, si estos últimos deciden directa o indirectamente el fondo del asunto, determinan la imposibilidad de continuar el procedimiento, producen indefensión o perjuicio irreparable a derechos e intereses legítimos, podrán interponerse por los interesados los recursos de alzada y potestativo de reposición, que cabrá fundar en cualquiera de los motivos de nulidad o anulabilidad previstos en los artículos 47 y 48 de esta ley». Además, y en relación al recurso extraordinario de revisión, el art. 113 de la referida ley regula que solo procederá contra los actos firmes en vía administrativa cuando concurra alguna de las circunstancias previstas en el art. 125.1.

– *Desistir de acciones y renunciar a derechos en nombre de otra persona*. Cualquier interesado puede desistir de su solicitud o, cuando ello no esté prohibido por el ordenamiento jurídico, renunciar a sus derechos (art. 94.1 Ley 39/2015).

Si la renuncia a una devolución tributaria se realiza en nombre propio, la figura de la representación carece de aplicación.

23. c) A través de la acreditación de la inscripción de la representación en el registro electrónico de apoderamiento de cualquier Administración Pública.

La respuesta correcta es la c), en base al artículo 5.4 de la Ley 39/2015, de 1 de octubre.

La Ley 39/2015, de 1 de octubre, reconoce que la representación podrá acreditarse mediante cualquier medio válido en Derecho que deje constancia fidedigna de su existencia. A estos efectos, se entenderá acreditada la representación realizada mediante apoderamiento *apud acta* efectuado por comparecencia personal o comparecencia electrónica en la correspondiente sede electrónica, o a través de la acreditación de su inscripción en el registro electrónico de apoderamientos de la Administración Pública competente.

En relación con el registro electrónico de apoderamientos, el art. 6.1 de la Ley 39/2015 establece que dispondrán de un registro electrónico general de apoderamientos la Administración General del Estado, las Comunidades Autónomas y las Entidades Locales. Para que la acreditación de la representación en este caso sea válida, la acreditación de su inscripción debe hacerse en el registro electrónico de apoderamientos de la Administración Pública competente (no de cualquier Administración Pública). El Registro Electrónico de Apoderamientos de la Administración General del Estado se regula en el art. 33 del Real decreto 203/2021, de 30 de marzo, por el que se aprueba el Reglamento de actuación y funcionamiento del sector público por medios electrónicos.

24. b) Al órgano competente para la tramitación del procedimiento.

La respuesta correcta es la b), en base al artículo 5.5 de la Ley 39/2015, de 1 de octubre.

El referido artículo establece que el órgano competente para la tramitación del procedimiento deberá incorporar al expediente administrativo acreditación de la condición de representante y de los poderes que tiene reconocidos en dicho momento. Dicho precepto también establece que el documento electrónico que acredite el resultado de la consulta al registro electrónico de apoderamientos correspondiente tendrá la condición de acreditación a estos efectos.

25. d) No impedirá que se tenga por realizado el acto de que se trate si se aporta la acreditación de la representación o se subsana el defecto dentro del plazo de diez días o de un plazo superior cuando las circunstancias del caso así lo requieran.

La respuesta correcta es la d), en base al artículo 5.6 de la Ley 39/2015, de 1 de octubre.

Efectivamente, el art. 5.6 de la Ley 39/2015, de 1 de octubre, dispone que la falta o insuficiente acreditación de la representación no impedirá que se tenga por realizado el acto de que se trate, siempre que se aporte aquella o se subsane el defecto dentro del plazo de diez días que deberá conceder al efecto el órgano administrativo, o de un plazo superior cuando las circunstancias del caso así lo requieran.

26. d) Cuando los plazos se señalen por días, se entiende que estos son hábiles, excluyéndose en el cómputo los sábados, los domingos y los declarados festivos.

La respuesta correcta es la alternativa de respuesta d), en base a los artículos 5.6 y 30.2 de la Ley 39/2015, de 1 de octubre.

La falta o insuficiente acreditación de la representación no impedirá que se tenga por realizado el acto de que se trate, siempre que se aporte aquella o se subsane el defecto dentro del plazo de diez días que deberá conceder al efecto el órgano administrativo, o de un plazo superior cuando las circunstancias del caso así lo requieran. Este plazo obliga a las autoridades y personal al servicio de las Administraciones Públicas competentes para la tramitación de los asuntos, así como a los interesados en los mismos (art. 29 Ley 39/2015).

El art. 30.2 de la Ley 39/2015, de 1 de octubre, establece, para el cómputo de plazos que, siempre que por Ley o en el Derecho de la Unión Europea no se exprese otro cómputo, cuando los plazos se señalen por días, se entiende que estos son hábiles, excluyéndose del cómputo los sábados, los domingos y los declarados festivos.

Cuando los plazos se hayan señalado por días naturales por declararlo así una ley o por el Derecho de la Unión Europea, se hará constar esta circunstancia en las correspondientes notificaciones.

Los plazos expresados en días se contarán a partir del día siguiente a aquel en que tenga lugar la notificación o publicación del acto de que se trate, o desde el siguiente a aquel en que se produzca la estimación o la desestimación por silencio administrativo (art. 30.3 Ley 39/2015).

La Ley 39/2015, de 1 de octubre, declara los sábados inhábiles (a diferencia de su antecesora Ley 30/1992, de 26 de noviembre), con la finalidad de unificar de este modo el cómputo de plazos en el ámbito judicial y el administrativo. Efectivamente, el art. 182.1 de la Ley orgánica 6/1985, de 1 de julio, del poder judicial, declara como días inhábiles a efectos procesales los sábados y domingos, los días de fiesta nacional y los festivos a efectos laborales en la respectiva Comunidad Autónoma o localidad.

27. b) La habilitación con carácter general o específico a personas físicas o jurídicas autorizadas para la realización de determinadas transacciones electrónicas en representación de los interesados, deberá especificar las condiciones y obligaciones a las que se comprometen los que así adquieran la condición de representantes, y determinará la presunción de validez de la representación salvo que la normativa de aplicación prevea otra cosa.

La respuesta correcta es la alternativa de respuesta b), en base al artículo 5.7 de la Ley 39/2015, de 1 de octubre.

El referido precepto dispone que las Administraciones Públicas podrán habilitar (la ley no establece el sentido preceptivo), con carácter general o específico a personas físicas o jurídicas autorizadas para la realización de determinadas transacciones electrónicas en representación de los interesados. Dicha habilitación deberá especificar las condiciones y obligaciones a las que se comprometen los que así adquieran la condición de representantes, y determinará la presunción de validez de la representación salvo que la normativa de aplicación prevea otra cosa. Las Administraciones Públicas podrán requerir (en este caso tampoco se regula preceptivamente), en cualquier momento, la acreditación de dicha representación. No obstante, siempre podrá comparecer el interesado por sí mismo en el procedimiento.

28. c) Sí, en ellos se inscribirán los poderes otorgados para la realización de trámites específicos en el mismo.

La respuesta correcta es la c), en base al artículo 6.1 de la Ley 39/2015, de 1 de octubre.

La Administración General del Estado, las Comunidades Autónomas y las Entidades Locales dispondrán (preceptivamente) de un registro electrónico general de apoderamientos, en el que deberán inscribirse, al menos, los de carácter general otorgados *apud acta*, presencial o electrónicamente, por quien ostente la condición de interesado en un procedimiento administrativo a favor de representante, para actuar en su nombre ante las Administraciones Públicas. También deberá constar el bastanteo realizado del poder.

El bastanteo de poderes es el documento en el que se acredita la comprobación por parte de la Administración de que las facultades o poderes de una o varias personas físicas son suficientes para actuar en nombre y representación de una determinada persona jurídica en la realización de determinadas actuaciones ante las Administraciones Públicas.

En el ámbito estatal, este registro será el Registro Electrónico de Apoderamientos de la Administración General del Estado, que se desarrolla en el art. 33 del Real decreto 203/2021, de 30 de marzo, por el que se aprueba el Reglamento de actuación y funcionamiento del sector público por medios electrónicos.

Los registros generales de apoderamientos no impedirán la existencia de registros particulares en cada Organismo donde se inscriban los poderes otorgados para la realización de trámites específicos en el mismo. Cada Organismo podrá disponer de su propio registro electrónico de apoderamientos.

29. d) El proceso tecnológico que permite convertir un documento en soporte papel o en otro soporte no electrónico en uno o varios ficheros electrónicos que contienen la imagen codificada, fiel e íntegra del documento.

La respuesta correcta es la d), en base al artículo 6.2 de la Ley 39/2015, de 1 de octubre, en relación con el Real decreto 4/2010, de 8 de enero, por el que se regula el Esquema Nacional de Interoperabilidad en el ámbito de la Administración Electrónica.

Los registros electrónicos generales y particulares de apoderamientos pertenecientes a todas y cada una de las Administraciones, deberán ser plenamente interoperables entre sí, de modo que se garantice su interconexión, compatibilidad informática, así como la transmisión telemática de las solicitudes, escritos y comunicaciones que se incorporen a los mismos.

Los registros electrónicos generales y particulares de apoderamientos permitirán comprobar válidamente la representación de quienes actúen ante las Administraciones Públicas en nombre de un tercero, mediante la consulta a otros registros administrativos similares, al registro mercantil, de la propiedad, y a los protocolos notariales.

Los registros mercantiles, de la propiedad, y de los protocolos notariales serán interoperables con los registros electrónicos generales y particulares de apoderamientos.

El Esquema Nacional de Interoperabilidad comprende el conjunto de criterios y recomendaciones en materia de seguridad, conservación y normalización de la información, de los formatos y de las aplicaciones que deberán ser tenidos en cuenta por las Administraciones Públicas para la toma de decisiones tecnológicas que garanticen la interoperabilidad (art. 156.1 de la Ley 40/2015, de 1 de octubre, de régimen jurídico del sector público).

La norma que regula el Esquema Nacional de Interoperabilidad es el Real decreto 4/2010, de 8 de enero, y en relación a la interoperabilidad recoge las siguientes definiciones:

- *Cadena de interoperabilidad*: expresión de la interoperabilidad en el despliegue de los sistemas y los servicios como una sucesión de elementos enlazados e interconectados, de forma dinámica, a través de interfaces y con proyección a las dimensiones técnica, semántica y organizativa.

- *Interoperabilidad*: capacidad de los sistemas de información, y por ende de los procedimientos a los que estos dan soporte, de compartir datos y posibilitar el intercambio de información y conocimiento entre ellos.

- *Interoperabilidad organizativa*: es aquella dimensión de la interoperabilidad relativa a la capacidad de las entidades y de los procesos a través de los cuales llevan a cabo sus actividades para colaborar con el objeto de alcanzar logros mutuamente acordados relativos a los servicios que prestan.

- *Interoperabilidad semántica*: es aquella dimensión de la interoperabilidad relativa a que la información intercambiada pueda ser interpretable de forma automática y reutilizable por aplicaciones que no intervinieron en su creación.

– *Interoperabilidad técnica*: es aquella dimensión de la interoperabilidad relativa a la relación entre sistemas y servicios de tecnologías de la información, incluyendo aspectos tales como las interfaces, la interconexión, la integración de datos y servicios, la presentación de la información, la accesibilidad y la seguridad, u otros de naturaleza análoga.

– *Interoperabilidad en el tiempo*: es aquella dimensión de la interoperabilidad relativa a la interacción entre elementos que corresponden a diversas oleadas tecnológicas; se manifiesta especialmente en la conservación de la información en soporte electrónico.

– *Nodo de interoperabilidad*: organismo que presta servicios de interconexión técnica, organizativa y jurídica entre sistemas de información para un conjunto de Administraciones Públicas bajo las condiciones que estas fijen.

– *Servicio de interoperabilidad*: cualquier mecanismo que permita a las administraciones Públicas compartir datos e intercambiar información mediante el uso de las tecnologías de la información.

El proceso tecnológico que permite convertir un documento en soporte papel o en otro soporte no electrónico en uno o varios ficheros electrónicos que contienen la imagen codificada, fiel e íntegra del documento, no se refiere a la interoperabilidad sino a la digitalización.

30. d) Ninguna de las respuestas anteriores es correcta.

La respuesta correcta es la d), en base al artículo 6.4 de la Ley 39/2015, de 1 de octubre.

Efectivamente, el art. 6.4 de la Ley 39/2015, de 1 de octubre, establece que los poderes que se inscriban en los registros electrónicos generales y particulares de apoderamientos deberán corresponder a alguna de las siguientes tipologías:

a) Un poder general para que el apoderado pueda actuar en nombre del poderdante en cualquier actuación administrativa y ante cualquier Administración.

b) Un poder para que el apoderado pueda actuar en nombre del poderdante en cualquier actuación administrativa ante una Administración u Organismo concreto.

c) Un poder para que el apoderado pueda actuar en nombre del poderdante únicamente para la realización de determinados trámites especificados en el poder.

Cada Comunidad Autónoma aprobará los modelos de poderes inscribibles en el registro cuando se circunscriba a actuaciones ante su respectiva Administración.

31. d) El apoderamiento *apud acta* se otorgará mediante comparecencia electrónica en la correspondiente sede electrónica haciendo uso de los sistemas de firma electrónica previstos en la Ley 39/2015, de 1 de octubre, o bien mediante comparecencia personal en las oficinas de asistencia en materia de registros.

La respuesta correcta es la d), en base a los artículos 6.5 y 6.6 de la Ley 39/2015, de 1 de octubre.

El apoderamiento *apud acta* se otorgará mediante comparecencia electrónica en la correspondiente sede electrónica haciendo uso de los sistemas de firma electrónica previstos en esta ley, o bien mediante comparecencia personal en las oficinas de asistencia en materia de registros (art. 6.5).

Los poderes inscritos en el registro tendrán una validez determinada máxima de cinco años a contar desde la fecha de inscripción. En todo caso, en cualquier momento antes de la finalización de dicho plazo el poderdante podrá revocar o prorrogar el poder. Las prórrogas otorgadas por el poderdante al registro tendrán una validez determinada máxima de cinco años a contar desde la fecha de inscripción (art. 6.6).

32. b) Las actuaciones a que den lugar se efectuarán con el interesado que figure en primer término.

La respuesta correcta es la b), en base al artículo 7 de la Ley 39/2015, de 1 de octubre.

Cuando en una solicitud, escrito o comunicación figuren varios interesados, las actuaciones a que den lugar se efectuarán con el interesado que figure en primer término únicamente en el caso de que no se haya señalado expresamente un representante o interesado en concreto.

Así lo establece el art. 7 de la Ley 39/2015, de 1 de octubre: «…las actuaciones a que den lugar se efectuarán con el representante o el interesado que expresamente hayan señalado, y, en su defecto, con el que figure en primer término».

33. d) A más tardar fue el 18 de septiembre de 2017 cuando la Comisión, mediante actos de ejecución, especificara la información a que se refiere la letra a).

La respuesta correcta es la d), en base al artículo 22.5 del Reglamento (UE) n.º 910/2014 del Parlamento Europeo y del Consejo de 23 de julio de 2014 relativo a la identificación electrónica y los servicios de confianza para las transacciones electrónicas en el mercado interior y por la que se deroga la Directiva 1999/93/CE.

La Decisión de Ejecución (UE) 2015/1505 de la Comisión de 8 de septiembre de 2015 por la que se establecen las especificaciones técnicas y los formatos relacionados con las listas de confianza de conformidad con el artículo 22, apartado 5, del Reglamento (UE) N.º 910/2014 del Parlamento Europeo y del Consejo de 23 de julio de 2014, relativo a la identificación electrónica y los servicios de confianza para las transacciones electrónicas en el mercado interior requiere, en consonancia con lo previsto en el artículo 22, apartado 1, del citado Reglamento, que cada Estado miembro debe establecer, mantener y publicar listas de confianza con información relativa a los prestadores cualificados de servicios electrónicos de confianza junto con la información relacionada con los servicios electrónicos de confianza cualificados prestados por ellos.

En consecuencia de lo anteriormente expuesto, el Ministerio de Asuntos Económicos y Transformación Digital ha elaborado una Lista de confianza de prestadores de servicios electrónicos de confianza (TSL) correspondiente a los prestadores que proporcionan servicios electrónicos de confianza cualificados y que están establecidos y supervisados en España.

«Artículo 22

Listas de confianza

1. Cada Estado miembro establecerá, mantendrá y publicará listas de confianza con información relativa a los prestadores cualificados de servicios de confianza con respecto a los cuales sea responsable, junto con la información relacionada con los servicios de confianza cualificados prestados por ellos.

2. Los Estados miembros establecerán, mantendrán y publicarán, de manera segura, las listas de confianza firmadas o selladas electrónicamente a que se refiere el apartado 1 en una forma apropiada para el tratamiento automático.

3. Los Estados miembros notificarán a la Comisión, sin retrasos indebidos, información sobre el organismo responsable del establecimiento, mantenimiento y publicación de las listas de confianza nacionales, y detalles relativos al lugar en que se publican dichas listas, los certificados utilizados para firmar o sellar las listas de confianza y cualquier modificación de los mismos.

4. La Comisión pondrá a disposición del público, a través de un canal seguro, la información a que se refiere el apartado 3 en una forma firmada o sellada electrónicamente apropiada para el tratamiento automático.

5. A más tardar el 18 de septiembre de 2015 la Comisión, mediante actos de ejecución, especificará la información a que se refiere el apartado 1 y definirá las especificaciones técnicas y formatos de las listas de confianza, aplicables a efectos de los apartados 1 a 4. Estos actos de ejecución se adoptarán con arreglo al procedimiento de examen contemplado en el artículo 48, apartado 2».

34. a) Identificar a las autoridades y al personal al servicio de las Administraciones Públicas bajo cuya responsabilidad se tramiten los procedimientos.

La respuesta correcta es la a), en base al artículo 11 de la Ley 39/2015, de 1 de octubre.

Efectivamente, el citado artículo dispone que las Administraciones Públicas solo requerirán a los interesados el uso obligatorio de firma para:

a) Formular solicitudes.

b) Presentar declaraciones responsables o comunicaciones.

c) Interponer recursos.

d) Desistir de acciones.

e) Renunciar a derechos.

La identificación de las autoridades y del personal al servicio de las Administraciones Públicas bajo cuya responsabilidad se tramiten los procedimientos es un derecho del interesado recogido en el art. 53.1.b) de la Ley 39/2015, de 1 de octubre.

35. d) A los interesados no incluidos en los apartados 2 y 3 del artículo 14 de la Ley 39/2015, de 1 de octubre, que así lo soliciten, especialmente en lo referente a la identificación y firma electrónica, presentación de solicitudes a través del registro electrónico general y obtención de copias auténticas.

La respuesta correcta es la d), en base al artículo 12.2 de la Ley 39/2015, de 1 de octubre, en relación con los apartados 2 y 3 de su artículo 14.

El precepto referido establece que las Administraciones Públicas asistirán en el uso de medios electrónicos a los interesados no incluidos en los apartados 2 y 3 del artículo 14 que así lo soliciten, especialmente en lo referente a la identificación y firma electrónica, presentación de solicitudes a través del registro electrónico general y obtención de copias auténticas.

Los apartados 2 y 3 del artículo 14 de la Ley 39/2015, de 1 de octubre, establecen lo siguiente:

«2. En todo caso, estarán obligados a relacionarse a través de medios electrónicos con las Administraciones Públicas para la realización de cualquier trámite de un procedimiento administrativo, al menos, los siguientes sujetos:

a) Las personas jurídicas.

b) Las entidades sin personalidad jurídica.

c) Quienes ejerzan una actividad profesional para la que se requiera colegiación obligatoria, para los trámites y actuaciones que realicen con las Administraciones Públicas en ejercicio de dicha actividad profesional. En todo caso, dentro de este colectivo se entenderán incluidos los notarios y registradores de la propiedad y mercantiles.

d) Quienes representen a un interesado que esté obligado a relacionarse electrónicamente con la Administración.

e) Los empleados de las Administraciones Públicas para los trámites y actuaciones que realicen con ellas por razón de su condición de empleado público, en la forma en que se determine reglamentariamente por cada Administración.

3. Reglamentariamente, las Administraciones podrán establecer la obligación de relacionarse con ellas a través de medios electrónicos para determinados procedimientos y para ciertos colectivos de personas físicas que por razón de su capacidad económica, técnica, dedicación profesional u otros motivos quede acreditado que tienen acceso y disponibilidad de los medios electrónicos necesarios».

El derecho y obligación de relacionarse electrónicamente con las Administraciones Públicas se desarrolla en el art. 3 del Real decreto 203/2021, de 30 de marzo, por el que se aprueba el Reglamento de actuación y funcionamiento del sector público por medios electrónicos.

36. d) Será necesario que el interesado que carezca de los medios electrónicos necesarios se identifique ante el funcionario y preste su consentimiento expreso para esta actuación, de lo que deberá quedar constancia para los casos de discrepancia o litigio.

La respuesta correcta es la d), en base al artículo 12.2 de la Ley 39/2015, de 1 de octubre.

Las Administraciones Públicas asistirán en el uso de medios electrónicos a los interesados no incluidos en los apartados 2 y 3 del artículo 14 que así lo soliciten, especialmente en lo referente a la identificación y firma electrónica, presentación de solicitudes a través del registro electrónico general y obtención de copias auténticas.

Asimismo, si alguno de estos interesados no dispone de los medios electrónicos necesarios, su identificación o firma electrónica en el procedimiento administrativo podrá ser válidamente realizada por un funcionario público mediante el uso del sistema de firma electrónica del que esté dotado para ello. En este caso, será necesario que el interesado que carezca de los medios electrónicos necesarios se identifique ante el funcionario y preste su consentimiento expreso para esta actuación, de lo que deberá quedar constancia para los casos de discrepancia o litigio.

El art. 4 del Real decreto 203/2021, de 30 de marzo, por el que se aprueba el Reglamento de actuación y funcionamiento del sector público por medios electrónicos, enumera los siguientes canales de asistencia para el acceso a los servicios electrónicos:

a) Presencial, a través de las oficinas de asistencia que se determinen.

b) Portales de internet y sedes electrónicas.

c) Redes sociales.

d) Telefónico.

e) Correo electrónico.

f) Cualquier otro canal que pueda establecerse de acuerdo con lo previsto en el artículo 12 de la Ley 39/2015, de 1 de octubre.

37. b) Cuando en una solicitud, escrito o comunicación figuren varios interesados, las actuaciones a que den lugar se efectuarán con el representante o el interesado que expresamente hayan señalado, y, en su defecto, con cualquiera de los demás.

La respuesta correcta es la b) con base en el artículo 7 de la Ley 39/2015, de 1 de octubre, del Procedimiento Administrativo Común de las Administraciones Públicas:

Cuando en una solicitud, escrito o comunicación figuren varios interesados, las actuaciones a que den lugar se efectuarán con el representante o el interesado que expresamente hayan señalado, y, en su defecto, con el que figure en primer término.

38. c) Se comunicará a dichas personas la tramitación del procedimiento cuando este no haya tenido publicidad.

La fundamentación legal de esta pregunta la encontramos en el artículo 8 de la Ley 39/2015, de 1 de octubre, del Procedimiento Administrativo Común de las Administraciones Públicas:

Si durante la instrucción de un procedimiento que no haya tenido publicidad, se advierte la existencia de personas que sean titulares de derechos o intereses legítimos y directos cuya identificación resulte del expediente y que puedan resultar afectados por la resolución que se dicte, se comunicará a dichas personas la tramitación del procedimiento.

TÍTULO II

De la actividad de las Administraciones Públicas

1. De acuerdo con el artículo 13 de la Ley 39/2015, de 1 de octubre, de Procedimiento Administrativo Común de las Administraciones Públicas, las personas que tienen capacidad de obrar conforme al artículo 3 de la Ley 39/2015, de 1 de octubre, de Procedimiento Administrativo Común de las Administraciones Públicas, en sus relaciones con las Administraciones Públicas, tienen los siguientes derechos:

a) A obtener información y confección de los documentos jurídicos o técnicos que las disposiciones vigentes impongan a los proyectos, actuaciones o solicitudes que se propongan realizar.

b) Al acceso a los registros y archivos de las Administraciones Públicas en los términos previstos en la Constitución y en la Ley 30/1992, de 26 de noviembre.

c) A ser tratados con respeto e indiferencia por las autoridades y funcionarios, que habrán de facilitarles el ejercicio de sus derechos y el cumplimiento de sus obligaciones.

d) Al acceso a la información pública, archivos y registros de acuerdo con lo previsto en la Ley 19/2013, de 9 de diciembre, de transparencia, acceso a la información pública y buen gobierno y el resto del Ordenamiento Jurídico.

2. En relación con la lengua de los procedimientos, señala la afirmación falsa; de acuerdo con el artículo 15 de la Ley 39/2015, de 1 de octubre, de Procedimiento Administrativo Común de las Administraciones Públicas:

a) La lengua de los procedimientos tramitados por la Administración General del Estado será el español.

b) Los interesados que se dirijan a los órganos de la Administración General del Estado con sede en el territorio de una Comunidad Autónoma podrán utilizar también la lengua que sea cooficial en ella.

c) En los procedimientos tramitados por las Administraciones de las Comunidades Autónomas y de las Entidades Locales, el uso de la lengua se ajustará a lo previsto en la legislación autonómica correspondiente.

d) La Administración pública instructora deberá traducir al castellano los documentos, expedientes o partes de los mismos que deban surtir efecto fuera del territorio de la Comunidad Autónoma y los documentos dirigidos a los interesados que así lo soliciten expresamente. Si debieran surtir efectos en el territorio de una Comunidad Autónoma donde sea cooficial esa misma lengua distinta del castellano, no será precisa su traducción.

3. Conforme al artículo 19.1 de la Ley 39/2015, de 1 de octubre, de Procedimiento Administrativo Común de las Administraciones Públicas, la comparecencia de los ciudadanos ante las oficinas públicas solo será obligatoria cuando así esté previsto en una norma con rango de:

a) Ley.
b) Decreto.
c) Orden.
d) Instrucción.

4. Señale la respuesta incorrecta. La Administración está obligada a dictar resolución expresa en todos los procedimientos y a notificarla cualquiera que sea su forma de iniciación. En los casos de prescripción, renuncia del derecho, caducidad del procedimiento o desistimiento de la solicitud, así como la desaparición sobrevenida del objeto del procedimiento, la resolución consistirá, conforme al artículo 21.1 de la Ley 39/2015, de 1 de octubre, de Procedimiento Administrativo Común de las Administraciones Públicas:

a) En la declaración de la circunstancia que concurra en cada caso.
b) Con indicación de los hechos producidos.
c) Con indicación de las normas aplicables.
d) Con indicación de las pruebas practicadas.

5. La Administración está obligada a dictar resolución expresa en todos los procedimientos y a notificarla cualquiera que sea su forma de iniciación. Se exceptúan de esta obligación, de acuerdo con el artículo 21.1 de la Ley 39/2015, de 1 de octubre, de Procedimiento Administrativo Común de las Administraciones Públicas:

a) Los supuestos de terminación del procedimiento por pacto o convenio.
b) Los procedimientos relativos al ejercicio de derechos sometidos únicamente al deber de declaración responsable o comunicación a la Administración.
c) Los procedimientos sancionadores.
d) Las respuestas a) y b) son correctas.

6. Señala la opción incorrecta conforme al artículo 21.2 de la Ley 39/2015, de 1 de octubre, de Procedimiento Administrativo Común de las Administraciones Públicas. El plazo máximo en el que debe notificarse la resolución expresa será:

a) El fijado por la norma reguladora del correspondiente procedimiento.
b) No podrá exceder de seis meses salvo que una norma con rango de ley establezca uno mayor.
c) No podrá exceder de seis meses salvo que venga previsto en la normativa comunitaria europea.
d) Será de tres meses.

7. De acuerdo con el artículo 21.3.a) de la Ley 39/2015, de 1 de octubre, de Procedimiento Administrativo Común de las Administraciones Públicas, el plazo máximo en el que debe notificarse la resolución expresa se contarán en los procedimientos iniciados de oficio:

a) Desde la fecha del acuerdo de iniciación.

b) Desde la fecha en que la solicitud haya tenido entrada en el registro del órgano competente para su tramitación.

c) Desde la fecha en que la solicitud haya tenido entrada en el registro del órgano receptor de la solicitud.

d) Desde la fecha de notificación del acuerdo de iniciación.

8. El plazo máximo en el que debe notificarse la resolución expresa se contarán en los procedimientos a solicitud del interesado:

a) Desde la fecha del acuerdo de iniciación.

b) Desde la fecha en que la solicitud haya tenido entrada en el registro del órgano competente para su tramitación o desde la fecha en que la solicitud haya tenido entrada en el registro electrónico de la Administración u Organismo competente para su tramitación.

c) Desde la fecha en que la solicitud haya tenido entrada en el registro del órgano receptor de la solicitud.

d) Desde la fecha de notificación del acuerdo de iniciación.

9. En todo caso, las Administraciones Públicas informarán a los interesados del plazo máximo normativamente establecido para la resolución y notificación de los procedimientos, así como de los efectos que pueda producir el silencio administrativo, incluyendo dicha mención en la notificación o publicación del acuerdo de iniciación de oficio, o en comunicación que se les dirigirá al efecto dentro de:

a) Los diez días siguientes a la recepción de la solicitud en el registro del órgano competente para su tramitación.

b) Los diez días siguientes a la recepción de la solicitud en el registro del órgano receptor.

c) Los diez días naturales siguientes a la recepción de la solicitud en el registro del órgano competente para su tramitación o en el registro electrónico de la Administración u Organismo competente para su tramitación.

d) Los diez días naturales siguientes a la recepción de la solicitud en el registro del órgano receptor.

10. Señala la respuesta incorrecta. De acuerdo con el artículo 22 de la Ley 39/2015, de 1 de octubre, de Procedimiento Administrativo Común de las Administraciones Públicas, el transcurso del plazo máximo legal para resolver un procedimiento y notificar la resolución se podrá suspender en los siguientes casos:

a) Cuando deba requerirse a cualquier interesado para la subsanación de deficiencias y la aportación de documentos y otros elementos de juicio necesarios, por el tiempo que medie entre la notificación del requerimiento y su efectivo cumplimiento por el destinatario, o, en su defecto, el transcurso del plazo concedido, todo ello sin perjuicio de lo previsto en el artículo 68 de la Ley 39/2015, de 1 de octubre.

b) Cuando deba obtenerse un pronunciamiento previo y preceptivo de un órgano de la Unión Europea, por el tiempo que medie entre la petición, que habrá de comunicarse a los interesados, y la notificación del pronunciamiento a la Administración instructora, que también deberá serles comunicada.

c) Cuando deban solicitarse informes que sean preceptivos y determinantes del contenido de la resolución a órgano de la misma o distinta Administración, por el tiempo que medie entre la petición, que deberá comunicarse a los interesados, y la recepción del informe, que igualmente deberá ser comunicada a los mismos. Este plazo de suspensión no podrá exceder en ningún caso de tres meses.

d) Cuando los interesados promuevan la recusación en cualquier momento de la tramitación de un procedimiento.

11. Conforme al artículo 24.1 de la Ley 39/2015, de 1 de octubre, de Procedimiento Administrativo Común de las Administraciones Públicas, en los procedimientos iniciados a solicitud del interesado, sin perjuicio de la resolución que la Administración debe dictar, el vencimiento del plazo máximo sin haberse notificado resolución expresa legitima al interesado o interesados que hubieran deducido la solicitud para entenderla:

a) Desestimada por silencio administrativo, excepto en los supuestos en los que una norma con rango de ley por razones imperiosas de interés general o una norma de Derecho de la Unión Europea establezcan lo contrario.

b) Estimada por silencio administrativo, excepto en los supuestos en los que una norma con rango de ley por razones imperiosas de interés general o una norma de Derecho comunitario establezcan lo contrario.

c) Caducada por silencio administrativo, excepto en los supuestos en los que una norma con rango de ley por razones imperiosas de interés general o una norma de la Unión Europea o de Derecho Internacional aplicable en España establezcan lo contrario.

d) Prescrita por silencio administrativo, excepto en los supuestos en los que una norma con rango de ley por razones imperiosas de interés general o una norma de la Unión Europea o de Derecho Internacional aplicable en España establezcan lo contrario.

12. Señala la respuesta incorrecta. Asimismo, de acuerdo con el artículo 24.1.de la Ley 39/2015, de 1 de octubre, de Procedimiento Administrativo Común de las Administraciones Públicas el silencio tendrá efecto desestimatorio en los procedimientos:

a) Relativos al ejercicio del derecho de petición, a que se refiere el artículo 29 de la Constitución,

b) Aquellos cuya estimación tuviera como consecuencia que se transfirieran al solicitante o a terceros facultades relativas al dominio público o al servicio público.

c) Los procedimientos de impugnación de actos y disposiciones.

d) Cuando el recurso de alzada se haya interpuesto contra la desestimación por silencio administrativo de una solicitud por el transcurso del plazo, llegado el plazo de resolución, el órgano administrativo competente no dictase y notificase resolución expresa.

13. La obligación de dictar resolución expresa a que se refiere el apartado primero del artículo 21 de la Ley 39/2015, de 1 de octubre, de Procedimiento Administrativo Común de las Administraciones Públicas, se sujetará al siguiente régimen:

a) En los casos de estimación por silencio administrativo, la resolución expresa posterior a la producción del acto se adoptará por la Administración sin vinculación alguna al sentido del silencio.

b) En los casos de desestimación por silencio administrativo, la resolución expresa posterior al vencimiento del plazo solo podrá dictarse de ser confirmatoria del mismo.

c) En los casos de desestimación por silencio administrativo, la resolución expresa posterior al vencimiento del plazo se adoptará por la Administración sin vinculación alguna al sentido del silencio.

d) Prescrita por silencio administrativo, excepto en los supuestos en los que una norma con rango de ley por razones imperiosas de interés general o una norma de la Unión Europea o de Derecho Internacional aplicable en España establezcan lo contrario.

14. En los procedimientos iniciados de oficio, el vencimiento del plazo máximo establecido sin que se haya dictado y notificado resolución expresa, produce los siguientes efectos, en el caso de procedimientos de los que pudiera derivarse el reconocimiento o, en su caso, la constitución de derechos u otras situaciones jurídicas favorable:

a) Desestimada por silencio administrativo.

b) Estimada por silencio administrativo.

c) Caducada por silencio administrativo.

d) Prescrita por silencio administrativo, excepto en los supuestos en los que una norma con rango de ley por razones imperiosas de interés general o una norma de la Unión Europea o de Derecho Internacional aplicable en España establezcan lo contrario.

15. En los procedimientos en que la Administración ejercite potestades sancionadoras o, en general, de intervención, susceptibles de producir efectos desfavorables o de gravamen, se producirá de acuerdo con el artículo 25 de la Ley 39/2015, de 1 de octubre, de Procedimiento Administrativo Común de las Administraciones Públicas:

a) Desestimación por silencio administrativo.

b) Estimación por silencio administrativo.

c) Caducidad por silencio administrativo.

d) Prescrita por silencio administrativo, excepto en los supuestos en los que una norma con rango de ley por razones imperiosas de interés general o una norma de la Unión Europea o de Derecho Internacional aplicable en España establezcan lo contrario.

16. Conforme al artículo 30.2 de la Ley 39/2015, de 1 de octubre, de Procedimiento Administrativo Común de las Administraciones Públicas, siempre que por ley o en el Derecho de la Unión Europea no se exprese otra cosa, cuando los plazos se señalen por días, se entiende que estos son:

a) Hábiles, excluyéndose del cómputo los sábados, domingos y los declarados festivos.

b) Naturales, y se hará constar esta circunstancia en las correspondientes notificaciones.

c) Hábiles, excluyéndose del cómputo los domingos y los declarados festivos.

d) De fecha a fecha.

17. Señala la respuesta incorrecta. De acuerdo con el artículo 30.2 de la Ley 39/2015, de 1 de octubre, de Procedimiento Administrativo Común de las Administraciones Públicas, si el plazo se fija en meses o años, estos se computarán:

a) A partir del día siguiente a aquel en que tenga lugar la notificación del acto de que se trate.

b) A partir del día siguiente a aquel en que tenga lugar la publicación del acto de que se trate.

c) Desde el día siguiente a aquel en que se produzca la estimación o desestimación por silencio administrativo.

d) Desde el día en que se produzca la estimación o desestimación por silencio administrativo.

18. Los registros telemáticos permitirán la entrada de documentos electrónicos a través de redes abiertas de telecomunicación todos los días del año:

a) Durante las veinticuatro horas del día.

b) Desde las 20 a las 24 horas.

c) Desde las 00 hasta las 8 horas.

d) Desde las 15 hasta las 24 horas.

19. Los plazos para iniciar un procedimiento se contabilizarán a partir de la fecha en que la solicitud:

a) Haya tenido entrada en cualquiera de los registros del órgano competente.

b) Haya tenido entrada en cualquiera de los registros de la Administración.

c) Haya tenido entrada en la oficina de Correos.

d) Haya tenido entrada en las oficinas consulares de España en el extranjero.

20. En el procedimiento administrativo, si los plazos se expresan en días, conforme a la Ley 39/2015, de 1 de octubre, del Procedimiento Administrativo Común de las Administraciones Públicas:

a) Se entenderán hábiles excluyéndose los domingos.

b) Se entenderán hábiles excluyéndose los sábados, los domingos y festivos.

c) Se entenderán naturales.

d) Se computarán todos los días del plazo.

21. Si en el mes de vencimiento, no hubiera día equivalente a aquel en que comienza el plazo, este plazo se entenderá que expira:

a) El subsiguiente día hábil.

b) El primer día del mes sucesivo.

c) El día siguiente.

d) El último día del mes.

22. Si el último día del plazo en meses o en años fuere inhábil:

a) Se computa el plazo hasta el último día hábil.

b) Se computará el plazo con un día menos.

c) Se prorrogará al primer día hábil siguiente.

d) Al computarse de fecha a fecha se incluirá en el cómputo.

23. Los plazos expresados en días comenzarán a computarse:

a) A partir del día de la fecha de la notificación.

b) A partir del día siguiente a aquel en que tenga lugar la notificación o publicación del acto de que se trate.

c) A partir de la fecha indicada en la notificación.

d) A partir de la fecha en que se haya dictado.

24. Si un interesado de una Comunidad Autónoma con lengua oficial específica se dirige a un órgano de la Administración General del Estado sito en su Comunidad, y concurren varios interesados y existiera discrepancia en cuanto a la lengua, el procedimiento se ha de tramitar en:

a) Castellano necesariamente.

b) Su lengua oficial exclusivamente.

c) Cualquiera de las dos anteriores, a su opción.

d) La que se le indique por la citada Administración.

25. Según la Ley 39/2015, de 1 de octubre, del Procedimiento Administrativo Común de las Administraciones Públicas, el plazo máximo en el que la Administración debe notificar la resolución no podrá exceder:

a) De seis meses, salvo que una norma con rango de ley establezca uno mayor o así venga previsto en la normativa comunitaria europea.

b) De tres meses, salvo que una norma con rango de ley establezca uno mayor o así venga previsto en la normativa comunitaria europea.

c) De seis meses, salvo que una norma con rango de ley o reglamentaria establezca uno mayor.

d) De tres meses, salvo que una norma con rango de ley o reglamentaria establezca uno mayor.

26. Según Ley 39/2015, de 1 de octubre, del Procedimiento Administrativo Común de las Administraciones Públicas, los acuerdos de ampliación de plazos:

a) Son recurribles en reposición.

b) Son recurribles en alzada o reposición según pongan o no fin a la vía administrativa.

c) No son recurribles.

d) No tienen que ser notificados a los interesados.

27. Tal y como establece la Ley 39/2015, de 1 de octubre, cuando los plazos se señalen por horas, se entienden que son hábiles:

a) Todas las horas del día que formen parte de un día hábil.

b) Desde las 9:00 hasta 20:00 horas de cada día hábil.

c) Los plazos se computan por días, no por horas.

d) Todas las horas del día que formen parte un día (excepto domingos y festivos).

28. Según la Ley 39/2015, de 1 de octubre, en todo caso, estarán obligados a relacionarse a través de medios electrónicos con las Administraciones Públicas para la realización de cualquier trámite de un procedimiento administrativo:

a) Aquellos colectivos de personas físicas que por razón de su capacidad económica, técnica, dedicación profesional u otros motivos quede acreditado que tienen acceso y disponibilidad de los medios electrónicos necesarios.

b) Quienes representen a un interesado.

c) Las entidades sin personalidad jurídica.

d) Las personas físicas.

29. Según lo establecido en la Ley 39/2015, de 26 de octubre, de Procedimiento Administrativo Común de las Administraciones Públicas, en relación con las reclamaciones previas a la vía judicial civil, ¿cuándo podrá el interesado considerar desestimada su reclamación al efecto de formular la correspondiente demanda judicial?

a) Cuando la Administración no notificara su decisión en el plazo de tres meses.

b) Cuando la Administración no notificara su decisión en el plazo de dos meses.

c) En la actualidad, tras la Ley 39/2015, de 26 de octubre, de Procedimiento Administrativo Común de las Administraciones Públicas, no existen reclamaciones previas.

d) Cuando la Administración no notificara su decisión en el plazo de un mes.

30. En cuanto a la obligación de la Administración de dictar Resolución expresa en los procedimientos:

a) Depende de la forma de iniciación del procedimiento.

b) Siempre es obligatorio dictar Resolución expresa, excepto en los supuestos que se mencionan en el párrafo tercero del apartado 1 del artículo 21 de la Ley 39/2015, de 26 de octubre, de Procedimiento Administrativo Común de las Administraciones Públicas.

c) Solo es obligatorio dictar Resolución expresa en los casos de prescripción, renuncia del derecho, caducidad del procedimiento o desistimiento de la solicitud.

d) Solo es obligatorio dictar Resolución expresa en los casos de prescripción, renuncia del derecho, caducidad del procedimiento o desistimiento de la solicitud, además en los casos de desaparición sobrevenida del objeto del procedimiento.

31. El silencio administrativo:

a) Tendrá efectos estimatorios con carácter general.

b) Tendrá efectos desestimatorios con carácter general.

c) Tendrá efectos desestimatorios salvo cuando una norma con rango de ley, por razones imperiosas de interés general o una norma de derecho comunitario establezcan lo contrario.

d) Tendrá efectos estimatorios salvo cuando una norma con rango reglamentario, por razones imperiosas de interés general o una norma de derecho comunitario establezcan lo contrario.

32. La empresa Desarrollos S.A. tiene que presentar una solicitud dirigida al Ministerio de Transportes, Movilidad y Agenda Urbana, dado que tiene su sede junto al Ayuntamiento de Málaga y se plantea si puede presentarla en el Registro del citado ayuntamiento:

a) Sí, siempre que el Ayuntamiento tenga suscrito un convenio a estos efectos con la Administración General del Estado.

b) Sí, porque es posible presentarla en cualquier ayuntamiento con independencia de que exista o no convenio.

c) No, en ningún caso.

d) Sí, porque su población supera los 175.000 habitantes.

33. Se entiende por digitalización a los efectos de lo dispuesto en el artículo 27.3 de la Ley 39/2015, de 1 de octubre, de Procedimiento Administrativo Común de las Administraciones Públicas:

a) El proceso tecnológico que permite convertir un documento en soporte papel o en otro soporte electrónico en un fichero electrónico que contiene la imagen codificada del documento.

b) El proceso tecnológico que permite convertir un documento en soporte papel o en otro soporte no electrónico en un fichero electrónico que contiene la imagen descodificada e íntegra del documento.

c) El proceso tecnológico que permite convertir un documento en soporte papel o en otro soporte no electrónico en un fichero electrónico que contiene la imagen codificada, fiel e íntegra del documento.

d) El proceso tecnológico que permite convertir un documento en soporte papel o en otro soporte no electrónico en un fichero electrónico que contiene la imagen codificada, fiel, auténtica e íntegra del documento.

34. ¿A quiénes obligan los términos y plazos, de acuerdo con lo dispuesto en el artículo 29 de la Ley 39/2015, de 1 de octubre, de Procedimiento Administrativo Común de las Administraciones Públicas?

a) A las autoridades y al personal al servicio de la Administración competente para la tramitación de los asuntos.

b) A los interesados.

c) A las autoridades y al personal al servicio de la Administración competente para la tramitación de los asuntos, así como a los interesados en los mismos.

d) A los órganos competentes.

35. Los plazos, si son fijados por días se computarán, conforme a lo dispuesto en el artículo 30.2 de la Ley 39/2015, de 1 de octubre, de Procedimiento Administrativo Común de las Administraciones Públicas:

a) Por días hábiles.

b) Por días naturales.

c) De fecha a fecha.

d) Por días inhábiles.

36. Señala la respuesta incorrecta. A tenor de lo dispuesto en el artículo 30.3 de la Ley 39/2015, de 1 de octubre, de Procedimiento Administrativo Común de las Administraciones Públicas, los plazos expresados en días se contarán:

a) A partir del día en que tenga lugar la notificación del acto de que se trate.

b) A partir del día siguiente a aquel en que tenga lugar la notificación o publicación del acto de que se trate.

c) Desde el siguiente a aquel en que se produzca la estimación por silencio administrativo.

d) Desde el siguiente a aquel en que se produzca la desestimación por silencio administrativo.

37. Señala la respuesta incorrecta. Si el plazo se fija en meses o años, de acuerdo con lo dispuesto en el artículo 30.4 de la Ley 39/2015, de 1 de octubre, de Procedimiento Administrativo Común de las Administraciones Públicas, se computarán:

a) A partir del día en que tenga lugar la publicación del acto de que se trate.

b) A partir del día siguiente a aquel en que tenga lugar la notificación o publicación del acto de que se trate.

c) Desde el siguiente a aquel en que se produzca la estimación por silencio administrativo.

d) Desde el siguiente a aquel en que se produzca la desestimación por silencio administrativo.

38. Conforme a lo dispuesto en el artículo 30.5 de la Ley 39/2015, de 1 de octubre, de Procedimiento Administrativo Común de las Administraciones Públicas, cuando el último día del plazo sea inhábil:

a) No es susceptible de prórroga.

b) Se entenderá prorrogado al primer día hábil siguiente.

c) Se entenderá prorrogado al primer día natural siguiente.

d) Se entenderá prorrogado al primer día del mes siguiente.

39. El inicio del cómputo de los plazos de los procedimientos electrónicos, conforme a lo dispuesto en el artículo 31.2 de la Ley 39/2015, de 1 de octubre, de Procedimiento Administrativo Común de las Administraciones Públicas, que hayan de cumplir las Administraciones Públicas vendrá determinado:

a) Por la fecha de presentación en el registro de cada Administración u Organismo.

b) Por la fecha y hora de presentación en el registro de cada Administración.

c) Por la fecha y hora de presentación en el registro electrónico de cada Administración u Organismo.

d) Por la fecha y hora de presentación en la oficina de Correos.

40. En el registro electrónico de cada Administración u Organismo, conforme a lo dispuesto en el artículo 31.2 de la Ley 39/2015, de 1 de octubre, de Procedimiento Administrativo Común de las Administraciones Públicas, a los efectos del cómputo de plazo fijado en días hábiles, y en lo que se refiere al cumplimiento de plazos por los interesados, los documentos se considerarán presentados:

a) Por la fecha de presentación en el registro de cada Administración.

b) A las 00.00 horas del día en que se presentan.

c) Por el orden de hora efectiva en el que lo fueron en el día inhábil.

d) Por la fecha de presentación en el registro de cada Organismo.

41. Los acuerdos sobre ampliación de plazos o sobre su denegación, conforme al artículo 32 de la Ley 39/2015, de 1 de octubre, de Procedimiento Administrativo Común de las Administraciones Públicas:

a) No serán susceptibles de recurso.

b) Podrán ser recurridos por el interesado.

c) Podrán exceder de la mitad de los mismos.

d) Podrán ser declarados urgentes.

42. Conforme a lo dispuesto en el artículo 33 de la Ley 39/2015, de 1 de octubre, de Procedimiento Administrativo Común de las Administraciones Públicas, ¿qué recurso cabe contra el acuerdo que declare la ampliación de la tramitación de urgencia al procedimiento?

a) Cabe el recurso de alzada por parte del interesado en el procedimiento.

b) No cabe recurso alguno.

c) La Administración no puede ampliar la tramitación de urgencia.

d) La tramitación de urgencia no existe en la Administración.

43. Completa el texto. En los procedimientos iniciados a solicitud de interesado se establece como regla general en el artículo 24.1 de la Ley 39/2015, de 1 de octubre "...el vencimiento del plazo máximo, sin haberse notificado resolución expresa, legitima al interesado o interesados para entenderla ... por silencio administrativo":

a) Desestimada.

b) Estimada.

c) Anulable.

d) Caducada.

44. El silencio administrativo:

a) No se produce nunca en los procedimientos iniciados de oficio.

b) Se puede producir tanto en los procedimientos iniciados de oficio como en los iniciados a solicitud del interesado.

c) No se produce nunca en los procedimientos iniciados a solicitud del interesado.

d) Siempre se produce en cualquier procedimiento administrativo iniciado de oficio o a solicitud de parte.

45. Se producirá la caducidad del procedimiento iniciado de oficio si, desde su inicio sin dictarse la resolución, transcurre el plazo de:

a) 5 meses.

b) 3 meses.

c) 6 meses.

d) 10 meses.

46. En los procedimientos administrativos iniciados a solicitud de interesado se produce con carácter general:

a) Silencio administrativo positivo.

b) Silencio administrativo negativo.

c) Siempre habrá que estar a lo que disponga la norma reguladora de cada procedimiento.

d) Ninguna es correcta.

47. Conforme a la Ley 39/2015, de 1 octubre, de Procedimiento Administrativo Común de las Administraciones Públicas, en los procedimientos iniciados de oficio, el vencimiento del plazo máximo establecido sin que se haya dictado y notificado resolución expresa producirá los siguientes efectos:

a) Producirá en todo caso su caducidad.

b) Los interesados podrán entender estimadas sus pretensiones por silencio administrativo en todo caso.

c) Producirá la caducidad o podrán los interesados entender desestimadas sus pretensiones por silencio administrativo.

d) Producirá en todo caso su prescripción.

48. Según el artículo 21 de la Ley 39/2015, de 1 octubre, de Procedimiento Administrativo Común de las Administraciones Públicas, la Administración está obligada a dictar resolución expresa:

a) En todos los procedimientos sin excepción.

b) Excepto, entre otros, en los casos de prescripción.

c) Excepto, entre otros, en los casos de caducidad del procedimiento.

d) Excepto, entre otros, en los supuestos de terminación del procedimiento por pacto o convenio.

49. El artículo 30 de la LPAC, en relación con el cómputo de plazos dispone que:

a) Siempre que por Ley o en el Derecho de la Unión Europea no se exprese otro cómputo, cuando los plazos se señalen por días, se entiende que estos son hábiles, excluyéndose del cómputo los domingos y los declarados festivos.

b) Cuando los plazos se hayan señalado por días naturales por declararlo así una ley o por el Derecho de la Unión Europea, se hará constar esta circunstancia en las correspondientes notificaciones.

c) El plazo concluirá el día anterior a aquel en que se produjo la notificación, publicación o silencio administrativo en el mes o el año de vencimiento. Si en el mes de vencimiento no hubiera día equivalente a aquel en que comienza el cómputo, se entenderá que el plazo expira el último día del mes.

d) Siempre que por Ley o en el Derecho de la Unión Europea no se exprese otro cómputo, cuando los plazos se señalen por días, se entiende que estos son naturales, incluyéndose en el cómputo los sábados, los domingos y los declarados festivos.

50. Según la Ley 39/2015, de 1 octubre, de Procedimiento Administrativo Común de las Administraciones Públicas, en procedimientos iniciados a solicitud del interesado el silencio administrativo:

a) Tendrá efecto desestimatorio en los procedimientos de impugnación de actos y disposiciones.

b) Tendrá efecto estimatorio en todos los casos, dada la obligación de la Administración de responder en plazo.

c) Tendrá efecto desestimatorio en procedimientos de petición.

d) Tendrá efecto estimatorio en todos los procedimientos de petición.

51. En relación con la obligación de resolver los procedimientos administrativos regulada en la Ley 39/2015, de 1 octubre, de Procedimiento Administrativo Común de las Administraciones Públicas:

a) La Administración está obligada a dictar resolución expresa en todos los procedimientos excepto en el caso de renuncia del derecho o desistimiento de la solicitud del interesado.

b) El plazo máximo en el que debe notificarse la resolución expresa no podrá exceder de 1 mes.

c) Excepcionalmente podrá emitirse acuerdo de ampliación del plazo máximo de resolución que deberá ser notificado a los interesados y será recurrible en vía administrativa.

d) El personal al servicio de las Administraciones Públicas que tenga a su cargo el despacho de los asuntos, así como los titulares de los órganos administrativos competentes para instruir y resolver son directamente responsables, en el ámbito de sus competencias, del cumplimiento de la obligación legal de dictar resolución expresa en plazo.

52. Según el artículo 30 de la Ley 39/2015, de 1 de octubre, del Procedimiento Administrativo Común de las Administraciones Públicas, si el plazo se fija en meses o años, se computarán:

a) A partir del mismo día en que tenga lugar la notificación o publicación del acto de que se trate, o desde el siguiente a aquel en que se produzca la estimación o desestimación por silencio administrativo.

b) A partir del día siguiente a aquel en que tenga lugar 1a notificación o publicación del acto de que se trate o desde el mismo día en que se produzca la estimación o desestimación por silencio administrativo

c) A partir del siguiente a aquel en que tenga lugar la notificación o publicación del acto que se trate o desde el siguiente a aquel en que se produzca la estimación o desestimación por silencio administrativo.

d) A partir del mismo día en que tenga lugar la notificación o publicación del acto de que se trate, o desde el mismo día en que se produzca la estimación o desestimación por silencio administrativo.

53. Según el artículo 30 de la ley 39/2015, de 1 de octubre, del Procedimiento Administrativo Común de las Administraciones Públicas, si el plazo se fija en meses o años, el plazo concluirá:

a) El día en que se produjo la notificación, publicación o si1encio administrativo en el mes o el año de vencimiento.

b) El mismo día en que se produjo la notificación, publicación o silencio administrativo.

c) Si en el mes o el año de vencimiento no hubiera día equivalente a aquel en que comienza el cómputo, se entenderá que el plazo expira el primer día del mes siguiente.

d) Cuando el último día del plazo sea inhábil, se entenderá que el plazo expira el día hábil anterior.

54. Según el artículo 22 de la Ley 39/2015, de 1 de octubre, del Procedimiento Administrativo Común de las Administraciones Públicas, «se suspenderá» el transcurso del plazo máximo legal para resolver un procedimiento y notificar la resolución del mismo:

a) Cuando se soliciten informes preceptivos a un órgano de la misma o distinta Administración, por el tiempo que medie entre la petición y la recepción del informe.

b) Cuando deban realizarse pruebas técnicas o análisis contradictorios o dirimentes propuestos por los interesados, durante el tiempo necesario para la incorporación de los resultados al expediente.

c) Cuando para la resolución del procedimiento sea indispensable la obtención de un previo pronunciamiento parte de un órgano jurisdiccional desde el momento en que se solicita hasta que la Administración tenga constancia del mismo.

d) Cuando los interesados promuevan la recusación en cualquier momento de la tramitación de un procedimiento, desde que esta se plantee hasta que sea resuelta por el superior jerárquico del recusado.

55. Con respecto al funcionamiento del registro electrónico, a los efectos del cómputo de plazo fijado en días hábiles, y en lo que se refiere al cumplimiento de plazos por los interesados, la 39/2015, de 1 de octubre, del Procedimiento Administrativo Común de las Administraciones Públicas, establece que:

a) La presentación en un día inhábil se entenderá realizada ese mismo día, puesto que el registro electrónico permitirá la recepción de documentos todos los días del año durante las veinticuatro horas.

b) La presentación en un día inhábil se entenderá realizada en la misma hora del primer día hábil siguiente, salvo que una norma permita expresamente la recepción en día inhábil.

c) La presentación en un día inhábil se entenderá realizada en la primera hora del primer día hábil siguiente, salvo que una norma permita expresamente la recepción en inhábil.

d) Los documentos se considerarán presentados por el orden de hora en el que lo fueron en el día inhábil. Los documentos presentados en el día inhábil se reputarán posteriores, según el mismo orden, a los que lo fueran el primer día hábil posterior.

56. De acuerdo con el artículo 24.3 de la Ley 39/2015, de 1 de octubre, del Procedimiento Administrativo Común de las Administraciones Públicas, la obligación de dictar resolución expresa a que se refiere el apartado primero del artículo 21 de la misma, se sujetará al siguiente régimen:

a) En los casos de desestimación por silencio administrativo, la resolución posterior al vencimiento del plazo se adoptará por la Administración confirmando la desestimación.

b) En los casos de estimación por silencio administrativo, la resolución expresa posterior a la producción del acto podrá dictarse sin vinculación alguna al sentido del silencio.

c) En los casos de estimación por silencio administrativo, no es necesario dictar la resolución expresa posterior a la producción del acto.

d) En los casos de desestimación por silencio administrativo, la resolución expresa posterior al vencimiento del plazo se adoptará por la Administración sin vinculación alguna al sentido del silencio.

57. Conforme a lo dispuesto en la ley 39/2015, de 1 de octubre, del Procedimiento Administrativo Común de las Administraciones Públicas, la comparecencia de las personas ante las oficinas públicas, ya sea presencialmente o por medios electrónicos:

a) Solo será obligatoria cuando así esté previsto en una norma con rango de ley.

b) Solo será obligatoria cuando lo disponga una disposición de carácter reglamentario.

c) Será potestativa, y a instancia de la unidad administrativa.

d) En todo caso será discrecional del órgano superior jerárquico que adopte la decisión.

58. En todo caso, NO estarán obligados a relacionarse a través de medios electrónicos con las Administraciones Públicas para la realización de cualquier trámite de un procedimiento administrativo, al menos, los siguientes sujetos:

a) Las personas jurídicas.

b) Las entidades sin personalidad jurídica.

c) Quienes ejerzan una actividad profesional para la que se requiera colegiación obligatoria, para los trámites y actuaciones que realicen con las Administraciones Públicas en ejercicio de dicha actividad profesional. En todo caso, dentro de este colectivo se entenderán incluidos los notarios y registradores de la propiedad y mercantiles.

d) Los empleados de las Administraciones Públicas.

59. En relación con la lengua de los procedimientos, señala la respuesta correcta:

a) La lengua de los procedimientos tramitados por la Administración General del Estado será el español.

b) Si concurrieran varios interesados en el procedimiento, el procedimiento se tramitará en castellano.

c) Los interesados que se dirijan a los órganos de la Administración General del Estado con sede en el territorio de una Comunidad Autónoma podrán utilizar también la lengua que sea cooficial en ella.

d) En los procedimientos tramitados por las Administraciones de las Comunidades Autónomas y de las Entidades Locales, el uso de la lengua se ajustará a lo previsto en la legislación básica del Estado.

60. Cada Administración, en los términos establecidos en la normativa reguladora aplicable, deberá mantener un archivo electrónico único de los documentos electrónicos que correspondan a:

a) Procedimientos iniciados.

b) Procedimientos en trámite.

c) Procedimientos finalizados.

d) Procedimientos iniciados, en trámite y finalizados.

61. Conforme a lo dispuesto en la ley 39/2015, de 1 de octubre, del Procedimiento Administrativo Común de las Administraciones Públicas, los interesados en un procedimiento que conozcan datos que permitan identificar a otros interesados que no hayan comparecido en él tienen:

a) El derecho de denunciarlos.

b) El deber de denunciarlos.

c) El derecho de proporcionárselos a la Administración actuante.

d) El deber de proporcionárselos a la Administración actuante.

62. De acuerdo con lo dispuesto en el artículo 21 de la ley 39/2015, de 1 de octubre, del Procedimiento Administrativo Común de las Administraciones Públicas, se exceptúan de la obligación de dictar resolución expresa y a notificarla en todos los procedimientos cualquiera que sea su forma de iniciación, los supuestos de:

a) Prescripción.

b) Renuncia del derecho.

c) Los procedimientos relativos al ejercicio de derechos sometidos únicamente al deber de declaración responsable o comunicación a la Administración.

d) Caducidad del procedimiento.

63. Las Administraciones Públicas informarán a los interesados del plazo máximo establecido para la resolución de los procedimientos y para la notificación de los actos que les pongan término, así como de los efectos que pueda producir el silencio administrativo. Dicha mención NO se incluirá:

a) En la notificación del acuerdo de iniciación de oficio.

b) En la notificación de la resolución del procedimiento.

c) En la publicación del acuerdo de iniciación de oficio.

d) En la comunicación que se dirigirá al efecto al interesado dentro de los diez días siguientes a la recepción de la solicitud iniciadora del procedimiento en el registro electrónico de la Administración.

64. El transcurso del plazo máximo legal para resolver un procedimiento y notificar la resolución se podrá suspender conforme a lo dispuesto en el artículo 22.1 de la ley 39/2015, de 1 de octubre, del Procedimiento Administrativo Común de las Administraciones Públicas, en los siguientes casos:

a) Cuando una Administración Pública requiera a otra para que anule o revise un acto que entienda que es ilegal y que constituya la base para el que la primera haya de dictar en el ámbito de sus competencias.

b) Cuando deba obtenerse un pronunciamiento previo y preceptivo de un órgano de la Unión Europea.

c) Cuando el órgano competente para resolver decida realizar alguna actuación complementaria de las previstas en el artículo 87 de la Ley 39/2015.

d) Cuando los interesados promuevan la recusación en cualquier momento de la tramitación de un procedimiento.

65. Según el artículo 23 de la ley 39/2015, de 1 de octubre, del Procedimiento Administrativo Común de las Administraciones Públicas, contra el acuerdo que resuelva sobre la ampliación de plazos, que deberá ser notificado a los interesados, se podrá interponer el recurso:

a) De alzada.

b) De reposición.

c) No cabrá recurso alguno.

d) Contencioso-administrativo.

66. El certificado acreditativo del silencio producido se expedirá de oficio por el órgano competente para resolver desde que expire el plazo máximo para resolver el procedimiento en el plazo de:

a) Diez días.

b) Quince días.

c) Veinte días.
d) Treinta días.

67. El interesado podrá pedir el certificado acreditativo del silencio producido:

a) En cualquier momento.
b) Quince días.
c) Veinte días.
d) Treinta días.

68. En los procedimientos en que la Administración ejercite potestades sancionadoras o, en general, de intervención, susceptibles de producir efectos desfavorables o de gravamen, se producirá la caducidad. En estos casos, la resolución que declare la caducidad ordenará:

a) La prescripción de las infracciones, con los efectos previstos en el artículo 95.
b) El archivo de las actuaciones, con los efectos previstos en el artículo 95.
c) La prescripción de las sanciones, con los efectos previstos en el artículo 95.
d) La responsabilidad disciplinaria, con los efectos previstos en el artículo 95.

69. En relación con la validez y eficacia de las copias realizadas por las Administraciones Públicas, de acuerdo con el artículo 27 de la ley 39/2015, de 1 de octubre, del Procedimiento Administrativo Común de las Administraciones Públicas. Señala la respuesta incorrecta:

a) Cada Administración Pública determinará los órganos que tengan atribuidas las competencias de expedición de copias auténticas de los documentos públicos administrativos o privados.
b) Las copias auténticas de documentos privados surten efectos en las restantes Administraciones.
c) Las copias auténticas realizadas por una Administración Pública tendrán validez en las restantes Administraciones.
d) A estos efectos, la Administración General del Estado, las Comunidades Autónomas y las Entidades Locales podrán realizar copias auténticas mediante funcionario habilitado o mediante actuación administrativa automatizada.

70. Los interesados podrán solicitar, en cualquier momento, la expedición de copias auténticas de los documentos públicos administrativos que hayan sido válidamente emitidos por las Administraciones Públicas. La solicitud se dirigirá al órgano que emitió el documento original, debiendo expedirse, salvo las excepciones derivadas de la aplicación de la Ley 19/2013, de 9 de diciembre:

a) En el plazo de diez días a contar desde la recepción de la solicitud en el registro electrónico de la Administración u Organismo competente.
b) En el plazo de quince días a contar desde la recepción de la solicitud en el registro electrónico de la Administración u Organismo competente.

c) En el plazo de veinte días a contar desde la recepción de la solicitud en el registro electrónico de la Administración u Organismo competente.

d) En el plazo de treinta días a contar desde la recepción de la solicitud en el registro electrónico de la Administración u Organismo competente.

71. Las copias que aporten los interesados al procedimiento administrativo:

a) Tendrán validez exclusivamente en el ámbito de la actividad de las Administraciones Públicas.

b) Tendrán validez en las restantes Administraciones.

c) Surten únicamente efectos administrativos.

d) Tendrán la consideración de copia auténtica de un documento público.

72. El funcionamiento del registro electrónico, según lo dispuesto en el artículo 31 de la de la ley 39/2015, de 1 de octubre, del Procedimiento Administrativo Común de las Administraciones Públicas, se regirá por las siguientes reglas (señale la incorrecta):

a) Permitirá la presentación de documentos todos los días del año durante las 24 horas.

b) A los efectos del cómputo de plazo fijado en días hábiles, y en lo que se refiere al cumplimiento de plazos por los interesados, la presentación en un día inhábil se entenderá realizada en la primera hora del primer día hábil siguiente, salvo que una norma permita expresamente la recepción en día inhábil.

c) El inicio del cómputo de los plazos que hayan de cumplir las Administraciones Públicas vendrá determinado por la fecha y hora de presentación en el registro electrónico de cada Administración u Organismo. En todo caso, la fecha y hora efectiva de inicio de dicho cómputo deberá ser comunicada a quien presentó el documento.

d) Cuando un día fuese hábil en el municipio o comunidad autónoma en que residiese el interesado, e inhábil en la sede del órgano administrativo, o a la inversa, se considerará inhábil en todo caso.

73. Las Administraciones podrán establecer reglamentariamente la obligación de relacionarse con ellas a través de medios electrónicos para determinados procedimientos, conforme al artículo 14 de la Ley 39/2015, de 1 de octubre, de Procedimiento Administrativo Común de las Administraciones Públicas:

a) Las personas jurídicas.

b) Las entidades sin personalidad jurídica.

c) Para ciertos colectivos de personas físicas que por razón de su capacidad económica, técnica, dedicación profesional u otros motivos quede acreditado que tienen acceso y disponibilidad de los medios electrónicos necesarios.

d) Quienes ejerzan una actividad profesional para la que se requiera colegiación obligatoria, para los trámites y actuaciones que realicen con las Administraciones Públicas en ejercicio de dicha actividad profesional.

74. Conforme el artículo 33 de la de la ley 39/2015, de 1 de octubre, del Procedimiento Administrativo Común de las Administraciones Públicas, cuando razones de interés público lo aconsejen, se podrá acordar, de oficio o a petición del interesado, la aplicación al procedimiento de la tramitación de urgencia, por la cual se reducirán a la mitad los plazos establecidos para el procedimiento ordinario, salvo los relativos a:

a) Presentación de instancias y solicitudes.
b) Presentación de prácticas de pruebas y recursos.
c) Presentación de solicitudes y recursos.
d) Presentación de sugerencias y reclamaciones.

75. Según el artículo 32.5 de la de la ley 39/2015, de 1 de octubre, del Procedimiento Administrativo Común de las Administraciones Públicas, cuando como consecuencia de un ciberincidente se hayan visto gravemente afectados los servicios y sistemas utilizados para la tramitación de los procedimientos y el ejercicio de los derechos de los interesados que prevé la normativa vigente, la Administración podrá:

a) Acordar la suspensión general de plazos de los procedimientos administrativos.
b) Acordar la ampliación general de plazos de los procedimientos administrativos.
c) Acordar la acumulación general de plazos de los procedimientos administrativos.
d) Acordar una ampliación de los plazos establecidos en los procedimientos administrativos, que no exceda de la mitad de los procedimientos administrativos.

Soluciones comentadas

1. d) Al acceso a la información pública, archivos y registros de acuerdo con lo previsto en la Ley 19/2013, de 9 de diciembre, de transparencia, acceso a la información pública y buen gobierno y el resto del Ordenamiento Jurídico.

Artículo 13 de la Ley 39/2015, de 1 de octubre, de Procedimiento Administrativo Común de las Administraciones Públicas:

Quienes, de conformidad con el artículo 3, tienen capacidad de obrar ante las Administraciones Públicas, son titulares, en sus relaciones con ellas, de los siguientes derechos: d) Al acceso a la información pública, archivos y registros, de acuerdo con lo previsto en la Ley 19/2013, de 9 de diciembre, de transparencia, acceso a la información pública y buen gobierno y el resto del Ordenamiento Jurídico.

2. a) La lengua de los procedimientos tramitados por la Administración General del Estado será el español.

Artículo 15 de la Ley 39/2015, de 1 de octubre, de Procedimiento Administrativo Común de las Administraciones Públicas: 1. La lengua de los procedimientos tramitados por la Administración General del Estado será el castellano.

3. a) Ley.

Artículo 19.1 de la Ley 39/2015, de 1 de octubre, de Procedimiento Administrativo Común de las Administraciones Públicas: 1. La comparecencia de las personas ante las oficinas públicas, ya sea presencialmente o por medios electrónicos, solo será obligatoria cuando así esté previsto en una norma con rango de ley.

4. d) Con indicación de las pruebas practicadas.

Artículo 21.1 de la Ley 39/2015, de 1 de octubre, de Procedimiento Administrativo Común de las Administraciones Públicas: En los casos de prescripción, renuncia del derecho, caducidad del procedimiento o desistimiento de la solicitud, así como de desaparición sobrevenida del objeto del procedimiento, la resolución consistirá en la declaración de la circunstancia que concurra en cada caso, con indicación de los hechos producidos y las normas aplicables.

5. d) Las respuestas a) y b) son correctas.

Artículo 21.1 de la Ley 39/2015, de 1 de octubre, de Procedimiento Administrativo Común de las Administraciones Públicas: Se exceptúan de la obligación a que se refiere el párrafo primero, los supuestos de terminación del procedimiento por pacto o convenio, así como los procedimientos relativos al ejercicio de derechos sometidos únicamente al deber de declaración responsable o comunicación a la Administración.

6. d) Será de tres meses.

En base al art. 21.2, según el cual:

"2. El plazo máximo en el que debe notificarse la resolución expresa será el fijado por la norma reguladora del correspondiente procedimiento."

7. a) Desde la fecha del acuerdo de iniciación.

Artículo 21.3.a de la Ley 39/2015, de 1 de octubre, de Procedimiento Administrativo Común de las Administraciones Públicas: 3. Cuando las normas reguladoras de los procedimientos no fijen el plazo máximo, este será de tres meses. Este plazo y los previstos en el apartado anterior se contarán: a) En los procedimientos iniciados de oficio, desde la fecha del acuerdo de iniciación.

8. b) Desde la fecha en que la solicitud haya tenido entrada en el registro del órgano competente para su tramitación o desde la fecha en que la solicitud haya tenido entrada en el registro electrónico de la Administración u Organismo competente para su tramitación.

Artículo 21.3.b de la Ley 39/2015, de 1 de octubre, de Procedimiento Administrativo Común de las Administraciones Públicas y los artículos 38 y 42.3 de la Ley 30/92, de 26 de noviembre, de Régimen Jurídico de las Administraciones Públicas y Procedimiento Administrativo Común.

21.3. Este plazo y los previstos en el apartado anterior se contarán: b) En los iniciados a solicitud del interesado, desde la fecha en que la solicitud haya tenido entrada en el registro electrónico de la Administración u Organismo competente para su tramitación.

42.3 Este plazo y los previstos en el apartado anterior se contarán: b) En los iniciados a solicitud del interesado, desde la fecha en que la solicitud haya tenido entrada en el registro del órgano competente para su tramitación.

9. a) Los diez días siguientes a la recepción de la solicitud en el registro del órgano competente para su tramitación.

Artículo 21.4 de la Ley 39/2015, de 1 de octubre, de Procedimiento Administrativo Común de las Administraciones Públicas: En todo caso, las Administraciones Públicas informarán a los interesados del plazo máximo establecido para la resolución de los procedimientos y para la notificación de los actos que les pongan término, así como de los efectos que pueda producir el silencio administrativo. Dicha mención se incluirá en la notificación o publicación del acuerdo de iniciación de oficio, o en la comunicación que se dirigirá al efecto al interesado dentro de los diez días siguientes a la recepción de la solicitud iniciadora del procedimiento en el registro electrónico de la Administración u Organismo competente para su tramitación. En este último caso, la comunicación indicará además la fecha en que la solicitud ha sido recibida por el órgano competente.

10. d) Cuando los interesados promuevan la recusación en cualquier momento de la tramitación de un procedimiento.

Artículo 22 de la Ley 39/2015, de 1 de octubre, de Procedimiento Administrativo Común de las Administraciones Públicas: 2. El transcurso del plazo máximo legal para resolver un procedimiento y notificar la resolución se suspenderá en los siguientes casos:… c) Cuando los interesados promuevan la recusación en cualquier momento de la tramitación de un procedimiento, desde que esta se plantee hasta que sea resuelta por el superior jerárquico del recusado.

11. b) Estimada por silencio administrativo, excepto en los supuestos en los que una norma con rango de ley por razones imperiosas de interés general o una norma de Derecho comunitario establezcan lo contrario.

Artículo 24.1 de la Ley 39/2015, de 1 de octubre, de Procedimiento Administrativo Común de las Administraciones Públicas: 1. En los procedimientos iniciados a solicitud del interesado, sin perjuicio de la resolución que la Administración debe dictar en la forma prevista en el apartado 3 de este artículo, el vencimiento del plazo máximo sin haberse notificado resolución expresa, legitima al interesado o interesados para entenderla estimada por silencio administrativo, excepto en los supuestos en los que una norma con rango de ley o una norma de Derecho de la Unión Europea o de Derecho internacional aplicable en España establezcan lo contrario.

12. d) Cuando el recurso de alzada se haya interpuesto contra la desestimación por silencio administrativo de una solicitud por el transcurso del plazo, llegado el plazo de resolución, el órgano administrativo competente no dictase y notificase resolución expresa.

Artículo 24.1 de la Ley 39/2015, de 1 de octubre, de Procedimiento Administrativo Común de las Administraciones Públicas: No obstante, cuando el recurso de alzada se haya interpuesto contra la desestimación por silencio administrativo de una solicitud por el transcurso del plazo, se entenderá estimado el mismo si, llegado el plazo de resolución, el órgano administrativo competente no dictase y notificase resolución expresa, siempre que no se refiera a las materias enumeradas en el párrafo anterior de este apartado.

13. c) En los casos de desestimación por silencio administrativo, la resolución expresa posterior al vencimiento del plazo se adoptará por la Administración sin vinculación alguna al sentido del silencio.

Artículo 24.3 de la Ley 39/2015, de 1 de octubre, de Procedimiento Administrativo Común de las Administraciones Públicas: 3. La obligación de dictar resolución expresa a que se refiere el apartado primero del artículo 21 se sujetará al siguiente régimen: a) En los casos de estimación por silencio administrativo, la resolución expresa posterior a la producción del acto solo podrá dictarse de ser confirmatoria del mismo. b) En los casos de desestimación por silencio administrativo, la resolución expresa posterior al vencimiento del plazo se adoptará por la Administración sin vinculación alguna al sentido del silencio.

14. a) Desestimada por silencio administrativo.

Artículo 25.1 a) de la Ley 39/2015, de 1 de octubre, de Procedimiento Administrativo Común de las Administraciones Públicas: 1. En los procedimientos iniciados de oficio, el vencimiento del plazo máximo establecido sin que se haya dictado y notificado resolución expresa no exime a la Administración del cumplimiento de la obligación legal de resolver, produciendo los siguientes efectos: a) En el caso de procedimientos de los que pudiera derivarse el reconocimiento o, en su caso, la constitución de derechos u otras situaciones jurídicas favorables, los interesados que hubieren comparecido podrán entender desestimadas sus pretensiones por silencio administrativo.

15. c) Caducidad por silencio administrativo.

Artículo 25.1 b) de la Ley 39/2015, de 1 de octubre, de Procedimiento Administrativo Común de las Administraciones Públicas: 1. En los procedimientos iniciados de oficio, el vencimiento del plazo máximo establecido sin que se haya dictado y notificado resolución expresa no exime a la Administración del cumplimiento de la obligación legal de resolver, produciendo los siguientes efectos: b) En los procedimientos en que la Administración ejercite potestades sancionadoras o, en general, de intervención, susceptibles de producir efectos desfavorables o de gravamen, se producirá la caducidad.

16. a) Hábiles, excluyéndose del cómputo los sábados, domingos y los declarados festivos.

Artículo 30.2 de la Ley 39/2015, de 1 de octubre, de Procedimiento Administrativo Común de las Administraciones Públicas: 2. Siempre que por Ley o en el Derecho de la Unión Europea no se exprese otro cómputo, cuando los plazos se señalen por días, se entiende que estos son hábiles, excluyéndose del cómputo los sábados, los domingos y los declarados festivos.

17. d) Desde el día en que se produzca la estimación o desestimación por silencio administrativo.

Artículo 30.3 de la Ley 39/2015, de 1 de octubre, de Procedimiento Administrativo Común de las Administraciones Públicas: 3. Los plazos expresados en días se contarán a partir del día siguiente a aquel en que tenga lugar la notificación o publicación del acto de que se trate, o desde el siguiente a aquel en que se produzca la estimación o la desestimación por silencio administrativo.

18. a) Durante las veinticuatro horas del día.

Artículo 31.2 a) de la Ley 39/2015, de 1 de octubre, de Procedimiento Administrativo Común de las Administraciones Públicas: 2. El registro electrónico de cada Administración u Organismo se regirá a efectos de cómputo de los plazos, por la fecha y hora oficial de la sede electrónica de acceso, que deberá contar con las medidas de seguridad necesarias para garantizar su integridad y figurar de modo accesible y visible. El funcionamiento del registro electrónico se regirá por las siguientes reglas: a) Permitirá la presentación de documentos todos los días del año durante las veinticuatro horas.

19. a) Haya tenido entrada en cualquiera de los registros del órgano competente.

Artículo 21.3 b de la Ley 39/2015, de 1 de octubre, de Procedimiento Administrativo Común de las Administraciones Públicas y los artículos 38 y 42.3 de la Ley 30/92, de 26 de noviembre, de Régimen Jurídico de las Administraciones Públicas y Procedimiento Administrativo Común.

21.3. Este plazo y los previstos en el apartado anterior se contarán: b) En los iniciados a solicitud del interesado, desde la fecha en que la solicitud haya tenido entrada en el registro electrónico de la Administración u Organismo competente para su tramitación.

42.3. Este plazo y los previstos en el apartado anterior se contarán: b) En los iniciados a solicitud del interesado, desde la fecha en que la solicitud haya tenido entrada en el registro del órgano competente para su tramitación.

20. b) Se entenderán hábiles excluyéndose los sábados, los domingos y festivos.

Artículo 30.2 de la Ley 39/2015, de 1 de octubre, de Procedimiento Administrativo Común de las Administraciones Públicas: 2. Siempre que por Ley o en el Derecho de la Unión Europea no se exprese otro cómputo, cuando los plazos se señalen por días, se entiende que éstos son hábiles, excluyéndose del cómputo los sábados, los domingos y los declarados festivos.

21. d) El último día del mes.

Artículo 30.4 *in fine* de la Ley 39/2015, de 1 de octubre, de Procedimiento Administrativo Común de las Administraciones Públicas: Si en el mes de vencimiento no hubiera día equivalente a aquel en que comienza el cómputo, se entenderá que el plazo expira el último día del mes.

22. c) Se prorrogará al primer día hábil siguiente.

Artículo 30.5 de la Ley 39/2015, de 1 de octubre, de Procedimiento Administrativo Común de las Administraciones Públicas: 5. Cuando el último día del plazo sea inhábil, se entenderá prorrogado al primer día hábil siguiente.

23. b) A partir del día siguiente a aquel en que tenga lugar la notificación o publicación del acto de que se trate.

Artículo 30.3 de la Ley 39/2015, de 1 de octubre, de Procedimiento Administrativo Común de las Administraciones Públicas: 3. Los plazos expresados en días se contarán a partir del día siguiente a aquel en que tenga lugar la notificación o publicación del acto de que se trate, o desde el siguiente a aquel en que se produzca la estimación o la desestimación por silencio administrativo.

24. a) Castellano necesariamente.

Artículo 15. 1 *in fine* de la Ley 39/2015, de 1 de octubre, de Procedimiento Administrativo Común de las Administraciones Públicas: Si concurrieran varios interesados en el procedimiento, y existiera discrepancia en cuanto a la lengua, el procedimiento se tramitará en castellano, si bien los documentos o testimonios que requieran los interesados se expedirán en la lengua elegida por los mismos.

25. a) De seis meses, salvo que una norma con rango de ley establezca uno mayor o así venga previsto en la normativa comunitaria europea.

Artículo 21.2. de la Ley 39/2015, de 1 de octubre, de Procedimiento Administrativo Común de las Administraciones Públicas:

El plazo máximo en el que debe notificarse la resolución expresa será el fijado por la norma reguladora del correspondiente procedimiento.

Este plazo no podrá exceder de seis meses salvo que una norma con rango de Ley establezca uno mayor o así venga previsto en el Derecho de la Unión Europea.

26. c) No son recurribles.

Artículo 23.2 de la Ley 39/2015, de 1 de octubre, de Procedimiento Administrativo Común de las Administraciones Públicas: 2. Contra el acuerdo que resuelva sobre la ampliación de plazos, que deberá ser notificado a los interesados, no cabrá recurso alguno.

27. a) Todas las horas del día que formen parte de un día hábil.

Artículo 30.1 de la Ley 39/2015, de 1 de octubre, de Procedimiento Administrativo Común de las Administraciones Públicas: Salvo que por Ley o en el Derecho de la Unión Europea se disponga otro cómputo, cuando los plazos se señalen por horas, se entiende que estas son hábiles. Son hábiles todas las horas del día que formen parte de un día hábil.

28. c) Las entidades sin personalidad jurídica.

Artículo 14.2 de la Ley 39/2015, de 1 de octubre, de Procedimiento Administrativo Común de las Administraciones Públicas: 2. En todo caso, estarán obligados a relacionarse a través de medios electrónicos con las Administraciones Públicas para la realización de cualquier trámite de un procedimiento administrativo, al menos, los siguientes sujetos: a) Las personas jurídicas. b) Las entidades sin personalidad jurídica. c) Quienes ejerzan una actividad profesional para la que se requiera colegiación obligatoria, para los trámites y actuaciones que realicen con las Administraciones Públicas en ejercicio de dicha actividad profesional. En todo caso, dentro de este colectivo se entenderán incluidos los notarios y registradores de la propiedad y mercantiles. d) Quienes representen a un interesado que esté obligado a relacionarse electrónicamente con la Administración.

29. c) En la actualidad, tras la Ley 39/2015, de 26 de octubre, de Procedimiento Administrativo Común de las Administraciones Públicas, no existen reclamaciones previas.

En la Exposición de Motivos de la Ley 39/2015 se dispone que *de acuerdo con la voluntad de suprimir trámites que, lejos de constituir una ventaja para los administrados, suponían una carga que dificultaba el ejercicio de sus derechos, la Ley no contempla ya las reclamaciones previas en vía civil y laboral, debido a la escasa utilidad práctica que han demostrado hasta la fecha y que, de este modo, quedan suprimidas.*

30. b) Siempre es obligatorio dictar Resolución expresa, excepto en los supuestos que se mencionan en el párrafo tercero del apartado 1 del artículo 21.1 in fine de la Ley 39/2015, de 26 de octubre, de Procedimiento Administrativo Común de las Administraciones Públicas.

Artículo 21 de la Ley 39/2015, de 1 de octubre, de Procedimiento Administrativo Común de las Administraciones Públicas: Se exceptúan de la obligación a que se refiere el párrafo primero, los supuestos de terminación del procedimiento por pacto o convenio, así como los procedimientos relativos al ejercicio de derechos sometidos únicamente al deber de declaración responsable o comunicación a la Administración.

31. a) Tendrá efectos estimatorios con carácter general.

Artículo 24.1 de la Ley 39/2015, de 1 de octubre, de Procedimiento Administrativo Común de las Administraciones Públicas: 1. En los procedimientos iniciados a solicitud del interesado, sin perjuicio de la resolución que la Administración debe dictar en la forma prevista en el apartado 3 de este artículo, el vencimiento del plazo máximo sin haberse notificado resolución expresa, legitima al interesado o interesados para entenderla estimada por silencio administrativo, excepto en los supuestos en los que una norma con rango de ley o una norma de Derecho de la Unión Europea o de Derecho internacional aplicable en España establezcan lo contrario.

32. c) No, en ningún caso.

Artículo 14.2 a) de la Ley 39/2015, de 1 de octubre, de Procedimiento Administrativo Común de las Administraciones Públicas: 2. En todo caso, estarán obligados a relacionarse a través de medios electrónicos con las Administraciones Públicas para la realización de cualquier trámite de un procedimiento administrativo, al menos, los siguientes sujetos: a) Las personas jurídicas.

33. c) El proceso tecnológico que permite convertir un documento en soporte papel o en otro soporte no electrónico en un fichero electrónico que contiene la imagen codificada, fiel e íntegra del documento.

Artículo 27.3 b) de la Ley 39/2015, de 1 de octubre, de Procedimiento Administrativo Común de las Administraciones Públicas: Se entiende por digitalización, el proceso tecnológico que permite convertir un documento en soporte papel o en otro soporte no electrónico en un fichero electrónico que contiene la imagen codificada, fiel e íntegra del documento.

34. c) A las autoridades y al personal al servicio de la Administración competente para la tramitación de los asuntos, así como a los interesados en los mismos.

Artículo 29 de la Ley 39/2015, de 1 de octubre, de Procedimiento Administrativo Común de las Administraciones Públicas: Los términos y plazos establecidos en ésta u otras leyes obligan a las autoridades y personal al servicio de las Administraciones Públicas competentes para la tramitación de los asuntos, así como a los interesados en los mismos.

35. a) Por días hábiles.

Artículo 30.2 de la Ley 39/2015, de 1 de octubre, de Procedimiento Administrativo Común de las Administraciones Públicas: 2. Siempre que por Ley o en el Derecho de la Unión Europea no se exprese otro cómputo, cuando los plazos se señalen por días, se entiende que estos son hábiles.

36. a) A partir del día en que tenga lugar la notificación del acto de que se trate.

Artículo 30.3 de la Ley 39/2015, de 1 de octubre, de Procedimiento Administrativo Común de las Administraciones Públicas: 3. Los plazos expresados en días se contarán a partir del día siguiente a aquel en que tenga lugar la notificación o publicación del acto de que se trate, o desde el siguiente a aquel en que se produzca la estimación o la desestimación por silencio administrativo.

37. a) A partir del día en que tenga lugar la publicación del acto de que se trate.

Artículo 30.4 de la Ley 39/2015, de 1 de octubre, de Procedimiento Administrativo Común de las Administraciones Públicas: 4. Si el plazo se fija en meses o años, éstos se computarán a partir del día siguiente a aquel en que tenga lugar la notificación o publicación del acto de que se trate, o desde el siguiente a aquel en que se produzca la estimación o desestimación por silencio administrativo.

38. b) Se entenderá prorrogado al primer día hábil siguiente.

Artículo 30.5 de la Ley 39/2015, de 1 de octubre, de Procedimiento Administrativo Común de las Administraciones Públicas: 5. Cuando el último día del plazo sea inhábil, se entenderá prorrogado al primer día hábil siguiente.

39. c) Por la fecha y hora de presentación en el registro electrónico de cada Administración u Organismo.

Artículo 31.2 de la Ley 39/2015, de 1 de octubre, de Procedimiento Administrativo Común de las Administraciones Públicas: 2. El registro electrónico de cada Administración u Organismo se regirá a efectos de cómputo de los plazos, por la fecha y hora oficial de la sede electrónica de acceso.

40. c) Por el orden de hora efectiva en el que lo fueron en el día inhábil.

Artículo 31.2 b) de la Ley 39/2015, de 1 de octubre, de Procedimiento Administrativo Común de las Administraciones Públicas: b) A los efectos del cómputo de plazo fijado en días hábiles, y en lo que se refiere al cumplimiento de plazos por los interesados, la presentación en un día inhábil se entenderá realizada en la primera hora del primer día hábil siguiente salvo que una norma permita expresamente la recepción en día inhábil. Los documentos se considerarán presentados por el orden de hora efectiva en el que lo fueron en el día inhábil.

41. a) No serán susceptibles de recurso.

Artículo 32.3 *in fine* de la Ley 39/2015, de 1 de octubre, de Procedimiento Administrativo Común de las Administraciones Públicas: Los acuerdos sobre ampliación de plazos o sobre su denegación no serán susceptibles de recurso, sin perjuicio del procedente contra la resolución que ponga fin al procedimiento.

42. b) No cabe recurso alguno.

Artículo 33.2 de la Ley 39/2015, de 1 de octubre, de Procedimiento Administrativo Común de las Administraciones Públicas: 2. No cabrá recurso alguno contra el acuerdo que declare la aplicación de la tramitación de urgencia al procedimiento, sin perjuicio del procedente contra la resolución que ponga fin al procedimiento.

43. b) Estimada.

Artículo 24.1 de la Ley 39/2015, de 1 de octubre, de Procedimiento Administrativo Común de las Administraciones Públicas: 1. En los procedimientos iniciados a solicitud del interesado, sin perjuicio de la resolución que la Administración debe dictar en la forma prevista en el apartado 3 de este artículo, el vencimiento del plazo máximo sin haberse notificado resolución expresa, legitima al interesado o interesados para entenderla estimada por silencio administrativo.

44. b) Se puede producir tanto en los procedimientos iniciados de oficio como en los iniciados a solicitud del interesado.

Artículo 21.3 *in fine* de la Ley 39/2015, de 1 de octubre, de Procedimiento Administrativo Común de las Administraciones Públicas: Este plazo y los previstos en el apartado anterior se contarán: a) En los procedimientos iniciados de oficio, desde la fecha del acuerdo de iniciación. b) En los iniciados a solicitud del interesado, desde la fecha en que la solicitud haya tenido entrada en el registro electrónico de la Administración u Organismo competente para su tramitación.

45. b) 3 meses.

Artículo 21.3 de la Ley 39/2015, de 1 de octubre, de Procedimiento Administrativo Común de las Administraciones Públicas: 3. Cuando las normas reguladoras de los procedimientos no fijen el plazo máximo, este será de tres meses.

46. a) Silencio administrativo positivo.

Artículo 24.1 de la Ley 39/2015, de 1 de octubre, de Procedimiento Administrativo Común de las Administraciones Públicas: En los procedimientos iniciados a solicitud del interesado, sin perjuicio de la resolución que la Administración debe dictar en la forma prevista en el apartado 3 de este artículo, el vencimiento del plazo máximo sin haberse notificado resolución expresa, legitima al interesado o interesados para entenderla estimada por silencio administrativo.

47. c) Producirá la caducidad o podrán los interesados entender desestimadas sus pretensiones por silencio administrativo.

Artículo 25.1 de la Ley 39/2015, de 1 de octubre, de Procedimiento Administrativo Común de las Administraciones Públicas: 1. En los procedimientos iniciados de oficio, el vencimiento del plazo máximo establecido sin que se haya dictado y notificado resolución expresa no exime a la Administración del cumplimiento de la obligación legal de resolver, produciendo los siguientes efectos: a) En el caso de procedimientos de los que pudiera derivarse el reconocimiento o, en su caso, la constitución de derechos u otras situaciones jurídicas favorables, los interesados que hubieren comparecido podrán entender desestimadas sus pretensiones por silencio administrativo. b) En los procedimientos en que la Administración ejercite potestades sancionadoras o, en general, de intervención, susceptibles de producir efectos desfavorables o de gravamen, se producirá la caducidad.

48. d) Excepto, entre otros, en los supuestos de terminación del procedimiento por pacto o convenio.

Artículo 21.1 in fine de la Ley 39/2015, de 1 de octubre, de Procedimiento Administrativo Común de las Administraciones Públicas: Se exceptúan de la obligación a que se refiere el párrafo primero, los supuestos de terminación del procedimiento por pacto o convenio, así como los procedimientos relativos al ejercicio de derechos sometidos únicamente al deber de declaración responsable o comunicación a la Administración.

49. b) Cuando los plazos se hayan señalado por días naturales por declararlo así una ley o por el Derecho de la Unión Europea, se hará constar esta circunstancia en las correspondientes notificaciones.

Artículo 30, 2 y 4 de la Ley 39/2015, de 1 de octubre, de Procedimiento Administrativo Común de las Administraciones Públicas: 2. Siempre que por Ley o en el Derecho de la Unión Europea no se exprese otro cómputo, cuando los plazos se señalen por días, se entiende que éstos son hábiles, excluyéndose del cómputo los sábados, los domingos y los declarados festivos. Cuando los plazos se hayan señalado por días naturales por declararlo así una ley o por el Derecho de la Unión Europea, se hará constar esta circunstancia en las correspondientes notificaciones y 4. El plazo concluirá el mismo día en que se produjo la notificación, publicación o silencio administrativo en el mes o el año de vencimiento.

50. a) Tendrá efecto desestimatorio en los procedimientos de impugnación de actos y disposiciones.

Artículo 24.1 de la Ley 39/2015, de 1 de octubre, de Procedimiento Administrativo Común de las Administraciones Públicas: 1. En los procedimientos iniciados a solicitud del interesado, sin perjuicio de la resolución que la Administración debe dictar en la forma prevista en el apartado 3 de este artículo, el vencimiento del plazo máximo sin haberse notificado resolución expresa, legitima al interesado o interesados para entenderla estimada por silencio administrativo, excepto en los supuestos en los que una norma con rango de ley o una norma de Derecho de la Unión Europea o de Derecho internacional aplicable en España establezcan lo contrario… El silencio tendrá efecto desestimatorio en los procedimientos relativos al ejercicio del derecho de petición, a que se refiere el artículo 29 de la Constitución… El sentido del silencio también será desestimatorio en los procedimientos de impugnación de actos y disposiciones y en los de revisión de oficio iniciados a solicitud de los interesados.

51. d) El personal al servicio de las Administraciones públicas que tenga a su cargo el despacho de los asuntos, así como los titulares de los órganos administrativos competentes para instruir y resolver son directamente responsables, en el ámbito de sus competencias, del cumplimiento de la obligación legal de dictar resolución expresa en plazo.

Artículo 21.6 de la Ley 39/2015, de 1 de octubre, de Procedimiento Administrativo Común de las Administraciones Públicas: 6. El personal al servicio de las Administraciones Públicas que tenga a su cargo el despacho de los asuntos, así como los titulares de los órganos administrativos competentes para instruir y resolver son directamente responsables, en el ámbito de sus competencias del cumplimiento de la obligación legal de dictar resolución expresa en plazo. El incumplimiento de dicha obligación dará lugar a la exigencia de responsabilidad disciplinaria, sin perjuicio de la que hubiere lugar de acuerdo con la normativa aplicable.

52. c) A partir del siguiente a aquel en que tenga lugar la notificación o publicación del acto que se trate o desde el siguiente a aquel en que se produzca la estimación o desestimación por silencio administrativo.

Artículo 30.3 de la Ley 39/2015, de 1 de octubre, de Procedimiento Administrativo Común de las Administraciones Públicas: 3. Los plazos expresados en días se contarán a partir del día siguiente a aquel en que tenga lugar la notificación o publicación del acto de que se trate, o desde el siguiente a aquel en que se produzca la estimación o la desestimación por silencio administrativo.

53. b) El mismo día en que se produjo la notificación, publicación o silencio administrativo.

Artículo 30.4 *in fine* de la Ley 39/2015, de 1 de octubre, de Procedimiento Administrativo Común de las Administraciones Públicas: El plazo concluirá el mismo día en que se produjo la notificación, publicación o silencio administrativo en el mes o el año de vencimiento. Si en el mes de vencimiento no hubiera día equivalente a aquel en que comienza el cómputo, se entenderá que el plazo expira el último día del mes.

54. d) Cuando los interesados promuevan la recusación en cualquier momento de la tramitación de un procedimiento, desde que ésta se plantee hasta que sea resuelta por el superior jerárquico del recusado.

Artículo 22.2 c) de la Ley 39/2015, de 1 de octubre, de Procedimiento Administrativo Común de las Administraciones Públicas: c) Cuando los interesados promuevan la recusación en cualquier momento de la tramitación de un procedimiento, desde que esta se plantee hasta que sea resuelta por el superior jerárquico del recusado.

55. c) La presentación en un día inhábil se entenderá realizada en la primera hora del primer día hábil siguiente, salvo que una norma permita expresamente la recepción en inhábil.

Artículo 31.2 b) de la Ley 39/2015, de 1 de octubre, de Procedimiento Administrativo Común de las Administraciones Públicas: El funcionamiento del registro electrónico se regirá por las siguientes reglas: a) Permitirá la presentación de documentos todos los días del año durante las veinticuatro horas. b) A los efectos del cómputo de plazo fijado en días hábiles, y en lo que se refiere al cumplimiento de plazos por los interesados, la presentación en un día inhábil se entenderá realizada en la primera hora del primer día hábil siguiente salvo que una norma permita expresamente la recepción en día inhábil.

56. d) En los casos de desestimación por silencio administrativo, la resolución expresa posterior al vencimiento del plazo se adoptará por la Administración sin vinculación alguna al sentido del silencio.

Artículo 24.3 de la Ley 39/2015, de 1 de octubre, de Procedimiento Administrativo Común de las Administraciones Públicas: 3. La obligación de dictar resolución expresa a que se refiere el apartado primero del artículo 21 se sujetará al siguiente régimen: a) En los casos de estimación por silencio administrativo, la resolución expresa posterior a la producción del acto sólo podrá dictarse de ser confirmatoria del mismo. b) En los casos de desestimación por silencio administrativo, la resolución expresa posterior al vencimiento del plazo se adoptará por la Administración sin vinculación alguna al sentido del silencio.

57. a) Solo será obligatoria cuando así esté previsto en una norma con rango de ley.

Artículo 19.1 de la Ley 39/2015, de 1 de octubre, de Procedimiento Administrativo Común de las Administraciones Públicas: 1. La comparecencia de las personas ante las oficinas públicas, ya sea presencialmente o por medios electrónicos, solo será obligatoria cuando así esté previsto en una norma con rango de ley.

58. d) Los empleados de las Administraciones Públicas.

Artículo 14.2 e) de la Ley 39/2015, de 1 de octubre, de Procedimiento Administrativo Común de las Administraciones Públicas: 2. En todo caso, estarán obligados a relacionarse a través de medios electrónicos con las Administraciones Públicas para la realización de cualquier trámite de un procedimiento administrativo, al menos, los siguientes sujetos: … e) Los empleados de las Administraciones Públicas para los trámites y actuaciones que realicen con ellas por razón de su condición de empleado público, en la forma en que se determine reglamentariamente por cada Administración.

59. c) Los interesados que se dirijan a los órganos de la Administración General del Estado con sede en el territorio de una Comunidad Autónoma podrán utilizar también la lengua que sea cooficial en ella.

Artículo 15.1 de la Ley 39/2015, de 1 de octubre, de Procedimiento Administrativo Común de las Administraciones Públicas: 1. La lengua de los procedimientos tramitados por la Administración General del Estado será el castellano. No obstante lo anterior, los interesados que se dirijan a los órganos de la Administración General del Estado con sede en el territorio de una Comunidad Autónoma podrán utilizar también la lengua que sea cooficial en ella.

60. c) Procedimientos finalizados.

Artículo 17.1 de la Ley 39/2015, de 1 de octubre, de Procedimiento Administrativo Común de las Administraciones Públicas: 1. Cada Administración deberá mantener un archivo electrónico único de los documentos electrónicos que correspondan a procedimientos finalizados, en los términos establecidos en la normativa reguladora aplicable.

61. d) El deber de proporcionárselos a la Administración actuante.

Artículo 18.2 de la Ley 39/2015, de 1 de octubre, de Procedimiento Administrativo Común de las Administraciones Públicas: 2. En los casos en que proceda la comparecencia, la correspondiente citación hará constar expresamente el lugar, fecha, hora, los medios disponibles y objeto de la comparecencia, así como los efectos de no atenderla.

62. c) Los procedimientos relativos al ejercicio de derechos sometidos únicamente al deber de declaración responsable o comunicación a la Administración.

Artículo 21 de la Ley 39/2015, de 1 de octubre, de Procedimiento Administrativo Común de las Administraciones Públicas: Se exceptúan de la obligación a que se refiere el párrafo primero, los supuestos de terminación del procedimiento por pacto o convenio, así como los procedimientos relativos al ejercicio de derechos sometidos únicamente al deber de declaración responsable o comunicación a la Administración.

63. b) En la notificación de la resolución del procedimiento.

Artículo 21.4 *in fine* de la Ley 39/2015, de 1 de octubre, de Procedimiento Administrativo Común de las Administraciones Públicas: En todo caso, las Administraciones Públicas informarán a los interesados del plazo máximo establecido para la resolución de los procedimientos y para la notificación de los actos que les pongan término, así como de los efectos que pueda producir el silencio administrativo. Dicha mención se incluirá en la notificación o publicación del acuerdo de iniciación de oficio, o en la comunicación que se dirigirá al efecto al interesado dentro de los diez días siguientes a la recepción de la solicitud iniciadora del procedimiento en el registro electrónico de la Administración u Organismo competente para su tramitación. En este último caso, la comunicación indicará además la fecha en que la solicitud ha sido recibida por el órgano competente.

64. b) Cuando deba obtenerse un pronunciamiento previo y preceptivo de un órgano de la Unión Europea.

Artículo 22.1. b) de la Ley 39/2015, de 1 de octubre, de Procedimiento Administrativo Común de las Administraciones Públicas: 1. El transcurso del plazo máximo legal para resolver un procedimiento y notificar la resolución se podrá suspender en los siguientes casos: … b) Cuando deba obtenerse un pronunciamiento previo y preceptivo de un órgano de la Unión Europea.

65. c) No cabrá recurso alguno.

Artículo 23 de la Ley 39/2015, de 1 de octubre, de Procedimiento Administrativo Común de las Administraciones Públicas: 2. Contra el acuerdo que resuelva sobre la ampliación de plazos, que deberá ser notificado a los interesados, no cabrá recurso alguno.

66. b) Quince días.

Artículo 24.4 de la Ley 39/2015, de 1 de octubre, de Procedimiento Administrativo Común de las Administraciones Públicas: Este certificado se expedirá de oficio por el órgano competente para resolver en el plazo de quince días desde que expire el plazo máximo para resolver el procedimiento.

67 a) En cualquier momento.

Artículo 24.4 in fine de la Ley 39/2015, de 1 de octubre, de Procedimiento Administrativo Común de las Administraciones Públicas: Sin perjuicio de lo anterior, el interesado podrá pedirlo en cualquier momento, computándose el plazo indicado anteriormente desde el día siguiente a aquél en que la petición tuviese entrada en el registro electrónico de la Administración u Organismo competente para resolver.

68. b) El archivo de las actuaciones, con los efectos previstos en el artículo 95.

Artículo 25.1 b) de la Ley 39/2015, de 1 de octubre, de Procedimiento Administrativo Común de las Administraciones Públicas: b) En los procedimientos en que la Administración ejercite potestades sancionadoras o, en general, de intervención, susceptibles de producir efectos desfavorables o de gravamen, se producirá la caducidad. En estos casos, la resolución que declare la caducidad ordenará el archivo de las actuaciones, con los efectos previstos en el artículo 95.

69. b) Las copias auténticas de documentos privados surten efectos en las restantes Administraciones.

Artículo 27 de la Ley 39/2015, de 1 de octubre, de Procedimiento Administrativo Común de las Administraciones Públicas: 1. Cada Administración Pública determinará los órganos que tengan atribuidas las competencias de expedición de copias auténticas de los documentos públicos administrativos o privados. Las copias auténticas de documentos privados surten únicamente efectos administrativos. Las copias auténticas realizadas por una Administración Pública tendrán validez en las restantes Administraciones. A estos efectos, la Administración General del Estado, las Comunidades Autónomas y las Entidades Locales podrán realizar copias auténticas mediante funcionario habilitado o mediante actuación administrativa automatizada.

70. b) En el plazo de quince días a contar desde la recepción de la solicitud en el registro electrónico de la Administración u Organismo competente.

Artículo 27.4 de la Ley 39/2015, de 1 de octubre, de Procedimiento Administrativo Común de las Administraciones Públicas: 4. Los interesados podrán solicitar, en cualquier momento, la expedición de copias auténticas de los documentos públicos administrativos que hayan sido válidamente emitidos por las Administraciones Públicas. La solicitud se dirigirá al órgano que emitió el documento original, debiendo expedirse, salvo las excepciones derivadas de la aplicación de la Ley 19/2013, de 9 de diciembre, en el plazo de quince días a contar desde la recepción de la solicitud en el registro electrónico de la Administración u Organismo competente.

71. a) Tendrán validez exclusivamente en el ámbito de la actividad de las Administraciones Públicas.

Artículo 28.6 de la Ley 39/2015, de 1 de octubre, de Procedimiento Administrativo Común de las Administraciones Públicas: 6. Las copias que aporten los interesados al procedimiento administrativo tendrán eficacia, exclusivamente en el ámbito de la actividad de las Administraciones Públicas.

72. d) Cuando un día fuese hábil en el municipio o comunidad autónoma en que residiese el interesado, e inhábil en la sede del órgano administrativo, o a la inversa, se considerará inhábil en todo caso.

Artículo 31.3 de la Ley 39/2015, de 1 de octubre, de Procedimiento Administrativo Común de las Administraciones Públicas: La sede electrónica del registro de cada Administración Pública u Organismo, determinará, atendiendo al ámbito territorial en el que ejerce sus competencias el titular de aquélla y al calendario previsto en el artículo 30.7, los días que se considerarán inhábiles a los efectos previstos en este artículo. Este será el único calendario de días inhábiles que se aplicará a efectos del cómputo de plazos en los registros electrónicos, sin que resulte de aplicación a los mismos lo dispuesto en el artículo 30.6.

(Al respecto el artículo 30. 6 dispone: Cuando un día fuese hábil en el municipio o Comunidad Autónoma en que residiese el interesado, e inhábil en la sede del órgano administrativo, o a la inversa, se considerará inhábil en todo caso).

73. c) Para ciertos colectivos de personas físicas que por razón de su capacidad económica, técnica, dedicación profesional u otros motivos quede acreditado que tienen acceso y disponibilidad de los medios electrónicos necesarios.

Artículo 14.3 de la Ley 39/2015, de 1 de octubre, de Procedimiento Administrativo Común de las Administraciones Públicas: 3. Reglamentariamente, las Administraciones podrán establecer la obligación de relacionarse con ellas a través de medios electrónicos para determinados procedimientos y para ciertos colectivos de personas físicas que por razón de su capacidad económica, técnica, dedicación profesional u otros motivos quede acreditado que tienen acceso y disponibilidad de los medios electrónicos necesarios.

74. c) Presentación de solicitudes y recursos.

Artículo 33.1 de la Ley 39/2015, de 1 de octubre, de Procedimiento Administrativo Común de las Administraciones Públicas: 1. Cuando razones de interés público lo aconsejen, se podrá acordar, de oficio o a petición del interesado, la aplicación al procedimiento de la tramitación de urgencia, por la cual se reducirán a la mitad los plazos establecidos para el procedimiento ordinario, salvo los relativos a la presentación de solicitudes y recursos.

75. b) Acordar la ampliación general de plazos de los procedimientos administrativos.

Artículo 32.5 de la Ley 39/2015, de 1 de octubre, de Procedimiento Administrativo Común de las Administraciones Públicas: 5. Cuando como consecuencia de un ciberincidente se hayan visto gravemente afectados los servicios y sistemas utilizados para la tramitación de los procedimientos y el ejercicio de los derechos de los interesados que prevé la normativa vigente, la Administración podrá acordar la ampliación general de plazos de los procedimientos administrativos.

TÍTULO III

De los actos administrativos

1. Señala la respuesta incorrecta. Según el artículo 35 de la Ley 39/2015, de 1 de octubre, de Procedimiento Administrativo Común de las Administraciones Públicas, serán motivados, con sucinta referencia de hechos y fundamentos de Derecho:

a) Los actos que limiten derechos subjetivos o intereses legítimos.

b) Los actos que resuelvan procedimientos de revisión de oficio de disposiciones o actos administrativos, recursos administrativos, reclamaciones previas a la vía judicial y procedimientos de arbitraje.

c) Los actos que se separen del criterio seguido en actuaciones precedentes o del dictamen de órganos consultivos.

d) Los actos declarativos de derechos.

2. De acuerdo con el artículo 39 de la Ley 39/2015, de 1 de octubre, de Procedimiento Administrativo Común de las Administraciones Públicas, con carácter general, los actos de las Administraciones Públicas sujetos al Derecho Administrativo se presumirán válidos y producirán efectos desde:

a) La fecha en que se dicten, salvo que en ellos se disponga otra cosa.

b) Su notificación.

c) Su publicación.

d) La aprobación superior.

3. En relación con las notificaciones en papel, de acuerdo con lo dispuesto en el artículo 42 de la Ley 39/2015, de 1 de octubre, de Procedimiento Administrativo Común de las Administraciones Públicas de los actos administrativos, señala la respuesta incorrecta:

a) Se notificarán a los interesados las resoluciones y actos administrativos que afecten a sus derechos e intereses.

b) Toda notificación deberá ser cursada dentro del plazo de diez días a partir de la fecha en que el acto haya sido dictado.

c) En los procedimientos iniciados a solicitud del interesado, la notificación se practicará en el domicilio del interesado. Cuando ello no fuera posible, en cualquier lugar adecuado a tal fin.

d) Cuando la notificación se practique en el domicilio del interesado, de no hallarse presente este en el momento de entregarse la notificación podrá hacerse cargo de la misma cualquier persona mayor de 14 años que se encuentre en el domicilio y haga constar su identidad.

4. Conforme al artículo 45 de la Ley 39/2015, de 1 de octubre, de Procedimiento Administrativo Común de las Administraciones Públicas, la publicación sustituirá a la notificación surtiendo sus mismos efectos en los siguientes casos:

a) Cuando el acto tenga por destinatario a una persona jurídica.

b) Cuando la Administración estime que la notificación efectuada a un solo interesado es insuficiente para garantizar la notificación a todos, siendo, en este último caso, adicional a la notificación efectuada.

c) En los procedimientos iniciados a solicitud del interesado.

d) Cuando la notificación se practique en el domicilio del interesado.

5. De acuerdo con el artículo 47 de la Ley 39/2015, de 1 de octubre, de Procedimiento Administrativo Común de las Administraciones Públicas, los actos de las Administraciones Públicas son nulos de pleno derecho en los casos siguientes:

a) Los actos de la Administración que incurran en cualquier infracción del ordenamiento jurídico.

b) Los actos dictados por órgano manifiestamente incompetente por razón de la jerarquía.

c) Los actos que tengan un contenido imposible.

d) Los actos de la Administración que incurran en desviación de poder.

6. Son anulables, de acuerdo con el artículo 48.1 de la Ley 39/2015, de 1 de octubre, de Procedimiento Administrativo Común de las Administraciones Públicas:

a) Los actos de la Administración que incurran en cualquier infracción del ordenamiento jurídico, incluso la desviación de poder.

b) Los actos dictados prescindiendo total y absolutamente del procedimiento legalmente establecido o de las normas que contienen las reglas esenciales para la formación de la voluntad de los órganos colegiados.

c) Los actos expresos o presuntos contrarios al ordenamiento jurídico por los que se adquieren facultades o derechos cuando se carezca de los requisitos esenciales para su adquisición.

d) Los actos dictados por órgano manifiestamente incompetente por razón de la materia.

7. Conforme con el artículo 48.2 de la Ley 39/2015, de 1 de octubre, de Procedimiento Administrativo Común de las Administraciones Públicas, el defecto de forma de los actos de las Administraciones Públicas solo determinará la anulabilidad:

a) Siempre.

b) Nunca.

c) Cuando el acto carezca de los requisitos formales, dando lugar a la indefensión de los interesados.

d) Cuando el acto administrativo se notifique fuera de plazo, no siendo esencial el término o plazo.

8. La Administración podrá convalidar los actos anulables, subsanando los vicios de que adolezcan. Si el vicio consistiera en incompetencia no determinante de nulidad, la convalidación podrá realizarse, de conformidad con el artículo 52.3 de la Ley 39/2015, de 1 de octubre, de Procedimiento Administrativo Común de las Administraciones Públicas, por:

a) El órgano competente cuando sea inferior jerárquico del que dictó el acto viciado.

b) El órgano competente cuando sea superior jerárquico del que dictó el acto viciado.

c) El órgano competente por razón de la materia.

d) El órgano competente por razón del territorio.

9. En relación con la forma de los actos administrativos, señala la respuesta incorrecta:

a) Los actos administrativos se producirán por escrito a través de medios electrónicos, a menos que su naturaleza exija otra forma más adecuada de expresión y constancia.

b) En los casos en que los órganos administrativos ejerzan su competencia de forma verbal, la constancia escrita del acto, cuando sea necesaria, se efectuará y firmará por el titular del órgano superior, expresando en la comunicación del mismo la autoridad de la que procede.

c) Si se tratara de resoluciones, el titular de la competencia deberá autorizar una relación de las que haya dictado de forma verbal, con expresión de su contenido.

d) Cuando deba dictarse una serie de actos administrativos de la misma naturaleza, tales como nombramientos, concesiones o licencias, podrán refundirse en un único acto.

10. Son actos anulables de acuerdo con el artículo 48 de la Ley 39/2015, de 1 de octubre, de Procedimiento Administrativo Común de las Administraciones Públicas:

a) Los de contenido imposible.

b) Los que carezcan de los requisitos formales indispensables para alcanzar su fin.

c) Los dictados prescindiendo total y absolutamente de los procedimientos legalmente establecidos para ellos.

d) Los dictados prescindiendo total y absolutamente del procedimiento establecido por las normas que contienen las reglas esenciales para la formación de la voluntad de los órganos colegiados.

11. De todas las resoluciones citadas a continuación, ¿cuáles de ellas no necesitarán ser motivadas?

a) Las que sigan el criterio seguido en actuaciones precedentes.
b) Los acuerdos de suspensión de actos.
c) Las que se dicten en el ejercicio de potestades discrecionales.
d) Las que resuelvan los recursos.

12. ¿En qué casos un defecto de forma determinará la anulabilidad del acto?

a) Cuando carezcan de los requisitos formales indispensables para alcanzar su fin o dé lugar a indefensión.
b) Cuando sean insubsanables.
c) Solo en los casos en los que se dé lugar a indefensión.
d) Solo cuando carezcan de los requisitos formales indispensables.

13. Señala la respuesta incorrecta. Cuando una Administración Pública tenga que dictar, en el ámbito de sus competencias, un acto que necesariamente tenga por base otro dictado por una Administración Pública distinta y aquella entienda que es ilegal:

a) Podrá requerir a la otra Administración previamente para que anule o revise el acto de acuerdo con lo dispuesto en el artículo 44 de la Ley 29/1998, de 13 de julio, reguladora de la Jurisdicción Contencioso-Administrativa.
b) Realizado el requerimiento y al ser rechazado este, podrá interponer recurso contencioso-administrativo.
c) Realizado el requerimiento y al ser rechazado este, podrá interponer recurso de revisión.
d) En estos casos, quedará suspendido el procedimiento para dictar resolución.

14. Las notificaciones administrativas por medios electrónicos requerirán para su validez:

a) El señalamiento explícito de dicho medio de notificación en el momento de iniciación del procedimiento.
b) El establecimiento de este sistema por medio de una norma de rango legal.
c) El acceso a su contenido, momento a partir del cual la notificación se entenderá practicada a todos los efectos legales.
d) El establecimiento de este sistema por medio de una norma de rango reglamentario.

15. Por regla general una notificación electrónica se entenderá rechazada con los efectos previstos en el artículo 43.2 de la Ley 39/2015, de 1 de octubre, del Procedimiento Administrativo Común de las Administraciones Públicas, cuando teniendo constancia de la puesta a disposición transcurran:

a) Diez días hábiles sin que se acceda a su contenido.
b) Diez días naturales desde que se accedió al contenido sin existir respuesta.

c) Diez días naturales sin que se acceda al contenido.

d) Quince días hábiles desde que se accedió al contenido sin existir respuesta.

16. Señala cuál de las siguientes afirmaciones es falsa conforme a la Ley 39/2015, de 1 de octubre:

a) Las resoluciones administrativas de carácter particular no podrán vulnerar lo establecido en una disposición de carácter general, aunque aquellas procedan de un órgano de igual jerarquía al que dictó la disposición general.

b) Toda notificación deberá ser cursada dentro del plazo de quince días a partir de la fecha en que el acto haya sido dictado.

c) Los actos administrativos se producirán por escrito a través de medios electrónicos, a menos que su naturaleza exija otra forma más adecuada de expresión y constancia.

d) Las resoluciones administrativas de carácter particular no podrán vulnerar lo establecido en una disposición de carácter general, aunque aquellas procedan de un órgano de superior jerarquía al que dictó la disposición general.

17. ¿Cuál de los siguientes actos es susceptible de convalidación por parte de la Administración subsanando los vicios de que adolezcan?

a) El dictado por órgano manifiestamente incompetente por razón de la materia.

b) El dictado prescindiendo total y absolutamente de las normas que contienen las reglas esenciales para la formación de la voluntad de los órganos colegiados.

c) El dictado por órgano incompetente en razón de su jerarquía.

d) El dictado por órgano manifiestamente incompetente por razón del territorio.

18. Cuando los actos administrativos limiten derechos subjetivos o intereses legítimos:

a) No tendrán que ser motivados si no ponen fin al procedimiento.

b) Solo serán motivados si no se dictan en el ejercicio de potestades administrativas.

c) Tendrán que ser motivados, con sucinta referencia de hechos y fundamentos de derechos.

d) Tendrán efectos retroactivos.

19. Según establece el artículo 40 de la Ley 39/2015, de 1 de octubre, de Procedimiento Administrativo Común de las Administraciones Públicas, toda notificación deberá ser cursada:

a) Dentro del plazo de 10 días a partir de la fecha en que el acto haya sido dictado.

b) Dentro del plazo de 15 días a partir de la fecha en que el acto haya sido dictado.

c) Dentro del plazo de 1 mes a partir de la fecha en que el acto haya sido dictado.

d) Dentro del plazo de tres meses a partir de la fecha en que el acto haya sido dictado.

20. Según el artículo 35 de la Ley 39/2015, de 1 de octubre, de Procedimiento Administrativo Común de las Administraciones Públicas, los actos que se separen del criterio seguido en actuaciones precedentes o del dictamen de órganos consultivos deben ser:

a) Discrecionales.
b) Motivados.
c) Inválidos.
d) Nulos de pleno derecho.

21. Conforme al artículo 35 de la Ley 39/2015, del Procedimiento Administrativo Común de las Administraciones Públicas, los actos administrativos que resuelven recursos, necesariamente habrán de ser:

a) Inimpugnables.
b) Motivados.
c) Discrecionales.
d) De trámite.

22. Como norma general, los actos administrativos serán válidos y producirán efectos salvo que, en ellos, se disponga otra cosa:

a) Los 20 días de dictarse el acto.
b) Desde que se aprueben por el superior jerárquico.
c) Desde la publicación en el Boletín correspondiente.
d) Desde que se dicten.

23. La nulidad o anulabilidad en parte del acto administrativo:

a) Implicará la de las partes del mismo independientes de aquella.
b) Implicará la de las partes del mismo independientes de aquella, salvo cuando la administración proceda a la convalidación del acto.
c) No implicará necesariamente la de las partes del mismo independientes de aquella.
d) No implicará la de los sucesivos en el procedimiento que sean independientes del primero.

24. Los actos de las Administraciones Públicas no son nulos de pleno derecho en los casos siguientes:

a) Los que lesionen los derechos y libertades susceptibles de amparo constitucional.
b) Los que tengan un contenido imposible.
c) Los dictados prescindiendo total y absolutamente del procedimiento legalmente establecido o de las normas que contienen las reglas esenciales para la formación de la voluntad de los órganos colegiados.
d) Los que sean constitutivos de infracción administrativa y se dicten como consecuencia de esta.

25. En cuanto a los actos dictados por un órgano administrativo incompetente por razón del territorio:

a) Serán anulables.
b) Serán nulos.
c) Habrá una mera irregularidad de forma.
d) Serán plenamente eficaces ya que son susceptibles de convalidación.

26. Según la Ley 39/2015, de 1 de octubre, en alguno de los siguientes supuestos no estamos ante un acto nulo de pleno derecho. Señala en cuál:

a) El dictado por órgano manifiestamente incompetente por razón de materia o territorio.
b) El que lesione derechos o libertades susceptibles de amparo constitucional.
c) El que incurra en cualquier infracción del ordenamiento jurídico.
d) El que sea constitutivo de infracción penal o se dicte como consecuencia de esta.

27. Conforme a la Ley 39/2015, de 1 octubre, de Procedimiento Administrativo Común de las Administraciones Públicas, la notificación a los interesados de las resoluciones y actos administrativos que afecten a sus derechos e intereses deberá ser cursada dentro del plazo de:

a) Diez días naturales a partir de la fecha en que el acto haya sido dictado.
b) Diez días hábiles a partir del día siguiente a aquel en que el acto haya sido dictado.
c) Diez días naturales a partir del día siguiente a aquel en que el acto haya sido dictado.
d) Diez días hábiles a partir de la fecha en que el acto haya sido dictado.

28. El órgano competente para la resolución de un expediente está preparando el oportuno acto administrativo. Indica, según la Ley 39/2015, de 1 octubre, de Procedimiento Administrativo Común de las Administraciones Públicas, qué acto de entre los siguientes estará exento de la obligación de ser motivado:

a) Los que resuelvan procedimientos de arbitraje.
b) Los acuerdos de aplicación de la ampliación de plazos.
c) Los que sigan el dictamen de órganos consultivos.
d) Los acuerdos de suspensión de actos.

29. Según la Ley 39/2015, de 1 octubre, de Procedimiento Administrativo Común de las Administraciones Públicas, podrá quedar demorada la eficacia de un acto administrativo:

a) Cuando esté supeditada a su publicación.
b) Cuando esté supeditada a su aprobación por un órgano inferior.
c) Cuando no lo exija el contenido del acto.
d) Cuando el interesado lo solicite al órgano que lo dicta.

30. Con arreglo al principio de inderogabilidad singular del artículo 37 de la Ley 39/2015, de 1 de octubre, del Procedimiento Administrativo Común de las Administraciones Públicas, las resoluciones administrativas que vulneren lo establecido en una disposición reglamentaria son:

a) Nulas.
b) Anulables.
c) Ineficaces.
d) Inconstitucionales.

31. En relación con la práctica de las notificaciones en papel, el artículo 42.2 de la Ley 39/2015, de 1 de octubre, del Procedimiento Administrativo Común de las Administraciones Públicas, establece que si nadie se hiciera cargo de la notificación, se hará constar esta circunstancia en el expediente, junto con el día y la hora en que se intentó la notificación, intento que se repetirá por una sola vez y en una hora distinta dentro de los:

a) Tres días siguientes. En caso de que el primer intento de notificación se haya realizado antes de las catorce horas, el segundo intento deberá realizarse después de las catorce horas y viceversa, dejando en todo caso al menos un margen de diferencia de tres horas entre ambos intentos de notificación.

b) Dos días siguientes. En caso de que el primer intento de notificación se haya realizado antes de las catorce horas, el segundo intento deberá realizarse después de las catorce horas y viceversa, dejando en todo caso al menos un margen de diferencia de dos horas entre ambos intentos de notificación.

c) Tres días siguientes. En caso de que el primer intento de notificación se haya realizado antes de las quince horas, el segundo intento deberá realizarse después de las quince horas y viceversa, dejando en todo caso al menos un margen de diferencia de tres horas entre ambos intentos de notificación.

d) Tres días siguientes. En caso de que el primer intento de notificación se haya realizado antes de las quince horas, el segundo intento deberá realizarse después de las quince horas y viceversa, dejando en todo caso al menos un margen de diferencia de dos horas entre ambos intentos de notificación.

32. Cuando se ignore el lugar de notificación de los interesados en un procedimiento:

a) Previamente a la publicación de un anuncio en el Boletín Oficial de Estado y con carácter preceptivo las Administraciones deberán publicar un anuncio en el Boletín Oficial de la Comunidad Autónoma del último domicilio del interesado.

b) Previamente a la publicación de un anuncio en el Boletín Oficial de Estado y con carácter preceptivo las Administraciones deberán publicar un anuncio en el Boletín Oficial de la provincia del último domicilio del interesado.

c) La notificación se hará por medio de un anuncio publicado en el Boletín Oficial del Estado.

d) No será preceptivo practicar la notificación.

33. Según establece la Ley 39/2015, de 1 de octubre, de Procedimiento Administrativo Común de las Administraciones Públicas:

a) No podrá ser convalidado en ningún caso el acto anulable viciado por falta de alguna autorización.

b) El órgano que anule las actuaciones dispondrá siempre la conservación de aquellos actos cuyo contenido se hubiera mantenido igual de no haberse cometido la infracción.

c) El defecto de forma determinará en todo caso la anulabilidad del acto administrativo.

d) La realización de actuaciones administrativas fuera del tiempo establecido para ellas implicará, en todo caso, la anulabilidad del acto.

34. Según establece la Ley 39/2015, de 1 de octubre, de Procedimiento Administrativo Común de las Administraciones Públicas, la notificación a los interesados de los actos administrativos que afecten a sus derechos e intereses:

a) Deberá ser cursada dentro del plazo de diez días a partir de la fecha en que el acto haya sido dictado.

b) Deberá ser cursada dentro del plazo de quince días a partir de la fecha en que el acto haya sido dictado.

c) Deberá ser cursada dentro del plazo de veinte días a partir de la fecha en que el acto haya sido dictado.

d) Deberá ser cursada dentro del plazo de un mes a partir de la fecha en que el acto haya sido dictado.

35. Según establece la Ley 39/2015, de 1 de octubre, de Procedimiento Administrativo Común de las Administraciones Públicas:

a) Los actos administrativos se producirán siempre por escrito.

b) En ningún caso podrá otorgarse eficacia retroactiva a los actos administrativos cuando se dicten en sustitución de actos anulados.

c) En todo caso los actos de las Administraciones Públicas sujetos al Derecho Administrativo producirán efectos desde la fecha en que se dicten.

d) Los acuerdos de suspensión de actos administrativos, cualquiera que sea el motivo de esta, serán motivados.

36. De acuerdo con lo establecido en la Ley 39/2015, de 1 de octubre, de Procedimiento Administrativo Común de las Administraciones Públicas, las resoluciones administrativas de carácter particular:

a) No podrán vulnerar lo establecido en una disposición de carácter general.

b) Podrán vulnerar lo establecido en una disposición de carácter general, si la autoridad que la dicta es de igual o superior rango a la que dictó la de carácter general.

c) Podrán vulnerar lo establecido en una disposición de carácter general dependiendo de a quién se refieran.

d) No existen resoluciones administrativas de carácter particular.

37. Conforme a lo establecido en la Ley 39/2015, de 1 de octubre, de Procedimiento Administrativo Común de las Administraciones Públicas, ¿en cuál de estos casos no podrá la Administración Pública convalidar un acto administrativo?

a) Si el acto es anulable subsanando los vicios de que adolezca.

b) Si el acto está dictado por un órgano manifiestamente incompetente por razón de la materia.

c) Si el acto adolece de un defecto de forma porque carece de los requisitos formales indispensables para alcanzar su fin.

d) En ninguno de los casos anteriores.

d) Si el acto está dictado por un órgano incompetente por razón de la jerarquía.

38. Según la Ley 39/2015, de 1 de octubre, del Procedimiento Administrativo Común de las Administraciones Públicas, cuando la notificación por medios electrónicos sea de carácter obligatorio o elegida por el interesado se podrá entender rechazada cuando hayan transcurrido:

a) Diez días hábiles sin que el interesado acceda a su contenido.

b) Diez días desde la puesta a disposición sin que se acceda a su contenido.

c) Diez días sin que el interesado reciba acuse de recibo.

d) Diez días naturales desde su puesta a disposición sin que se acceda a su contenido.

39. ¿En cuál de estos casos la publicación sustituirá a la notificación administrativa surtiendo sus mismos efectos, según la Ley 39/2015, de 1 octubre, de Procedimiento Administrativo Común de las Administraciones Públicas?

a) Siempre que el acto tenga varios interesados.

b) Cuando el acto forme parte de un procedimiento urgente y sumario.

c) Cuando se trate de actos integrantes de un procedimiento selectivo.

d) En caso de que el interesado o su representante rechacen la notificación de un acto administrativo.

40. Indica qué actos o disposiciones son anulables:

a) Los actos expresos o presuntos contrarios al ordenamiento jurídico por los que se adquieren facultades o derechos cuando se carezca de los requisitos esenciales para su adquisición.

b) Los actos de la Administración que incurran en cualquier infracción del ordenamiento jurídico, incluso la desviación de poder.

c) Las disposiciones administrativas que establezcan la retroactividad de disposiciones sancionadoras no favorables o restrictivas de derechos individuales.

d) Los dictados por órgano manifiestamente incompetente por razón de la materia o del territorio.

41. Según la Ley 39/2015, de 1 octubre, de Procedimiento Administrativo Común de las Administraciones Públicas, ¿cuándo se entiende practicada la notificación por medios electrónicos?

a) A los tres días del envío del aviso de la puesta a disposición del acto objeto de notificación.

b) En el momento en que se accede a la puesta a disposición del interesado del acto objeto de notificación.

c) Cuando, existiendo constancia de la puesta a disposición, transcurrieran cinco días naturales sin que se acceda a su contenido.

d) En el momento en que se produzca el acceso al contenido del acto notificado.

42. En la práctica de las notificaciones por medios electrónicos, según lo establecido en el artículo 43 de la Ley 39/2015, de 1 de octubre, del Procedimiento Administrativo Común de las Administraciones Públicas, señala cuál de las siguientes afirmaciones es incorrecta:

a) Se llevarán a cabo mediante comparecencia en la sede electrónica de la Administración u Organismo actuante, a través de la dirección electrónica habilitada únicamente o mediante ambos sistemas, según disponga cada Administración u Organismo.

b) Se entenderán practicadas en el momento en que se produzca el acceso a su contenido.

c) Cuando la notificación por medios electrónicos sea de carácter obligatorio, se entenderá rechazada cuando hayan transcurrido 10 días hábiles desde la puesta a disposición de la notificación sin que se acceda a su contenido.

d) Cuando la notificación por medios electrónicos haya sido expresamente elegida por el interesado, se entenderá rechazada cuando hayan transcurrido 10 días naturales desde la puesta a disposición de la notificación sin que se acceda a su contenido.

43. De conformidad con lo previsto en el artículo 47.1 de la Ley 39/2015, de 1 de octubre, del Procedimiento Administrativo Común de las Administraciones Públicas, son causas de nulidad de pleno derecho de los actos de las Administraciones Públicas:

a) Los dictados por órgano incompetente por razón del territorio.

b) Los dictados prescindiendo del procedimiento legalmente establecido o de las normas que contienen las reglas para la formación de la voluntad de los órganos colegiados.

c) Los que sean constitutivos de infracción administrativa o se dicten como consecuencia de esta.

d) Cualquier infracción del ordenamiento jurídico.

44. Según el artículo 35 de la Ley 39/2015, de 1 de octubre del Procedimiento Administrativo Común de las AAPP, entre otros, serán motivados los actos administrativos cuando:

a) Resuelvan procedimientos de revisiones de oficio.

b) Admitan las pruebas propuestas por los interesados.

c) Reconozcan derechos subjetivos.

d) Reconozcan intereses legítimos.

45. Indica, de conformidad con el artículo 52 de la Ley 39/2015, de 1 de octubre, del Procedimiento Administrativo Común de las Administraciones Públicas, la respuesta correcta sobre la convalidación de actos:

a) Cuando el vicio consista en incompetencia determinante de nulidad, podrá convalidarse por el órgano superior jerárquico del que dictó el acto viciado.

b) La Administración podrá convalidar los actos nulos de pleno derecho, subsanando los vicios de que adolezcan.

c) Como regla general, la convalidación producirá efecto desde la fecha en que fue dictado el acto convalidado.

d) Si el vicio consistiese en la falta de alguna autorización, se podrá convalidar el acto mediante el otorgamiento de la misma por el órgano competente.

46. Indica qué acto administrativo debe ser objeto de motivación según el artículo 35 de la Ley 39/2015, de 1 de octubre, del Procedimiento Administrativo Común de las Administraciones Públicas:

a) El requerimiento de subsanación de una solicitud presentada por el interesado.

b) Un acto de trámite que no se separe del criterio seguido en actuaciones precedentes.

c) El acto por el que se acuerda la admisión de pruebas propuestas por el interesado.

d) La propuesta de resolución en un procedimiento sancionador.

47. Según el principio de inderogabilidad singular de los reglamentos recogido en la Ley 39/2015, de 1 de octubre, del Procedimiento Administrativo Común de las Administraciones Públicas:

a) Las resoluciones administrativas de carácter particular no podrán vulnerar lo establecido en una disposición de carácter general, aunque aquellas procedan de un órgano de igual o superior jerarquía al que dictó la disposición general.

b) Las resoluciones administrativas de carácter particular pueden contradecir lo establecido en una disposición de carácter general cuando procedan de un órgano de igual o superior jerarquía al que dictó la disposición general.

c) Las resoluciones administrativas de carácter particular solo pueden vulnerar lo establecido en una disposición de carácter general cuando procedan de un órgano superior.

d) Las resoluciones administrativas de carácter particular podrán vulnerar lo establecido en una disposición de carácter general si proviene de un órgano de igual jerarquía al que dictó la disposición general.

48. Según lo dispuesto en la Ley 39/2015, de 1 de octubre, del Procedimiento Administrativo Común de las Administraciones Públicas, señala la respuesta correcta en relación con la práctica de las notificaciones en papel:

a) Cuando la notificación se practique en el domicilio del interesado, de no hallarse presente este en el momento de entregarse la notificación, podrá hacerse cargo de la misma cualquier persona mayor de 13 años que se encuentre en el domicilio y haga constar su identidad.

b) Si nadie se hiciera cargo de la notificación, se hará constar esta circunstancia en el expediente, junto con el día y la hora en que se intentó la notificación, intento que se repetirá por una sola vez y en una hora distinta dentro de las 48 horas siguientes.

c) Si la notificación resulta infructuosa, se entenderá que la misma ha sido rechazada, especificándose las circunstancias del intento de notificación y el medio, dando por efectuado el trámite y siguiéndose el procedimiento.

d) Todas las notificaciones que se practiquen en papel deberán ser puestas a disposición del interesado en la sede electrónica de la Administración u Organismo actuante para que pueda acceder al contenido de las mismas de forma voluntaria.

49. En relación con el artículo 47 de la Ley 39/2015, señala qué actos de las Administraciones Públicas son nulos de pleno derecho en todo caso:

a) Los que incurran en cualquier infracción del ordenamiento jurídico, incluso la desviación de poder.

b) Los que sean dictados fallando alguna autorización.

c) Los actos expresos o presuntos contrarios al ordenamiento jurídico por los que se adquieren facultades o derechos cuando se carezca de los requisitos esenciales para su adquisición.

d) Los dictados con defectos de forma que den lugar a la indefensión de los interesados.

50. La inderogabilidad singular de los reglamentos significa que:

a) Un reglamento no puede derogar parcialmente a otro reglamento.

b) Las resoluciones administrativas de carácter particular no pueden vulnerar lo establecido en una disposición de carácter general, aunque aquellas procedan de un órgano de igual o superior jerarquía al que dictó la disposición general.

c) Las resoluciones administrativas de carácter particular no pueden vulnerar lo establecido en una disposición de carácter general, salvo que aquellas procedan de un órgano de igual o superior jerarquía al que dictó la disposición general.

d) Un reglamento no puede derogar singularmente a otro reglamento.

51. De conformidad con la Ley 39/2015, del Procedimiento Administrativo Común de las Administraciones Públicas, en relación con las resoluciones y actos administrativos y sus notificaciones:

a) Para que sean válidas las resoluciones administrativas de carácter particular que se opongan a lo establecido en una disposición de carácter general, bastará con que procedan de un órgano de igual o superior jerarquía al que dictó la disposición general.

b) La Administración no podrá convalidar en ningún caso los actos anulables, aunque se subsanen los vicios de que adolezcan.

c) Los actos administrativos de las Administraciones Públicas se presumirán válidos y producirán efectos retroactivos desde la fecha en que se inició el procedimiento, salvo que en ellos se disponga otra cosa.

d) Las normas y actos dictados por los órganos de las Administraciones Públicas en el ejercicio de su propia competencia deberán ser observadas por el resto de los órganos administrativos, aunque no dependan jerárquicamente entre sí o pertenezcan a otra Administración.

52. Según establece la Ley 39/2015, del Procedimiento Administrativo Común de las Administraciones Públicas, en relación con notificaciones infructuosas, la notificación, con carácter obligatorio, se hará:

a) Por medio de un anuncio publicado en el Boletín Oficial del Estado.

b) Por medio de un anuncio en el Boletín Oficial del Estado y en el Boletín de la Comunidad Autónoma correspondiente.

c) Por medio de un anuncio en el Boletín Oficial del Estado y en el Boletín de la Comunidad Autónoma correspondiente, así como en el tablón de edictos del Ayuntamiento del último domicilio del interesado.

d) Tras la entrada en vigor de la Ley 39/2015, solo es preceptivo la publicación del anuncio en el boletín correspondiente de la Comunidad Autónoma, así como en el tablón de edictos del Ayuntamiento del último domicilio del interesado.

53. Según dispone la Ley 39/2015, del Procedimiento Administrativo Común de las Administraciones Públicas, cuando el interesado en el procedimiento fuera notificado por distintos cauces, se tomará como fecha de notificación la de aquella que:

a) Se pone a disposición en la sede electrónica de la Administración que tramita el procedimiento.

b) Fue remitida y notificada en papel.

c) Se hubiera producido en primer lugar.

d) Resulte más favorable al interesado.

54. Un acto dictado por un órgano incompetente por razón de la jerarquía:

a) Puede ser convalidado.

b) Solo puede convalidarse si es de trámite.

c) No puede ser convalidado.

d) Produce la invalidez de los actos subsistentes en el procedimiento.

55. De las siguientes respuestas relativas a la nulidad en los actos administrativos, según la Ley 39/2015, del Procedimiento Administrativo Común de las Administraciones Públicas, ¿encuentras alguna que sea incorrecta?

a) El acto nulo no puede ser objeto de convalidación.

b) Los actos nulos que, sin embargo, contengan los elementos constitutivos de otro distinto no producirán los efectos de este.

c) La Administración podrá en cualquier momento declarar la nulidad.

d) Los actos anulables son convalidables.

56. La definición de que los actos de la Administración serán válidos y producirán efectos desde la fecha en que se dicten, salvo que en ellos se disponga otra cosa, responde a determinado principio; ¿sabes cuál es?

a) Presunción de validez de los actos administrativos.

b) Presunción de calidad.

c) Presunción de oficialidad.

d) Presunción de veracidad de los actos administrativos.

57. De acuerdo con la Ley 39/2015, del Procedimiento Administrativo Común de las Administraciones Públicas, son actos anulables:

a) Los de contenido imposible.

b) Los que carezcan de los requisitos formales indispensables para alcanzar su fin.

c) Los dictados prescindiendo total y absolutamente de los procedimientos legalmente establecidos para ellos.

d) Los dictados prescindiendo total y absolutamente del procedimiento establecido por las normas que contienen las reglas esenciales para la formación de la voluntad de los órganos colegiados.

58. No han de ser necesariamente motivados los actos administrativos que:

a) Resuelven recursos.

b) Se separen del dictamen de los órganos consultivos.

c) Limiten derechos subjetivos.

d) Reconozcan el derecho de una licencia de apertura.

59. ¿En cuál de los siguientes supuestos queda demorada la eficacia de un acto administrativo?

a) Si se trata de actos dictados para sustituir a otros que han sido anulados.

b) Cuando dicho acto incurre en desviación de poder.

c) Cuando así lo exija el contenido del acto.

d) Cuando produce efectos favorables al interesado.

60. Conforme al artículo 47 de la Ley 39/2015, del Procedimiento Administrativo Común de las Administraciones Públicas, los actos de la Administración son nulos de pleno derecho si:

a) Se dictan fuera del plazo.

b) Se dictan sin seguir, en forma estricta, el procedimiento establecido.

c) Infringen el ordenamiento jurídico.

d) Los dictados prescindiendo total y absolutamente del procedimiento legalmente previsto.

61. Los actos dictados prescindiendo total y absolutamente de las normas que contienen las reglas esenciales de la formación de la voluntad de los órganos colegiados, según el artículo 47 de la Ley 39/2015, del Procedimiento Administrativo Común de las Administraciones Públicas, son:

a) Anulables.

b) Nulos de pleno derecho.

c) Irregulares.

d) Convalidables.

62. A tenor de lo dispuesto en la Ley 39/2015, del Procedimiento Administrativo Común de las Administraciones Públicas, ¿quién acordará la conservación de los actos?

a) Será el superior jerárquico del autor del acto nulo.

b) Será el propio órgano autor del acto nulo.

c) Será el órgano que acordó la nulidad.

d) Únicamente puede hacerlo la Jurisdicción Contencioso-Administrativa.

63. El ordenamiento jurídico prevé la convalidación de ciertos actos administrativos que adolecen de vicios. Señala cuáles se encuentran en ese supuesto:

a) Los dictados por órgano manifiestamente incompetente por razón de la materia.

b) Los constitutivos de delito.

c) Los de contenido imposible.

d) Los anulables.

64. Un acto que carezca de los requisitos de forma indispensable para alcanzar su fin, según el artículo 48 de la Ley 39/2015, del Procedimiento Administrativo Común de las Administraciones Públicas, es:

a) Nulo.

b) Irregular.

c) Anulable,

d) Perfectamente normal.

65. De acuerdo con el artículo 48 de la Ley 39/2015, del Procedimiento Administrativo Común de las Administraciones Públicas, cuando la Administración dicta un acto administrativo incurriendo en desviación de poder, dicho acto es:

a) Nulo de pleno derecho.

b) Anulable.

c) Impugnable en vía administrativa.

d) Irrecurrible en vía contencioso-administrativa.

66. La conversión de los actos administrativos se aplica, conforme a la Ley 39/2015, del Procedimiento Administrativo Común de las Administraciones Públicas:

a) A los actos nulos solo.

b) A los actos anulables solo.

c) A los actos irregulares, anulables y nulos.

d) A los actos anulables y nulos.

67. Los actos administrativos que limiten derechos subjetivos, necesariamente, según el artículo 35 de la Ley 39/2015, del Procedimiento Administrativo Común de las Administraciones Públicas habrán de ser:

a) Inimpugnables.
b) Motivados.
c) Discrecionales.
d) De trámite.

68. De acuerdo con la Ley 39/2015, del Procedimiento Administrativo Común de las Administraciones Públicas, el contenido del acto administrativo debe ser:

a) Posible, formal y causal.
b) Posible, objetivo y causal.
c) Posible, determinado, causal y formal.
d) Posible, lícito, determinado y adecuado a sus fines.

69. Según la Ley 39/2015, del Procedimiento Administrativo Común de las Administraciones Públicas, el acto de convalidación producirá efectos:a) Cuando se notifique, salvo lo dispuesto en el artículo 37.3 de la misma ley para la retroactividad de los actos administrativos:

b) Cuando se publique, salvo lo dispuesto en el artículo 39.3 de la misma ley para la retroactividad de los actos administrativos.
c) Desde su fecha, salvo lo dispuesto en el artículo 37.3 de la misma ley para la retroactividad de los actos administrativos.
d) Desde su fecha, salvo lo dispuesto en el artículo 39.3 de la misma ley para la retroactividad de los actos administrativos.

70. No son nulos de pleno derecho los actos administrativos que, según el artículo 47 de la Ley 39/2015, del Procedimiento Administrativo Común de las Administraciones Públicas:

a) Limiten derechos subjetivos.
b) Lesionen derechos y libertades susceptibles de amparo constitucional.
c) Dictados por órgano manifiestamente incompetente por razón de la materia.
d) Dictados por órgano manifiestamente incompetente por razón del territorio.

71. En la notificación de todo acto administrativo no es necesario que conste siempre:

a) Su texto íntegro.
b) Los recursos que contra el mismo procedan.
c) Los motivos en que se basa la decisión.
d) El plazo de interposición de los recursos.

72. Conforme a la Ley 39/2015, del Procedimiento Administrativo Común de las Administraciones Públicas, para que un acto tenga eficacia retroactiva es necesario que:

a) Limite derechos de los particulares.
b) Restrinja el ejercicio de facultades de los particulares.
c) Imponga deberes u obligaciones.
d) No se lesionen derechos legítimos de otras personas.

73. Cuando el Delegado Territorial de una Consejería de Agricultura de una Comunidad Autónoma de una Provincia concreta resuelve una solicitud en materia propia de la Delegación Territorial de una Consejería de Empleo de distinta Provincia, incurre en una incompetencia:

a) Material y jerárquica.
b) Territorial y jerárquica.
c) Material y territorial.
d) Territorial exclusivamente.

74. Cuando un órgano administrativo, al dictar un acto, se desvía de un dictamen vinculante de un órgano consultivo, según el artículo 48 de la Ley 39/2015, del Procedimiento Administrativo Común de las Administraciones Públicas:

a) Vicia el acto de que se trate.
b) Debe motivar el acto.
c) No puede hacerlo.
d) Debe justificar por qué lo hace.

75. Cuando un órgano administrativo, al dictar un acto, se separa de un dictamen facultativo, según el artículo 45 de la Ley 39/2015, del Procedimiento Administrativo Común de las Administraciones Públicas:

a) Vicia el acto.
b) Debe motivarlo.
c) No puede hacerlo.
d) Al ser facultativo, no es necesaria la motivación del acto.

Soluciones comentadas

1. d) Los actos declarativos de derechos.

De acuerdo con el artículo 35.1.a de la Ley 39/2015, de 1 de octubre, de Procedimiento Administrativo Común de las Administraciones Públicas:

1. Serán motivados, con sucinta referencia de hechos y fundamentos de derecho:

   a) Los actos que limiten derechos subjetivos o intereses legítimos.

   b) Los actos que resuelvan procedimientos de revisión de oficio de disposiciones o actos administrativos, recursos administrativos y procedimientos de arbitraje y los que declaren su inadmisión.

   c) Los actos que se separen del criterio seguido en actuaciones precedentes o del dictamen de órganos consultivos.

   d) Los acuerdos de suspensión de actos, cualquiera que sea el motivo de esta, así como la adopción de medidas provisionales previstas en el artículo 56.

   e) Los acuerdos de aplicación de la tramitación de urgencia, de ampliación de plazos y de realización de actuaciones complementarias.

   f) Los actos que rechacen pruebas propuestas por los interesados.

   g) Los actos que acuerden la terminación del procedimiento por la imposibilidad material de continuarlo por causas sobrevenidas, así como los que acuerden el desistimiento por la Administración en procedimientos iniciados de oficio.

   h) Las propuestas de resolución en los procedimientos de carácter sancionador, así como los actos que resuelvan procedimientos de carácter sancionador o de responsabilidad patrimonial.

   i) Los actos que se dicten en el ejercicio de potestades discrecionales, así como los que deban serlo en virtud de disposición legal o reglamentaria expresa.

Por tanto la repuesta correcta que hay que indicar es la respuesta d) ya que el resto de las respuestas son actos que sí deberán motivarse.

2. a) La fecha en que se dicten, salvo que en ellos se disponga otra cosa.

Según el artículo 39.1 de la Ley 39/2015, de 1 de octubre, de Procedimiento Administrativo Común de las Administraciones Públicas:

1. Los actos de las Administraciones Públicas sujetos al Derecho Administrativo se presumirán válidos y producirán efectos desde la fecha en que se dicten, salvo que en ellos se disponga otra cosa.

Con lo que la respuesta correcta es la a), independientemente de que, como veremos en otras preguntas, la notificación, la publicación y la aprobación superior, puedan para determinados actos ser requisito de eficacia.

3. c) En los procedimientos iniciados a solicitud del interesado, la notificación se practicará en el domicilio del interesado. Cuando ello no fuera posible, en cualquier lugar adecuado a tal fin.

Conforme al artículo 42.2 de la Ley 39/2015, de 1 de octubre, de Procedimiento Administrativo Común de las Administraciones Públicas.

2. Cuando la notificación se practique en el domicilio del interesado, de no hallarse presente este en el momento de entregarse la notificación, podrá hacerse cargo de la misma cualquier persona mayor de catorce años que se encuentre en el domicilio y haga constar su identidad. Si nadie se hiciera cargo de la notificación, se hará constar esta circunstancia en el expediente, junto con el día y la hora en que se intentó la notificación, intento que se repetirá por una sola vez y en una hora distinta dentro de los tres días siguientes. En caso de que el primer intento de notificación se haya realizado antes de las quince horas, el segundo intento deberá realizarse después de las quince horas y viceversa, dejando en todo caso al menos un margen de diferencia de tres horas entre ambos intentos de notificación. Si el segundo intento también resultara infructuoso, se procederá en la forma prevista en el artículo 44.

En esta pregunta hay que señalar la respuesta incorrecta por lo que debemos indicar la respuesta c) ya que con arreglo al artículo citado, cuando no fuera posible la notificación en el domicilio del interesado, no debe realizarse en cualquier lugar adecuado a tal fin sino que, si el segundo intento de notificación en el domicilio del interesado también resultara infructuoso, se procederá en la forma prevista en el artículo 44.

4. b) Cuando la Administración estime que la notificación efectuada a un solo interesado es insuficiente para garantizar la notificación a todos, siendo, en este último caso, adicional a la notificación efectuada.

Según el artículo 45.1.a de la Ley 39/2015, de 1 de octubre, de Procedimiento Administrativo Común de las Administraciones Públicas:

1. Los actos administrativos serán objeto de publicación cuando así lo establezcan las normas reguladoras de cada procedimiento o cuando lo aconsejen razones de interés público apreciadas por el órgano competente. En todo caso, los actos administrativos serán objeto de publicación, surtiendo esta los efectos de la notificación, en los siguientes casos: a) Cuando el acto tenga por destinatario a una pluralidad indeterminada de personas o cuando la Administración estime que la notificación efectuada a un solo interesado es insuficiente para garantizar la notificación a todos, siendo, en este último caso, adicional a la individualmente realizada.

Por lo que la respuesta correcta es la b), siendo incorrectas las restantes porque no es necesario que el acto tenga por destinatario a una persona jurídica. Ni se requiere que los procedimientos sean iniciados a solicitud del interesado ni tampoco que la notificación se practique en el domicilio del interesado.

5. c) Los actos que tengan un contenido imposible.

Conforme al artículo 47.1.a de la Ley 39/2015, de 1 de octubre, de Procedimiento Administrativo Común de las Administraciones Públicas:

1. Los actos de las Administraciones Públicas son nulos de pleno derecho en los casos siguientes:

    a) Los que lesionen los derechos y libertades susceptibles de amparo constitucional.

    b) Los dictados por órgano manifiestamente incompetente por razón de la materia o del territorio.

    c) Los que tengan un contenido imposible.

Consecuentemente la correcta es la c), porque las restantes respuestas son supuestos de nulidad relativa o anulabilidad: los actos de la Administración que incurran en cualquier infracción del ordenamiento jurídico, los dictados por órgano manifiestamente incompetente por razón de la jerarquía y los actos de la Administración que incurran en desviación de poder.

6. a) Los actos de la Administración que incurran en cualquier infracción del ordenamiento jurídico, incluso la desviación de poder.

Según el artículo 48.1 de la Ley 39/2015, de 1 de octubre, de Procedimiento Administrativo Común de las Administraciones Públicas:

1. Son anulables los actos de la Administración que incurran en cualquier infracción del ordenamiento jurídico, incluso la desviación de poder.

    En este caso, la respuesta correcta es la a) porque las restantes respuestas son supuestos de nulidad absoluta: los dictados prescindiendo total y absolutamente del procedimiento legalmente establecido o de las normas que contienen las reglas esenciales para la formación de la voluntad de los órganos colegiados, los actos expresos o presuntos contrarios al ordenamiento jurídico por los que se adquieren facultades o derechos cuando se carezca de los requisitos esenciales para su adquisición y los dictados por órgano manifiestamente incompetente por razón de la materia.

7. c) Cuando el acto carezca de los requisitos formales, dando lugar a la indefensión de los interesados.

A tenor del artículo 48.2 de la Ley 39/2015, de 1 de octubre, de Procedimiento Administrativo Común de las Administraciones Públicas:

2. No obstante, el defecto de forma solo determinará la anulabilidad cuando el acto carezca de los requisitos formales indispensables para alcanzar su fin o dé lugar a la indefensión de los interesados.

Por tanto siguiendo la literalidad del artículo la respuesta correcta es la c) ya que no es siempre pero sí se da en el caso de que el defecto de forma dé lugar a la indefensión de los interesados o si el acto administrativo se notificara fuera de plazo, si fuera esencial el término o plazo.

8. b) El órgano competente cuando sea superior jerárquico del que dictó el acto viciado.

De acuerdo con el artículo 52.3 de la Ley 39/2015, de 1 octubre, de Procedimiento Administrativo Común de las Administraciones Públicas:

3. Si el vicio consistiera en incompetencia no determinante de nulidad, la convalidación podrá realizarse por el órgano competente cuando sea superior jerárquico del que dictó el acto viciado.

Con lo que la respuesta correcta es la b) porque la convalidación en el caso de incompetencia por razón de la jerarquía no corresponde a: al inferior jerárquico del que dictó el acto viciado al órgano competente por razón de la materia o del territorio.

9. b) En los casos en que los órganos administrativos ejerzan su competencia de forma verbal, la constancia escrita del acto, cuando sea necesaria, se efectuará y firmará por el titular del órgano superior, expresando en la comunicación del mismo la autoridad de la que procede.

Según el artículo 36.2 de la Ley 39/2015, de 1 de octubre, de Procedimiento Administrativo Común de las Administraciones Públicas:

2. En los casos en que los órganos administrativos ejerzan su competencia de forma verbal, la constancia escrita del acto, cuando sea necesaria, se efectuará y firmará por el titular del órgano inferior o funcionario que la reciba oralmente, expresando en la comunicación del mismo la autoridad de la que procede. Si se tratara de resoluciones, el titular de la competencia deberá autorizar una relación de las que haya dictado de forma verbal, con expresión de su contenido.

Consecuentemente la respuesta que hay indicar es la b) ya que conforme al citado artículo, en los casos en que los órganos administrativos ejerzan su competencia de forma verbal, la constancia escrita del acto, cuando sea necesaria, no se efectuará y firmará por el titular del órgano superior sino "que se efectuará y firmará por el titular del órgano inferior o funcionario que la reciba oralmente"

10. b) Los que carezcan de los requisitos formales indispensables para alcanzar su fin.

De acuerdo con el artículo 48.2 de la Ley 39/2015, de 1 de octubre, de Procedimiento Administrativo Común de la Administraciones Pública:

2. No obstante, el defecto de forma solo determinará la anulabilidad cuando el acto carezca de los requisitos formales indispensables para alcanzar su fin o dé lugar a la indefensión de los interesados.

Por tanto, la respuesta correcta es la b) porque el resto de respuestas son supuestos de nulidad de pleno de derecho.

11. a) Las que sigan el criterio seguido en actuaciones precedentes.

De acuerdo con el artículo 35.1 de la Ley 39/2015, de 1 de octubre, de Procedimiento Administrativo Común de las Administraciones Públicas.

1. Serán motivados, con sucinta referencia de hechos y fundamentos de derecho:

a) Los actos que limiten derechos subjetivos o intereses legítimos.

b) Los actos que resuelvan procedimientos de revisión de oficio de disposiciones o actos administrativos, recursos administrativos y procedimientos de arbitraje y los que declaren su inadmisión.

c) Los actos que se separen del criterio seguido en actuaciones precedentes o del dictamen de órganos consultivos.

d) Los acuerdos de suspensión de actos, cualquiera que sea el motivo de esta, así como la adopción de medidas provisionales previstas en el artículo 56.

e) Los acuerdos de aplicación de la tramitación de urgencia, de ampliación de plazos y de realización de actuaciones complementarias.

f) Los actos que rechacen pruebas propuestas por los interesados.

g) Los actos que acuerden la terminación del procedimiento por la imposibilidad material de continuarlo por causas sobrevenidas, así como los que acuerden el desistimiento por la Administración en procedimientos iniciados de oficio.

h) Las propuestas de resolución en los procedimientos de carácter sancionador, así como los actos que resuelvan procedimientos de carácter sancionador o de responsabilidad patrimonial.

i) Los actos que se dicten en el ejercicio de potestades discrecionales, así como los que deban serlo en virtud de disposición legal o reglamentaria expresa.

La respuesta que hay que indicar es la respuesta a), ya que el resto de respuestas conforme al artículo citado deben ser motivados.

12. a) Cuando carezcan de los requisitos formales indispensables para alcanzar su fin o dé lugar a indefensión.

Según el artículo 48.2 de la Ley 39/2015, de 1 de octubre, de Procedimiento Administrativo Común de las Administraciones Públicas.

2. No obstante, el defecto de forma solo determinará la anulabilidad cuando el acto carezca de los requisitos formales indispensables para alcanzar su fin o dé lugar a la indefensión de los interesados.

Conforme al artículo anterior, la respuesta correcta es la a) siendo las restantes respuestas incorrectas ya que no es determinante que sean insubsanables y tampoco es correcto el carácter exclusivo de las respuestas c) y d).

13. c) Realizado el requerimiento y al ser rechazado este, podrá interponer recurso de revisión.

Conforme al artículo 39.5 de la Ley 39/2015, de 1 de octubre, de Procedimiento Administrativo Común de las Administraciones Públicas.

5. Cuando una Administración Pública tenga que dictar, en el ámbito de sus competencias, un acto que necesariamente tenga por base otro dictado por una Administración Pública distinta y aquella entienda que es ilegal, podrá requerir a esta previamente para que anule o revise el acto de acuerdo con lo dispuesto

en el artículo 44 de la Ley 29/1998, de 13 de julio, reguladora de la Jurisdicción Contencioso- Administrativa, y, de rechazar el requerimiento, podrá interponer recurso contencioso-administrativo. En estos casos, quedará suspendido el procedimiento para dictar resolución.

Por tanto la respuesta que hay que indicar, a tenor del artículo anterior como incorrecta es la c), ya que el recurso que podrá interponer será "el recurso contencioso-administrativo", no siendo correcto interponer recurso de revisión.

14. c) El acceso a su contenido, momento a partir del cual la notificación se entenderá practicada a todos los efectos legales.

De acuerdo con el artículo 43.2 de la Ley 39/2015, de 1 de octubre, de Procedimiento Administrativo Común de las Administraciones Públicas.

2. Las notificaciones por medios electrónicos se entenderán practicadas en el momento en que se produzca el acceso a su contenido. Cuando la notificación por medios electrónicos sea de carácter obligatorio, o haya sido expresamente elegida por el interesado, se entenderá rechazada cuando hayan transcurrido diez días naturales desde la puesta a disposición de la notificación sin que se acceda a su contenido.

Con lo que la respuesta correcta es la c) por así determinarlo el artículo citado, siendo indiferente a estos efectos el señalamiento explícito de dicho medio de notificación en el momento de iniciación del procedimiento, o el establecimiento de este sistema por medio de una norma de rango legal o reglamentario.

15. c) Diez días naturales sin que se acceda al contenido.

Según el artículo 43.2 de la Ley 39/2015, de 1 de octubre, de Procedimiento Administrativo Común de las Administraciones Públicas.

2. Las notificaciones por medios electrónicos se entenderán practicadas en el momento en que se produzca el acceso a su contenido. Cuando la notificación por medios electrónicos sea de carácter obligatorio, o haya sido expresamente elegida por el interesado, se entenderá rechazada cuando hayan transcurrido diez días naturales desde la puesta a disposición de la notificación sin que se acceda a su contenido.

Por tanto la c) es la respuesta correcta. Importante es de destacar que se trata de días naturales.

16. b) Toda notificación deberá ser cursada dentro del plazo de quince días a partir de la fecha en que el acto haya sido dictado.

Conforme al artículo 40.2 de la Ley 39/2015, de 1 de octubre, de Procedimiento Administrativo Común de las Administraciones Públicas.

2. Toda notificación deberá ser cursada dentro del plazo de diez días a partir de la fecha en que el acto haya sido dictado, y deberá contener el texto íntegro de la resolución, con indicación de si pone fin o no a la vía administrativa, la expresión de los recursos que procedan, en su caso, en vía administrativa y judicial, el órgano ante el que hubieran de presentarse y el plazo para interponerlos, sin perjuicio de que los interesados puedan ejercitar, en su caso, cualquier otro que estimen procedente.

La respuesta que hay que indicar como falsa es la b) ya que el plazo es de diez días a partir de la fecha en que el acto haya sido dictado.

17. c) El dictado por órgano incompetente en razón de su jerarquía.

De acuerdo con los artículos 47, 48 y 52 de la Ley 39/2015, de 1 de octubre, de Procedimiento Administrativo Común de las Administraciones Públicas.

47.1. Los actos de las Administraciones Públicas son nulos de pleno derecho en los casos siguientes:

   a) Los que lesionen los derechos y libertades susceptibles de amparo constitucional.

   b) Los dictados por órgano manifiestamente incompetente por razón de la materia o del territorio.

48.1. Son anulables los actos de la Administración que incurran en cualquier infracción del ordenamiento jurídico, incluso la desviación de poder.

52.1. La Administración podrá convalidar los actos anulables, subsanando los vicios de que adolezcan.

La respuesta correcta es la c) porque únicamente serán susceptibles de convalidación los actos anulables y de las respuestas indicadas solamente es anulable la c) ya que el resto de las respuestas son supuestos de nulidad de pleno derecho y por tanto no susceptibles de convalidación.

18. c) Tendrán que ser motivados, con sucinta referencia de hechos y fundamentos de derechos.

Conforme al artículo 35.1.a de la Ley 39/2015, de 1 de octubre, de Procedimiento Administrativo Común de las Administraciones Públicas.

1. Serán motivados, con sucinta referencia de hechos y fundamentos de derecho:

   a) Los actos que limiten derechos subjetivos o intereses legítimos.

Por tanto, la respuesta correcta es la c) ya que tendrán que ser motivados aunque no pongan fin al procedimiento, aunque no se dictan en el ejercicio de potestades administrativas y no pueden tener efectos retroactivos.

19. a) Dentro del plazo de 10 días a partir de la fecha en que el acto haya sido dictado.

A tenor del artículo 40.2 de la Ley 39/2015, de 1 de octubre, de Procedimiento Administrativo Común de las Administraciones Públicas.

2. Toda notificación deberá ser cursada dentro del plazo de diez días a partir de la fecha en que el acto haya sido dictado, y deberá contener el texto íntegro de la resolución, con indicación de si pone fin o no a la vía administrativa, la expresión de los recursos que procedan, en su caso, en vía administrativa y judicial, el órgano ante el que hubieran de presentarse y el plazo para interponerlos, sin perjuicio de que los interesados puedan ejercitar, en su caso, cualquier otro que estimen procedente.

Consecuentemente la respuesta correcta es la a), ya que el plazo es de 10 días.

20. b) Motivados.

Conforme al artículo citado en la pregunta, el artículo 35.1.c de la Ley 39/2015, de 1 de octubre, de Procedimiento Administrativo Común de las Administraciones Públicas.

1. Serán motivados, con sucinta referencia de hechos y fundamentos de derecho:

    c) Los actos que se separen del criterio seguido en actuaciones precedentes o del dictamen de órganos consultivos.

Por tanto la respuesta correcta es la b) porque no serán por esta circunstancia actos discrecionales, inválidos o nulos de pleno derecho.

21. b) Motivados.

De acuerdo con el artículo citado en la pregunta, el artículo 35.1.b de la Ley 39/2015, de 1 de octubre, de Procedimiento Administrativo Común de las Administraciones Públicas.

1. Serán motivados, con sucinta referencia de hechos y fundamentos de derecho:

    b) Los actos que resuelvan procedimientos de revisión de oficio de disposiciones o actos administrativos, recursos administrativos y procedimientos de arbitraje y los que declaren su inadmisión.

Con lo que la respuesta correcta es la b) porque no serán por esta circunstancia actos inimpugnables, discrecionales o de trámite.

22. d) Desde que se dicten.

Según el artículo 39.1 de la Ley 39/2015, de 1 de octubre, de Procedimiento Administrativo Común de las Administraciones Públicas.

1. Los actos de las Administraciones Públicas sujetos al Derecho Administrativo se presumirán válidos y producirán efectos desde la fecha en que se dicten, salvo que en ellos se disponga otra cosa.

Por tanto la respuesta correcta es la d) porque no es necesario que transcurran 20 días de dictarse el acto ni desde que se aprueben por el superior jerárquico ni desde la publicación en el Boletín correspondiente.

23. c) No implicará necesariamente la de las partes del mismo independientes de aquella.

De acuerdo con el artículo 49.2 de la Ley 39/2015, de 1 de octubre, de Procedimiento Administrativo Común de las Administraciones Públicas:

2. La nulidad o anulabilidad en parte del acto administrativo no implicará la de las partes del mismo independientes de aquella, salvo que la parte viciada sea de tal importancia que sin ella el acto administrativo no hubiera sido dictado.

La respuesta correcta es la c) ya que no implicará la de las partes del mismo independientes de aquella, sin que sea necesaria la convalidación.

24. d) Los que sean constitutivos de infracción administrativa y no se dicten como consecuencia de esta.

Según la literalidad del artículo 47.1.d de la Ley 39/2015, de 1 de octubre, de Procedimiento Administrativo Común de las Administraciones Públicas.

1. Los actos de las Administraciones Públicas son nulos de pleno derecho en los casos siguientes:

    a) Los que lesionen los derechos y libertades susceptibles de amparo constitucional.

    b) Los dictados por órgano manifiestamente incompetente por razón de la materia o del territorio.

    c) Los que tengan un contenido imposible.

    d) Los que sean constitutivos de infracción penal o se dicten como consecuencia de esta.

    e) Los dictados prescindiendo total y absolutamente del procedimiento legalmente establecido o de las normas que contienen las reglas esenciales para la formación de la voluntad de los órganos colegiados.

    f) Los actos expresos o presuntos contrarios al ordenamiento jurídico por los que se adquieren facultades o derechos cuando se carezca de los requisitos esenciales para su adquisición.

    g) Cualquier otro que se establezca expresamente en una disposición con rango de Ley.

La respuesta que hay que indicar es la d), ya que es una infracción administrativa y no "penal".

25. b) Serán nulos.

Conforme al artículo 47.1.b de la Ley 39/2015, de 1 de octubre, de Procedimiento Administrativo Común de las Administraciones Públicas:

1. Los actos de las Administraciones Públicas son nulos de pleno derecho en los casos siguientes:

    b) Los dictados por órgano manifiestamente incompetente por razón de la materia o del territorio.

Consecuentemente la respuesta correcta es la b) ya que no son anulables, no habrá una mera irregularidad de forma ni serán plenamente eficaces ni susceptibles de convalidación.

26. c) El que incurra en cualquier infracción del ordenamiento jurídico.

Según los artículos 47 y 48 de la Ley 39/2015, de 1 de octubre, de Procedimiento Administrativo Común de las Administraciones Públicas.

1. Los actos de las Administraciones Públicas son nulos de pleno derecho en los casos siguientes:

    a) Los que lesionen los derechos y libertades susceptibles de amparo constitucional.

    b) Los dictados por órgano manifiestamente incompetente por razón de la materia o del territorio.

c) Los que tengan un contenido imposible.

d) Los que sean constitutivos de infracción penal o se dicten como consecuencia de esta.

48.1. Son anulables los actos de la Administración que incurran en cualquier infracción del ordenamiento jurídico, incluso la desviación de poder.

La respuesta que hay que indicar es la c) porque el resto de las respuestas son supuestos de nulidad de pleno derecho.

27. d) Diez días hábiles a partir de la fecha en que el acto haya sido dictado.

Conforme a los artículos 40.2 y 30.2 de la Ley 39/2015, de 1 de octubre, de Procedimiento Administrativo Común de las Administraciones Públicas.

40.2. Toda notificación deberá ser cursada dentro del plazo de diez días a partir de la fecha en que el acto haya sido dictado, y deberá contener el texto íntegro de la resolución, con indicación de si pone fin o no a la vía administrativa, la expresión de los recursos que procedan, en su caso, en vía administrativa y judicial, el órgano ante el que hubieran de presentarse y el plazo para interponerlos, sin perjuicio de que los interesados puedan ejercitar, en su caso, cualquier otro que estimen procedente.

30.2. Siempre que por ley o en el Derecho de la Unión Europea no se exprese otro cómputo, cuando los plazos se señalen por días, se entiende que éstos son hábiles, excluyéndose del cómputo los sábados, los domingos y los declarados festivos.

En esta pregunta la respuesta correcta es la d), ya que aunque en el artículo 40.2 no indique que el plazo se refiera a días hábiles, este artículo hay que relacionarlo con el artículo 30,2, por lo que "los plazos se señalen por días, se entiende que éstos son hábiles"

28. c) Los que sigan el dictamen de órganos consultivos.

Conforme al artículo 35.1.c de la Ley 39/2015, de 1 de octubre, de Procedimiento Administrativo Común de las Administraciones Públicas:

1. Serán motivados, con sucinta referencia de hechos y fundamentos de derecho:

c) Los actos que se separen del criterio seguido en actuaciones precedentes o del dictamen de órganos consultivos.

d) Los acuerdos de suspensión de actos, cualquiera que sea el motivo de esta, así como la adopción de medidas provisionales previstas en el artículo 56.

e) Los acuerdos de aplicación de la tramitación de urgencia, de ampliación de plazos y de realización de actuaciones complementarias.

Por lo que hay que indicar la respuesta c), porque en el resto de casos será necesaria la motivación del acto administrativo.

29. a) Cuando esté supeditada a su publicación.

Según el artículo 39.2 de la Ley 39/2015, de 1 de octubre, de Procedimiento Administrativo Común de las Administraciones Públicas:

2. La eficacia quedará demorada cuando así lo exija el contenido del acto o esté supeditada a su notificación, publicación o aprobación superior.

Por tanto, la respuesta correcta es la a), siendo incorrectas las restantes respuestas, pues cuando esté supeditada a su aprobación por un órgano inferior no es correcto, ya que ha de ser un "órgano superior" y también lo será cuando lo exija el contenido del acto, sin que quede demorada cuando el interesado lo solicite al órgano que lo dicta.

30. a) Nulas.

Conforme al artículo 37.2 de la Ley 39/2015, de 1 de octubre, de Procedimiento Administrativo Común de las Administraciones Públicas:

2. Son nulas las resoluciones administrativas que vulneren lo establecido en una disposición reglamentaria, así como aquellas que incurran en alguna de las causas recogidas en el artículo 47.

Consecuentemente la repuesta siguiendo la literalidad del citado artículo la respuesta correcta es la a).

31. c) Tres días siguientes. En caso de que el primer intento de notificación se haya realizado antes de las quince horas, el segundo intento deberá realizarse después de las quince horas y viceversa, dejando en todo caso al menos un margen de diferencia de tres horas entre ambos intentos de notificación.

Según el artículo 42.2 de la Ley 39/2015, de 1 de octubre, de Procedimiento Administrativo Común de la Administraciones Pública:

2. Cuando la notificación se practique en el domicilio del interesado, de no hallarse presente este en el momento de entregarse la notificación, podrá hacerse cargo de la misma cualquier persona mayor de catorce años que se encuentre en el domicilio y haga constar su identidad. Si nadie se hiciera cargo de la notificación, se hará constar esta circunstancia en el expediente, junto con el día y la hora en que se intentó la notificación, intento que se repetirá por una sola vez y en una hora distinta dentro de los tres días siguientes. En caso de que el primer intento de notificación se haya realizado antes de las quince horas, el segundo intento deberá realizarse después de las quince horas y viceversa, dejando en todo caso al menos un margen de diferencia de tres horas entre ambos intentos de notificación. Si el segundo intento también resultara infructuoso, se procederá en la forma prevista en el artículo 44.

Consecuentemente siguiendo la literalidad del citado artículo la repuesta correcta es la c).

32. c) La notificación se hará por medio de un anuncio publicado en el Boletín Oficial del Estado.

De acuerdo con el artículo 44 de la Ley 39/2015, de 1 de octubre, de Procedimiento Administrativo Común de las Administraciones Públicas.

Cuando los interesados en un procedimiento sean desconocidos, se ignore el lugar de la notificación o bien, intentada esta, no se hubiese podido practicar, la notificación se hará por medio de un anuncio publicado en el «Boletín Oficial del Estado». Asimismo, previamente y con carácter facultativo, las Administraciones podrán publicar un anuncio en el boletín oficial de la Comunidad Autónoma o de la Provincia, en el tablón de edictos del Ayuntamiento del último domicilio del interesado o del Consulado o Sección Consular de la Embajada correspondiente. Las Administraciones Públicas podrán establecer otras formas de notificación complementarias a través de los restantes medios de difusión, que no excluirán la obligación de publicar el correspondiente anuncio en el «Boletín Oficial del Estado».

Por tanto, la respuesta correcta es la c), ya que es necesario la publicación en el Boletín Oficial del Estado y la publicación en los otros diarios será facultativa.

33. b) El órgano que anule las actuaciones dispondrá siempre la conservación de aquellos actos cuyo contenido se hubiera mantenido igual de no haberse cometido la infracción.

Según el artículo 51 de la Ley 39/2015, de 1 de octubre, de Procedimiento Administrativo Común de las Administraciones Públicas:

El órgano que declare la nulidad o anule las actuaciones dispondrá siempre la conservación de aquellos actos y trámites cuyo contenido se hubiera mantenido igual de no haberse cometido la infracción.

Consecuentemente la respuesta correcta es la b) siendo las restantes incorrectas porque sí podrá ser convalidado el acto anulable viciado por falta de alguna autorización, porque el defecto de forma determinará no en todo caso la anulabilidad del acto administrativo y en la realización de actuaciones administrativas fuera del tiempo establecido para ellas no implicará, en todo caso, la anulabilidad del acto.

34. a) Deberá ser cursada dentro del plazo de diez días a partir de la fecha en que el acto haya sido dictado.

Conforme al artículo 40.1.2 de la Ley 39/2015, de 1 de octubre, de Procedimiento Administrativo Común de las Administraciones Públicas:

Toda notificación deberá ser cursada dentro del plazo de diez días a partir de la fecha en que el acto haya sido dictado.

Por tanto, teniendo en cuenta el texto del citado artículo, la respuesta correcta es la a).

35. d) Los acuerdos de suspensión de actos administrativos, cualquiera que sea el motivo de esta, serán motivados.

A tenor de lo dispuesto en el artículo 35.1.d de la Ley 39/2015, de 1 de octubre, de Procedimiento Administrativo Común de las Administraciones Públicas:

1. Serán motivados, con sucinta referencia de hechos y fundamentos de derecho:

    d) Los acuerdos de suspensión de actos, cualquiera que sea el motivo de esta, así como la adopción de medidas provisionales previstas en el artículo 56.

La respuesta correcta es la d) ya que las restantes son incorrectas por cuanto los actos administrativos no se producirán siempre por escrito, se podrá otorgar eficacia retroactiva a los actos administrativos cuando se dicten en sustitución de actos anulados y no en todo caso, los actos de las Administraciones Públicas sujetos al Derecho Administrativo producirán efectos desde la fecha en que se dicten.

36. a) No podrán vulnerar lo establecido en una disposición de carácter general.

Conforme al artículo 37.1 de la Ley 39/2015, de 1 de octubre, de Procedimiento Administrativo Común de las Administraciones Públicas:

1. Las resoluciones administrativas de carácter particular no podrán vulnerar lo establecido en una disposición de carácter general, aunque aquellas procedan de un órgano de igual o superior jerarquía al que dictó la disposición general.

Consecuentemente la correcta es la respuesta a), no siendo correctas las restantes pues no podrán vulnerar lo establecido en una disposición de carácter general, si la autoridad que la dicta es de igual o superior rango a la que dictó la de carácter general ni podrán vulnerar lo establecido en una disposición de carácter general dependiendo de a quién se refieran y si existen resoluciones administrativas de carácter particular.

37. b) Si el acto está dictado por un órgano manifiestamente incompetente por razón de la materia.

Según el artículo 47.1.b, 48 y 52.1 de la Ley 39/2015, de 1 de octubre, de Procedimiento Administrativo Común de las Administraciones Públicas:

47.1. Los actos de las Administraciones Públicas son nulos de pleno derecho en los casos siguientes:

a) Los que lesionen los derechos y libertades susceptibles de amparo constitucional.

b) Los dictados por órgano manifiestamente incompetente por razón de la materia o del territorio.

48.1. Son anulables los actos de la Administración que incurran en cualquier infracción del ordenamiento jurídico, incluso la desviación de poder.

52.1. La Administración podrá convalidar los actos anulables, subsanando los vicios de que adolezcan.

La respuesta correcta es la b) ya que solo podrán convalidarse los actos anulables y nunca los actos nulos de pleno derecho.

38. d) Diez días naturales desde su puesta a disposición sin que se acceda a su contenido.

Según el artículo 43.2 de la Ley 39/2015, de 1 de octubre, de Procedimiento Administrativo Común de las Administraciones Públicas:

2. Las notificaciones por medios electrónicos se entenderán practicadas en el momento en que se produzca el acceso a su contenido. Cuando la notificación por medios electrónicos sea de carácter obligatorio, o haya sido expresamente elegida

por el interesado, se entenderá rechazada cuando hayan transcurrido diez días naturales desde la puesta a disposición de la notificación sin que se acceda a su contenido.

La respuesta correcta es la d) ya que en este caso el artículo es claro, en cuanto a que el plazo se refiere a días naturales desde la "puesta a disposición sin que se acceda a su contenido."

39. c) Cuando se trate de actos integrantes de un procedimiento selectivo.

Conforme al artículo 45.1.b de la Ley 39/2015, de 1 de octubre, de Procedimiento Administrativo Común de las Administraciones Públicas:

1. Los actos administrativos serán objeto de publicación cuando así lo establezcan las normas reguladoras de cada procedimiento o cuando lo aconsejen razones de interés público apreciadas por el órgano competente. En todo caso, los actos administrativos serán objeto de publicación, surtiendo esta los efectos de la notificación, en los siguientes casos:

    b) Cuando se trate de actos integrantes de un procedimiento selectivo o de concurrencia competitiva de cualquier tipo.

La respuesta correcta es la c), siendo las restantes incorrectas ya que no siempre que el acto tenga varios interesados será necesaria la publicación, porque bastaría la notificación a esos interesados ni cuando el acto forme parte de un procedimiento urgente y sumario ni tampoco en caso de que el interesado o su representante rechacen la notificación de un acto administrativo, ya que en tal caso, se le dará por notificado.

40. b) Los actos de la Administración que incurran en cualquier infracción del ordenamiento jurídico, incluso la desviación de poder.

De acuerdo con los artículos 47 y 48 de la Ley 39/2015, de 1 de octubre, de Procedimiento Administrativo Común de las Administraciones Públicas.

47.1. Los actos de las Administraciones Públicas son nulos de pleno derecho en los casos siguientes:

a) Los que lesionen los derechos y libertades susceptibles de amparo constitucional.

b) Los dictados por órgano manifiestamente incompetente por razón de la materia o del territorio.

48.1. Son anulables los actos de la Administración que incurran en cualquier infracción del ordenamiento jurídico, incluso la desviación de poder.

Por tanto la respuesta correcta es la b), ya que el resto de respuestas son supuestos de nulidad de pleno derecho.

41. d) En el momento en que se produzca el acceso al contenido del acto notificado.

Según el artículo 43.2 de la Ley 39/2015, de 1 de octubre, de Procedimiento Administrativo Común de las Administraciones Públicas.

2. Las notificaciones por medios electrónicos se entenderán practicadas en el momento en que se produzca el acceso a su contenido.

Con lo que la d) es la respuesta correcta porque las restantes son incorrectas, ya que en las notificaciones electrónicas lo decisivo es "el momento en que se produzca el acceso al contenido del acto notificado".

42. c) Cuando la notificación por medios electrónicos sea de carácter obligatorio, se entenderá rechazada cuando hayan transcurrido 10 días hábiles desde la puesta a disposición de la notificación sin que se acceda a su contenido.

Según el artículo 43.2 in fine de la Ley 39/2015, de 1 de octubre, de Procedimiento Administrativo Común de las Administraciones Públicas.

2. Las notificaciones por medios electrónicos se entenderán practicadas en el momento en que se produzca el acceso a su contenido. Cuando la notificación por medios electrónicos sea de carácter obligatorio, o haya sido expresamente elegida por el interesado, se entenderá rechazada cuando hayan transcurrido diez días naturales desde la puesta a disposición de la notificación sin que se acceda a su contenido.

La respuesta que hay que indicar como incorrecta es la c) ya que los días no son hábiles, sino "naturales".

43. a) Los dictados por órgano incompetente por razón del territorio.

Conforme a lo dispuesto en el artículo 47.1.b de la Ley 39/2015, de 1 de octubre, de Procedimiento Administrativo Común de las Administraciones Públicas:

1. Los actos de las Administraciones Públicas son nulos de pleno derecho en los casos siguientes:

   b) Los dictados por órgano manifiestamente incompetente por razón de la materia o del territorio.

La respuesta correcta es la a) ya que el resto de supuestos serían de nulidad relativa, pues en la respuesta b), no se indica "total y absolutamente", en la respuesta c) se refiere a infracciones administrativas y la d) es uno de los citados como de nulidad relativa en el artículo 48 de la misma ley.

44. a) Resuelvan procedimientos de revisiones de oficio.

Según el artículo 35.1.a.b.f de la Ley 39/2015, de 1 de octubre, de Procedimiento Administrativo Común de las Administraciones Públicas.

1. Serán motivados, con sucinta referencia de hechos y fundamentos de derecho:

   a) Los actos que limiten derechos subjetivos o intereses legítimos.

   b) Los actos que resuelvan procedimientos de revisión de oficio de disposiciones o actos administrativos, recursos administrativos y procedimientos de arbitraje y los que declaren su inadmisión.

   f) Los actos que rechacen pruebas propuestas por los interesados.

Por tanto, la respuesta correcta es la a) ya que no será necesaria la motivación en los casos de que se admitan las pruebas propuestas por los interesados o se reconozcan derechos subjetivos o intereses legítimos.

45. d) Si el vicio consistiese en la falta de alguna autorización, se podrá convalidar el acto mediante el otorgamiento de la misma por el órgano competente.

De acuerdo con el artículo 52 de la Ley 39/2015, de 1 de octubre, de Procedimiento Administrativo Común de las Administraciones Públicas:

1. La Administración podrá convalidar los actos anulables, subsanando los vicios de que adolezcan.

2. El acto de convalidación producirá efecto desde su fecha, salvo lo dispuesto en el artículo 39.3 para la retroactividad de los actos administrativos.

3. Si el vicio consistiera en incompetencia no determinante de nulidad, la convalidación podrá realizarse por el órgano competente cuando sea superior jerárquico del que dictó el acto viciado.

4. Si el vicio consistiese en la falta de alguna autorización, podrá ser convalidado el acto mediante el otorgamiento de la misma por el órgano competente.

Por tanto la respuesta correcta es la d) siendo incorrectas las restantes porque cuando el vicio consista en incompetencia determinante de nulidad, no podrá convalidarse por el órgano superior jerárquico del que dictó el acto viciado ni se podrá convalidar los actos nulos de pleno derecho, subsanando los vicios de que adolezcan y como regla general, la convalidación producirá efecto "desde su fecha".

46. d) La propuesta de resolución en un procedimiento sancionador.

De acuerdo con el artículo 35.1.h de la Ley 39/2015, de 1 de octubre, de Procedimiento Administrativo Común de las Administraciones Públicas.

1. Serán motivados, con sucinta referencia de hechos y fundamentos de derecho:

    h) Las propuestas de resolución en los procedimientos de carácter sancionador, así como los actos que resuelvan procedimientos de carácter sancionador o de responsabilidad patrimonial.

La respuesta correcta es la d) ya que el resto no tiene que ser necesariamente motivados de acuerdo con el tenor literal del artículo 35: el requerimiento de subsanación de una solicitud presentada por el interesado, un acto de trámite que no se separe del criterio seguido en actuaciones precedentes ni el acto por el que se acuerda la admisión de pruebas propuestas por el interesado.

47. a) Las resoluciones administrativas de carácter particular no podrán vulnerar lo establecido en una disposición de carácter general, aunque aquellas procedan de un órgano de igual o superior jerarquía al que dictó la disposición general.

Conforme al artículo 37.1 de la Ley 39/2015, de 1 de octubre, de Procedimiento Administrativo Común de las Administraciones Públicas.

1. Las resoluciones administrativas de carácter particular no podrán vulnerar lo establecido en una disposición de carácter general, aunque aquellas procedan de un órgano de igual o superior jerarquía al que dictó la disposición general.

La respuesta correcta es la a) pues las resoluciones administrativas de carácter particular no pueden contradecir lo establecido en una disposición de carácter general cuando procedan de un órgano de igual o superior jerarquía al que dictó la disposición general, con lo que las respuestas b), c) y d) son incorrectas.

48. d) Todas las notificaciones que se practiquen en papel deberán ser puestas a disposición del interesado en la sede electrónica de la Administración u Organismo actuante para que pueda acceder al contenido de las mismas de forma voluntaria.

Según el artículo 42.1 de la Ley 39/2015, de 1 de octubre, de Procedimiento Administrativo Común de las Administraciones Públicas.

1. Todas las notificaciones que se practiquen en papel deberán ser puestas a disposición del interesado en la sede electrónica de la Administración u Organismo actuante para que pueda acceder al contenido de las mismas de forma voluntaria.

La respuesta correcta es la d), siendo incorrectas el resto ya que cuando la notificación se practique en el domicilio del interesado, de no hallarse presente este en el momento de entregarse la notificación, podrá hacerse cargo de la misma cualquier persona mayor de "14 años", y no de 13 años que se encuentre en el domicilio y haga constar su identidad.

En el caso de que nadie se hiciera cargo de la notificación, se hará constar esta circunstancia en el expediente, junto con el día y la hora en que se intentó la notificación, intento que se repetirá por "dos veces" y no una sola vez y en una hora distinta dentro de las 48 horas siguientes.

Y en el caso de que la notificación resultase infructuosa, no se entenderá que la misma ha sido rechazada, especificándose las circunstancias del intento de notificación y el medio, dando por efectuado el trámite y siguiéndose el procedimiento sino que "la notificación se hará por medio de un anuncio publicado en el «Boletín Oficial del Estado»".

49. c) Los actos expresos o presuntos contrarios al ordenamiento jurídico por los que se adquieren facultades o derechos cuando se carezca de los requisitos esenciales para su adquisición.

Conforme al artículo 47.1.f de la Ley 39/2015, de 1 de octubre, de Procedimiento Administrativo Común de las Administraciones Públicas:

1. Los actos de las Administraciones Públicas son nulos de pleno derecho en los casos siguientes:

   f) Los actos expresos o presuntos contrarios al ordenamiento jurídico por los que se adquieren facultades o derechos cuando se carezca de los requisitos esenciales para su adquisición.

La respuesta correcta es la c) ya que el resto son supuestos de nulidad relativa.

50. b) Las resoluciones administrativas de carácter particular no pueden vulnerar lo establecido en una disposición de carácter general, aunque aquellas procedan de un órgano de igual o superior jerarquía al que dictó la disposición general.

De acuerdo con el artículo 37.1 de la Ley 39/2015, de 1 de octubre, de Procedimiento Administrativo Común de las Administraciones Públicas.

1. Las resoluciones administrativas de carácter particular no podrán vulnerar lo establecido en una disposición de carácter general, aunque aquellas procedan de un órgano de igual o superior jerarquía al que dictó la disposición general.

Teniendo en cuenta el título del citado artículo: Artículo 37. Inderogabilidad singular, la respuesta correcta es la b, ya que es su propio contenido.

51. d) Las normas y actos dictados por los órganos de las Administraciones Públicas en el ejercicio de su propia competencia deberán ser observadas por el resto de los órganos administrativos, aunque no dependan jerárquicamente entre sí o pertenezcan a otra Administración.

Según el artículo 39.4 de la Ley 39/2015, de 1 de octubre, de Procedimiento Administrativo Común de las Administraciones Públicas.

4. Las normas y actos dictados por los órganos de las Administraciones Públicas en el ejercicio de su propia competencia deberán ser observadas por el resto de los órganos administrativos, aunque no dependan jerárquicamente entre sí o pertenezcan a otra Administración.

La respuesta correcta conforme al artículo anterior es la d) ya que las restantes son incorrectas porque:

a) Para que sean válidas las resoluciones administrativas de carácter particular que se opongan a lo establecido en una disposición de carácter general, "no" bastará con que procedan de un órgano de igual o superior jerarquía al que dictó la disposición general.

b) La Administración si podrá convalidar los actos anulables, aunque sí se subsanen los vicios de que adolezcan.

c) Los actos administrativos de las Administraciones Públicas se presumirán válidos y producirán efectos desde la fecha que se dicten.

52. a) Por medio de un anuncio publicado en el Boletín Oficial del Estado.

Conforme al artículo 44.1 de la Ley 39/2015, de 1 de octubre, de Procedimiento Administrativo Común de las Administraciones Públicas:

Cuando los interesados en un procedimiento sean desconocidos, se ignore el lugar de la notificación o bien, intentada esta, no se hubiese podido practicar, la notificación se hará por medio de un anuncio publicado en el «Boletín Oficial del Estado». Asimismo, previamente y con carácter facultativo, las Administraciones podrán publicar un anuncio en el boletín oficial de la Comunidad Autónoma o de la Provincia, en el tablón de edictos del Ayuntamiento del último domicilio del interesado o del Consulado o Sección Consular de la Embajada correspondiente. Las Administraciones

Públicas podrán establecer otras formas de notificación complementarias a través de los restantes medios de difusión, que no excluirán la obligación de publicar el correspondiente anuncio en el «Boletín Oficial del Estado».

Por tanto, teniendo en cuenta la literalidad del citado artículo la respuesta correcta es la a), siendo las restantes incorrectas.

53. c) Se hubiera producido en primer lugar.

Según el artículo 41.7 de la Ley 39/2015, de 1 de octubre, de Procedimiento Administrativo Común de las Administraciones Públicas.

7. Cuando el interesado fuera notificado por distintos cauces, se tomará como fecha de notificación la de aquella que se hubiera producido en primer lugar.

Conforme al citado artículo la respuesta correcta es la c), siendo indiferente la fecha de disposición en la sede electrónica de la Administración que tramita el procedimiento, la fecha que fue remitida o la que resulte más favorable al interesado.

54. a) Puede ser convalidado.

De acuerdo con los artículos 47, 48 y 52 de la Ley 39/2015, de 1 de octubre, de Procedimiento Administrativo Común de las Administraciones Públicas:

47.1. Los actos de las Administraciones Públicas son nulos de pleno derecho en los casos siguientes:

a) Los que lesionen los derechos y libertades susceptibles de amparo constitucional.

b) Los dictados por órgano manifiestamente incompetente por razón de la materia o del territorio.

48.1. Son anulables los actos de la Administración que incurran en cualquier infracción del ordenamiento jurídico, incluso la desviación de poder.

52.1. La Administración podrá convalidar los actos anulables, subsanando los vicios de que adolezcan.

Con lo que, la respuesta correcta es la a) ya que estamos ante un supuesto de nulidad relativa y por tanto susceptible de convalidación siendo indiferente que sea un acto de trámite o definitivo y sin que produzca necesariamente la invalidez de los actos subsistentes en el procedimiento.

55. b) Los actos nulos que, sin embargo, contengan los elementos constitutivos de otro distinto no producirán los efectos de este.

Según el artículo 50 de la Ley 39/2015, de 1 de octubre, de Procedimiento Administrativo Común de las Administraciones Públicas:

Los actos nulos o anulables que, sin embargo, contengan los elementos constitutivos de otro distinto producirán los efectos de este.

La respuesta que hay que indicar es la b) conforme al artículo citado siendo el resto de respuestas correctas.

56. a) Presunción de validez de los actos administrativos.

Artículo 39.1 de la Ley 39/2015, de 1 de octubre, de Procedimiento Administrativo Común de las Administraciones Públicas.

1. Los actos de las Administraciones Públicas sujetos al Derecho Administrativo se presumirán válidos y producirán efectos desde la fecha en que se dicten, salvo que en ellos se disponga otra cosa.

Teniendo en cuenta la literalidad del citado artículo la respuesta correcta es la a)

57. b) Los que carezcan de los requisitos formales indispensables para alcanzar su fin.

Conforme a los artículos 47 y 48.2 de la Ley 39/2015, de 1 de octubre, de Procedimiento Administrativo Común de las Administraciones Públicas.

Artículo 47.1.a de la Ley 39/2015, de 1 de octubre, de Procedimiento Administrativo Común de las Administraciones Públicas:

1. Los actos de las Administraciones Públicas son nulos de pleno derecho en los casos siguientes:

   a) Los que lesionen los derechos y libertades susceptibles de amparo constitucional.

   b) Los dictados por órgano manifiestamente incompetente por razón de la materia o del territorio.

   c) Los que tengan un contenido imposible.

   d) Los que sean constitutivos de infracción penal o se dicten como consecuencia de ésta.

   e) Los dictados prescindiendo total y absolutamente del procedimiento legalmente establecido o de las normas que contienen las reglas esenciales para la formación de la voluntad de los órganos colegiados.

   f) Los actos expresos o presuntos contrarios al ordenamiento jurídico por los que se adquieren facultades o derechos cuando se carezca de los requisitos esenciales para su adquisición.

   g) Cualquier otro que se establezca expresamente en una disposición con rango de Ley.

Artículo 48.2 de la Ley 39/2015, de 1 de octubre, de Procedimiento Administrativo Común de las Administraciones Públicas:

2. No obstante, el defecto de forma solo determinará la anulabilidad cuando el acto carezca de los requisitos formales indispensables para alcanzar su fin o dé lugar a la indefensión de los interesados.

La respuesta correcta es la b) ya que el resto son supuestos de nulidad absoluta.

58. d) Reconozcan el derecho de una licencia de apertura.

Artículo 35 de la Ley 39/2015, de 1 de octubre, de Procedimiento Administrativo Común de las Administraciones Públicas.

Artículo 35.1.a de la Ley 39/2015, de 1 de octubre, de Procedimiento Administrativo Común de las Administraciones Públicas.

1. Serán motivados, con sucinta referencia de hechos y fundamentos de derecho:

    a) Los actos que limiten derechos subjetivos o intereses legítimos.

    b) Los actos que resuelvan procedimientos de revisión de oficio de disposiciones o actos administrativos, recursos administrativos y procedimientos de arbitraje y los que declaren su inadmisión.

    c) Los actos que se separen del criterio seguido en actuaciones precedentes o del dictamen de órganos consultivos.

    d) Los acuerdos de suspensión de actos, cualquiera que sea el motivo de esta, así como la adopción de medidas provisionales previstas en el artículo 56.

    e) Los acuerdos de aplicación de la tramitación de urgencia, de ampliación de plazos y de realización de actuaciones complementarias.

    f) Los actos que rechacen pruebas propuestas por los interesados.

    g) Los actos que acuerden la terminación del procedimiento por la imposibilidad material de continuarlo por causas sobrevenidas, así como los que acuerden el desistimiento por la Administración en procedimientos iniciados de oficio.

    h) Las propuestas de resolución en los procedimientos de carácter sancionador, así como los actos que resuelvan procedimientos de carácter sancionador o de responsabilidad patrimonial.

    i) Los actos que se dicten en el ejercicio de potestades discrecionales, así como los que deban serlo en virtud de disposición legal o reglamentaria expresa.

La respuesta correcta es la d) ya que el resto son supuestos en lo que conforme al artículo citado deben ser motivados.

59. c) Cuando así lo exija el contenido del acto.

De acuerdo con el artículo 39.2 de la Ley 39/2015, de 1 de octubre, de Procedimiento Administrativo Común de las Administraciones Públicas.

2. La eficacia quedará demorada cuando así lo exija el contenido del acto o esté supeditada a su notificación, publicación o aprobación superior.

La respuesta correcta es la c) ya que si se trata de actos dictados para sustituir a otros que han sido anulados o cuando produce efectos favorables al interesado son supuestos de eficacia retroactiva y cuando el acto incurre en desviación de poder es un supuesto de nulidad relativa.

60. d) Los dictados prescindiendo total y absolutamente del procedimiento legalmente previsto.

Según los artículos 47.1.e de la Ley 39/2015, de 1 de octubre, de Procedimiento Administrativo Común de las Administraciones Públicas.

Artículo 47.1.a de la Ley 39/2015, de 1 de octubre, de Procedimiento Administrativo Común de las Administraciones Públicas:

1. Los actos de las Administraciones Públicas son nulos de pleno derecho en los casos siguientes:

    a) Los que lesionen los derechos y libertades susceptibles de amparo constitucional.

    b) Los dictados por órgano manifiestamente incompetente por razón de la materia o del territorio.

    c) Los que tengan un contenido imposible.

    d) Los que sean constitutivos de infracción penal o se dicten como consecuencia de esta.

    e) Los dictados prescindiendo total y absolutamente del procedimiento legalmente establecido o de las normas que contienen las reglas esenciales para la formación de la voluntad de los órganos colegiados.

    f) Los actos expresos o presuntos contrarios al ordenamiento jurídico por los que se adquieren facultades o derechos cuando se carezca de los requisitos esenciales para su adquisición.

    g) Cualquier otro que se establezca expresamente en una disposición con rango de ley.

La respuesta correcta es la d) ya que el resto son supuestos de nulidad relativa o anulabilidad.

61. b) Nulos de pleno derecho.

Conforme al artículo 47.1.e de la Ley 39/2015, de 1 de octubre, de Procedimiento Administrativo Común de las Administraciones Públicas:

1. Los actos de las Administraciones Públicas son nulos de pleno derecho en los casos siguientes:

    e) Los dictados prescindiendo total y absolutamente del procedimiento legalmente establecido o de las normas que contienen las reglas esenciales para la formación de la voluntad de los órganos colegiados.

Por tanto, la respuesta correcta según la literalidad de este artículo es la b).

62. c) Será el órgano que acordó la nulidad.

Según el artículo 51 de la Ley 39/2015, de 1 de octubre, de Procedimiento Administrativo Común de las Administraciones Públicas.

El órgano que declare la nulidad o anule las actuaciones dispondrá siempre la conservación de aquellos actos y trámites cuyo contenido se hubiera mantenido igual de no haberse cometido la infracción.

Por tanto, la respuesta correcta es la c) siendo incorrectas las restantes.

63. d) Los anulables.

De acuerdo con los artículos 47, 48 y 52.1 de la Ley 39/2015, de 1 de octubre, de Procedimiento Administrativo Común de las Administraciones Públicas.

47.1. Los actos de las Administraciones Públicas son nulos de pleno derecho en los casos siguientes:

a) Los que lesionen los derechos y libertades susceptibles de amparo constitucional.

b) Los dictados por órgano manifiestamente incompetente por razón de la materia o del territorio.

48.1. Son anulables los actos de la Administración que incurran en cualquier infracción del ordenamiento jurídico, incluso la desviación de poder.

52.1. La Administración podrá convalidar los actos anulables, subsanando los vicios de que adolezcan.

Solamente son susceptibles de convalidación los actos anulables por lo que la respuesta correcta es la d), ya que los supuestos previstos en las respuestas a),⊠ b) y c) son supuestos de nulidad de pleno derecho.

64. c) Anulable.

A tenor del artículo 48.2 de la Ley 39/2015, de 1 de octubre, de Procedimiento Administrativo Común de las Administraciones Públicas.

2. No obstante, el defecto de forma solo determinará la anulabilidad cuando el acto carezca de los requisitos formales indispensables para alcanzar su fin o dé lugar a la indefensión de los interesados.

Por tanto, la respuesta correcta según la literalidad de este artículo es la c).

65. b) Anulable.

Según el artículo 48.1 de la Ley 39/2015, de 1 de octubre, de Procedimiento Administrativo Común de las Administraciones Públicas.

1. Son anulables los actos de la Administración que incurran en cualquier infracción del ordenamiento jurídico, incluso la desviación de poder.

Por tanto, la respuesta correcta según la literalidad de este artículo es la b).

66. d) A los actos anulables y nulos.

Conforme al artículo 50 de la Ley 39/2015, de 1 de octubre, de Procedimiento Administrativo Común de las Administraciones Públicas.

Los actos nulos o anulables que, sin embargo, contengan los elementos constitutivos de otro distinto producirán los efectos de este.

Consecuentemente, la respuesta correcta según la literalidad de este artículo es la d).

67. b) Motivados.

Según el artículo 35.1.a de la Ley 39/2015, de 1 de octubre, de Procedimiento Administrativo Común de las Administraciones Públicas:

1. Serán motivados, con sucinta referencia de hechos y fundamentos de derecho:

   a) Los actos que limiten derechos subjetivos o intereses legítimos.

Por tanto la respuesta correcta es la b), ya que los actos que limiten derechos subjetivos no son inimpugnables, discrecionales ni de trámite.

68. d) Posible, lícito, determinado y adecuado a sus fines.

De acuerdo con los artículos 34.2 y 47.1.c de la Ley 39/2015, de 1 de octubre, de Procedimiento Administrativo Común de las Administraciones Públicas.

34.2. El contenido de los actos se ajustará a lo dispuesto por el ordenamiento jurídico y será determinado y adecuado a los fines de aquellos.

47.1. c Los actos de las Administraciones Públicas son nulos de pleno derecho en los casos siguientes:

c) Los que tengan un contenido imposible.

d) Los que sean constitutivos de infracción penal o se dicten como consecuencia de ésta.

Por tanto de acuerdo con la interpretación conjunta de estos dos artículos la respuesta correcta es la d).

69. d) Desde su fecha, salvo lo dispuesto en el artículo 39.3 de la misma ley para la retroactividad de los actos administrativos.

Según el artículo 52.2 de la Ley 39/2015, de 1 de octubre, de Procedimiento Administrativo Común de las Administraciones Públicas.

2. El acto de convalidación producirá efecto desde su fecha, salvo lo dispuesto en el artículo 39.3 para la retroactividad de los actos administrativos.

Por tanto la d) es la respuesta correcta.

70. a) Limiten derechos subjetivos.

Artículo 47.1.a.b de la Ley 39/2015, de 1 de octubre, de Procedimiento Administrativo Común de las Administraciones Públicas:

1. Los actos de las Administraciones Públicas son nulos de pleno derecho en los casos siguientes:

   a) Los que lesionen los derechos y libertades susceptibles de amparo constitucional.

b) Los dictados por órgano manifiestamente incompetente por razón de la materia o del territorio.

Efectivamente hay que señalar la respuesta a) que será un supuesto en el que deberá motivarse el acto administrativo, siendo el resto de las respuestas supuestos de nulidad de pleno derecho.

71. c) Los motivos en que se basa la decisión.

De acuerdo con los artículos 35 y 40.2 de la Ley 39/2015, de 1 de octubre, de Procedimiento Administrativo Común de las Administraciones Públicas.

40.2. Toda notificación deberá ser cursada dentro del plazo de diez días a partir de la fecha en que el acto haya sido dictado, y deberá contener el texto íntegro de la resolución, con indicación de si pone fin o no a la vía administrativa, la expresión de los recursos que procedan, en su caso, en vía administrativa y judicial, el órgano ante el que hubieran de presentarse y el plazo para interponerlos, sin perjuicio de que los interesados puedan ejercitar, en su caso, cualquier otro que estimen procedente.

Por la interpretación conjunta de estos artículos hay que indicar la opción c) ya que en un principio no hay que constar los motivos salvo en los supuestos previstos del artículo 35 de la misma ley.

72. d) No se lesionen derechos legítimos de otras personas.

Según el artículo 39.3 de la Ley 39/2015, de 1 de octubre, de Procedimiento Administrativo Común de las Administraciones Públicas.

3. Excepcionalmente, podrá otorgarse eficacia retroactiva a los actos cuando se dicten en sustitución de actos anulados, así como cuando produzcan efectos favorables al interesado, siempre que los supuestos de hecho necesarios existieran ya en la fecha a que se retrotraiga la eficacia del acto y esta no lesione derechos o intereses legítimos de otras personas.

Por tanto la d) es la respuesta correcta.

73. c) Material y territorial.

De acuerdo con el artículo 34 de la Ley 39/2015, de 1 de octubre, de Procedimiento Administrativo Común de las Administraciones Públicas.

1. Los actos administrativos que dicten las Administraciones Públicas, bien de oficio o a instancia del interesado, se producirán por el órgano competente ajustándose a los requisitos y al procedimiento establecido.

La respuesta correcta es la c) ya que hay una incompetencia por razón de la materia (agricultura y empleo) y por razón del territorio, al ser diferente provincia.

74. a) Vicia el acto de que se trate.

Según los artículos 47 y 48 de la Ley 39/2015, de 1 de octubre, de Procedimiento Administrativo Común de las Administraciones Públicas.

48.1 de la Ley 39/2015, de 1 de octubre, de Procedimiento Administrativo Común de las Administraciones Públicas.

1. Son anulables los actos de la Administración que incurran en cualquier infracción del ordenamiento jurídico, incluso la desviación de poder.

La respuesta será distinta según que el acto que se dicte se separe o se desvié de un dictamen facultativo o sea vinculante, si fuera en este último caso el supuesto será, que se vicia el acto administrativo y será anulable, por tanto la respuesta correcta es la a).

75. b) Debe motivarlo.

De acuerdo con el artículo 35.1.c de la Ley 39/2015, de 1 de octubre, de Procedimiento Administrativo Común de las Administraciones Públicas:

1. Serán motivados, con sucinta referencia de hechos y fundamentos de derecho:

   c) Los actos que se separen del criterio seguido en actuaciones precedentes o del dictamen de órganos consultivos.

La respuesta será distinta según que el acto que se dicte se separe o se desvié de un dictamen facultativo o sea vinculante, si fuera en el primer caso el supuesto será, un supuesto en el que el acto administrativo deberá motivarse, por tanto la respuesta correcta es la b).

TÍTULO IV

De las disposiciones sobre el procedimiento administrativo común

1. Los que tuvieren la condición de interesados en un procedimiento administrativo, podrán conocer del estado de la tramitación del mismo:

a) En el trámite de audiencia.
b) En el trámite de información pública.
c) En cualquier momento
d) Solo cuando lo permita el instructor del procedimiento.

2. Las medidas provisionales adoptadas antes de la iniciación del procedimiento administrativo, deberán ser confirmadas, modificadas o levantadas en el acuerdo de iniciación del procedimiento, que deberá efectuarse:

a) Dentro de los quince días siguientes a su adopción, pudiendo ser recurrido.
b) Dentro de los veinte días siguientes a su adopción, pudiendo de ser recurrido.
c) Dentro de los diez días siguientes a su adopción, sin posibilidad de ser recurrido.
d) Dentro de los veinte días siguientes a su adopción, sin posibilidad de ser recurrido.

3. Cuando el acuerdo de iniciación del procedimiento no contenga un pronunciamiento expreso acerca de las medidas provisionales previas, dichas medidas:

a) Se mantendrán, hasta la fase de alegaciones.
b) Se mantendrán, salvo que haya recurso pendiente.
c) Se prorrogaran por quince días.
d) Quedarán sin efecto.

4. Los procedimientos de naturaleza sancionadora se iniciarán:

a) De oficio o a instancia de parte.
b) Siempre a instancia de parte.
c) Siempre de oficio.
d) En virtud de denuncia.

5. Si la solicitud de iniciación del procedimiento administrativo no reúne los requisitos recogidos en la Ley 39/2015 u otros exigidos por la legislación específica aplicable:

a) Se inadmitirá la solicitud presentada por el interesado.

b) Se le dará un plazo de cinco días para que vuelva a presentar la solicitud correctamente.

c) Se le dará un plazo de veinte días para que subsane la falta o acompañe los documentos preceptivos.

d) Se le dará un plazo de diez días para que subsane la falta o acompañe los documentos preceptivos.

6. ¿Suspenderá la tramitación del procedimiento las cuestiones incidentales que se susciten en el mismo?

a) No.

b) Sí.

c) No, salvo las que se refieran a la nulidad de actuaciones.

d) No, incluso las relativas a la recusación no se suspenderán.

7. Señala cuál de las siguientes no podrá adoptarse como medidas provisionales en un procedimiento administrativo:

a) Embargo preventivo de bienes.

b) Inmovilización de cosa mueble.

c) Retirada o intervención de bienes productivos.

d) Suspensión definitiva de actividades.

8. El interesado en el procedimiento administrativo tiene derecho:

a) A formular alegaciones y a utilizar los medios de defensa admitidos por el Ordenamiento Jurídico en cualquier fase del procedimiento.

b) A formular alegaciones, a utilizar los medios de defensa admitidos por el Ordenamiento Jurídico, y a aportar documentos en cualquier fase del procedimiento anterior al trámite de audiencia.

c) A formular alegaciones y a utilizar los medios de defensa admitidos por el Ordenamiento Jurídico en cualquier fase del procedimiento, pero solo podrá aportar documentos con posterioridad al trámite de audiencia.

d) A formular alegaciones y a utilizar los medios de defensa admitidos por el Ordenamiento Jurídico en cualquier fase del procedimiento anterior al dictado de la resolución por la que se pone fin al procedimiento.

9. Contra el acuerdo de acumulación de procedimientos:

a) Cabe recurso de revisión.

b) Cabe recurso extraordinario de revisión.

c) No cabe recurso alguno.
d) Cabe recurso de alzada.

10. Los procedimientos administrativos que no tengan naturaleza sancionadora se podrán iniciar:

a) Por acuerdo del órgano competente o a petición razonada de otros órganos.
b) Por acuerdo del órgano competente, bien por propia iniciativa o como consecuencia de orden superior, a petición razonada de otros órganos o por denuncia.
c) Por denuncia solamente.
d) De oficio siempre.

11. Cuando el procedimiento se iniciara por una denuncia en la que se invocara un perjuicio en el patrimonio de las Administraciones Públicas:

a) La no iniciación del procedimiento deberá ser motivada y se notificará a los denunciantes la decisión de si se ha iniciado o no el procedimiento.
b) La iniciación del procedimiento deberá ser motivada y no se notificará a los denunciantes, si el instructor lo considera oportuno.
c) La no iniciación del procedimiento quedará a la decisión del instructor, sin necesidad de motivarla, salvo a petición del denunciante.
d) La no iniciación del procedimiento nunca deberá ser motivada.

12. Los interesados podrán solicitar el inicio de un procedimiento de responsabilidad patrimonial:

a) Siempre.
b) Dentro de los cuatro años siguientes a aquel en que se produjo el acto que motiva la indemnización.
c) Si así se dispone por sentencia.
d) Cuando no haya prescrito su derecho a reclamar.

13. El plazo de subsanación de la solicitud de iniciación del procedimiento podrá ampliarse prudencialmente, cuando la aportación de los documentos requeridos presente dificultades especiales:

a) Hasta cinco días.
b) Hasta diez días.
c) Hasta quince días.
d) Siempre por diez días más.

14. En los procedimientos de naturaleza sancionadora, ¿cuál de los siguientes no es un derecho de los presuntos responsables?

a) A ser notificado de la identidad del instructor.
b) A saber quién es la autoridad competente para imponer la sanción.

c) A ser informado de sus derechos procesales penales.

d) A ser notificado de los hechos que se le imputen.

15. ¿Hay presunción de existencia de responsabilidad administrativa mientras no se demuestre lo contrario?

a) Sí, salvo excepciones.

b) Nunca.

c) Solo en los procedimientos de naturaleza sancionadora.

d) Siempre.

16. Iniciado el procedimiento administrativo, pueden adoptarse medidas provisionales, ¿por qué órgano?

a) Por el órgano administrativo competente para resolver.

b) Por el órgano administrativo competente para instruir.

c) Por cualquier órgano administrativo.

d) No podrán adoptarse medidas provisionales.

17. En caso de daños de carácter físico o psíquico a las personas, el derecho a reclamar en un procedimiento de responsabilidad patrimonial prescribe:

a) A los cinco años a contar desde la completa curación.

b) No prescriben nunca, cuando sean de carácter psíquico.

c) Al año a contar desde la curación o la determinación del alcance de las secuelas.

d) A los dos años a contar desde la curación o la determinación del alcance de las secuelas.

18. Señala cuál de las siguientes puede ser una definición de expediente administrativo:

a) Diligencias encaminadas a ejecutar la resolución administrativa, medidas adoptadas para ello y anotaciones practicadas.

b) El conjunto de actuaciones que sirven de antecedente y fundamento a la resolución administrativa.

c) Documentos que se aportan por las partes para dictar resolución administrativa.

d) El conjunto ordenado de documentos y actuaciones que sirven de antecedente y fundamento a la resolución administrativa, así como las diligencias encaminadas a ejecutarla.

19. ¿En virtud de qué principio administrativo se puede acordar en un solo acto todos los trámites que, por su naturaleza, admitan un impulso simultáneo y no sea obligado su cumplimiento sucesivo?

a) Principio de simplificación administrativa.

b) Principio de eficacia administrativa.

c) Principio de eficiencia administrativa.
d) Principio de racionalidad.

20. Por regla general, salvo en el caso de que en la norma correspondiente se fije plazo distinto, los trámites que deban ser cumplimentados por los interesados deberán realizarse en el plazo de:

a) 20 días.
b) 15 días.
c) 10 días.
d) 5 días.

21. Señala la respuesta incorrecta. En la iniciación del procedimiento administrativo a instancia de parte, la solicitud que se formule deberá contener, entre otros:

a) Lugar y fecha.
b) Nombre y sexo del interesado.
c) Nombre y apellidos de la persona que represente al interesado.
d) Hechos, razones y petición en que se concrete, con toda claridad, la solicitud.

22. Los interesados en un procedimiento administrativo, ¿tienen que presentar los documentos originales?

a) Sí, como regla general.
b) No, como regla general.
c) Sí, siempre, salvo dispensa.
d) Nunca.

23. El interesado en el procedimiento administrativo, en el caso de que la Administración no dicte ni notifique resolución expresa en plazo, tiene derecho:

a) A conocer el sentido del silencio administrativo que corresponda.
b) A impugnar la falta de resolución expresa, mediante recurso de apelación.
c) A exigir responsabilidad civil a la Administración por falta de resolución.
d) A solicitar resolución expresa.

24. ¿Cómo se denomina al periodo que el órgano competente podrá abrir, con anterioridad al inicio del procedimiento, con el fin de conocer las circunstancias del caso concreto y la conveniencia o no de iniciar el procedimiento?

a) Período de información o actuaciones previas.
b) Período de iniciación.
c) Período preliminar.
d) Período voluntario.

25. Señala cuál de las siguientes no es una medida provisional que se pueda adoptar en el procedimiento administrativo:

a) Prestación de fianzas.
b) Suspensión temporal de servicios por razones de sanidad, higiene o seguridad.
c) Cierre definitivo del establecimiento por razones de sanidad, higiene o seguridad.
d) Embargo preventivo de rentas.

26. ¿Cuándo podrán ser alzadas o modificadas las medidas provisionales?

a) Solo al final del procedimiento.
b) Durante la tramitación del procedimiento.
c) Tras la firmeza de resolución.
d) Cuando se inicie el procedimiento.

27. En todo caso, se extinguirán las medidas provisionales:

a) Cuando surta efectos la resolución administrativa que ponga fin al procedimiento correspondiente.
b) Cuando lo solicite la parte interesada.
c) Cuando se interponga resolución contra los actos de trámite.
d) Cuando se impugnen esas medidas.

28. ¿Cómo se denomina en el ámbito administrativo, al acto por el que cualquier persona, en cumplimiento o no de una obligación legal, pone en conocimiento de un órgano administrativo la existencia de un determinado hecho que pudiera justificar la iniciación de oficio de un procedimiento administrativo?

a) Demanda.
b) Escrito de iniciación.
c) Denuncia.
d) Querella.

29. Los trámites que deban ser cumplimentados por los interesados deberán realizarse en el plazo establecido por la ley, pero ¿desde cuándo comenzará a contarse este plazo?

a) A partir del mismo día de la notificación del correspondiente acto.
b) A partir del día siguiente al del que se dicta la resolución.
c) A partir del día siguiente al de la notificación del correspondiente acto.
d) A partir del mismo día en que se dicta la resolución.

30. Las medidas provisionales que, una vez iniciado el procedimiento administrativo puede imponer el órgano competente, han de cumplir los principios de:

a) Igualdad, eficacia y menor onerosidad.
b) Proporcionalidad, efectividad y menor onerosidad.

c) Eficiencia, efectividad y mayor onerosidad.

d) Igualdad y necesidad.

31. Cuando la Administración considere que alguno de los actos de los interesados no reúne los requisitos necesarios, ¿qué hará?

a) Inadmitirá el acto.

b) Le podrá declarar decaído en su derecho al trámite correspondiente.

c) Lo pondrá en conocimiento de su autor, concediéndole un plazo de cinco días para cumplimentarlo.

d) Lo pondrá en conocimiento de su autor, concediéndole un plazo de diez días para cumplimentarlo.

32. Señala la respuesta incorrecta. En la iniciación del procedimiento administrativo a instancia de parte, la solicitud que se formule deberá contener, entre otros:

a) Firma del solicitante o acreditación de la autenticidad de su voluntad expresada por cualquier medio.

b) Órgano, centro o unidad administrativa a la que se dirige y su correspondiente código de identificación.

c) Nombre y apellidos del interesado.

d) Teléfono fijo de contacto.

33. Señala cuál de las siguientes no es una medida provisional que se pueda adoptar en el procedimiento administrativo:

a) Retirada de bienes productivos.

b) Intervención de bienes productivos.

c) Depósito de cosa mueble.

d) Embargo de cosas infungibles.

34. En los procedimientos de responsabilidad patrimonial, ¿qué no debe contener la petición?

a) La relación de causalidad entre la lesión producida y el funcionamiento del servicio público.

b) La lesión producida en una persona o grupo de personas.

c) Su evaluación económica, en todo caso.

d) El momento en que la lesión se produjo.

35. La presentación de una denuncia:

a) No confiere, por sí sola, la condición de interesado en el procedimiento.

b) Confiere, por sí sola, la condición de interesado en el procedimiento.

c) Confiere, por sí sola, capacidad de obrar al interesado en el procedimiento.

d) Confiere, por sí sola, capacidad jurídica al interesado en el procedimiento.

36. En los procedimientos de naturaleza sancionadora:

a) Solo hay una fase sancionadora.
b) Deberá separarse la fase instructora y la sancionadora.
c) La fase instructora y la sancionadora se practican juntas.
d) Se separan las fases preliminar, instructora, mediadora y sancionadora.

37. Quienes se relacionen con las Administraciones Públicas a través de medios electrónicos, tendrán derecho a consultar la información:

a) En el Punto Electrónico de Información de la Administración.
b) En el Punto de Acceso Telemático de la Administración.
c) En el Punto Neutro de la Administración.
d) En el Punto de Acceso General electrónico de la Administración.

38. En caso de que el interesado en el procedimiento administrativo, excepcionalmente, deban presentar un documento original, tendrán derecho:

a) A obtener una copia autenticada de este.
b) A que se queden con una copia y le devuelvan el original.
c) No tendrá derecho alguno a copia.
d) A obtener una fotocopia de este.

39. El interesado en el procedimiento administrativo, ¿tiene derecho a identificar a las autoridades y al personal al servicio de las Administraciones Públicas bajo cuya responsabilidad se tramiten los procedimientos?

a) No.
b) Sí.
c) Solo en los procedimientos declarativos.
d) Solo en los procedimientos sancionadores.

40. Los procedimientos podrán iniciarse:

a) De oficio en todo caso.
b) A solicitud del interesado, siempre.
c) Por querella del tercero no interesado.
d) De oficio o a solicitud del interesado.

41. Iniciado el procedimiento, el órgano administrativo competente podrá adoptar medidas provisionales:

a) Siempre de oficio.
b) De oficio o a instancia de parte y de forma motivada.
c) Siempre a instancia de parte, de forma motivada.
d) Sin necesidad de motivarlas.

42. Señala cuál de las siguientes no es una medida provisional que se pueda adoptar en el procedimiento administrativo:

a) Intervención de bienes improductivos.
b) Consignación de depósito de las cantidades que se reclamen.
c) La retención de ingresos a cuenta que deban abonar las Administraciones Públicas.
d) Retención de cosa mueble.

43. Señala la respuesta incorrecta. En el caso de procedimientos de naturaleza sancionadora, las actuaciones previas se orientarán a:

a) Determinar la sanción que recaerá en la resolución final.
b) Determinar, con la mayor precisión posible, los hechos susceptibles de motivar la incoación del procedimiento.
c) La identificación de la persona o personas que pudieran resultar responsables.
d) Las circunstancias relevantes que concurran en los hechos o las personas responsables.

44. En el ámbito administrativo, ¿en los términos previstos en qué ley podrán acordarse medidas provisionales?

a) En la Ley de responsabilidad Civil.
b) En la Ley de Expropiación Forzosa.
c) En la Ley de Enjuiciamiento Civil.
d) En la Ley de Enjuiciamiento Criminal.

45. La intervención y depósito de ingresos obtenidos mediante una actividad que se considere ilícita y cuya prohibición o cesación se pretenda, puede imponerse:

a) No podrá imponerse en el ámbito administrativo.
b) Como medida provisional.
c) Como medida preliminar.
d) Como medida definitiva.

46. No se podrán adoptar medidas provisionales:

a) Que puedan causar perjuicio de difícil o imposible reparación a los interesados.
b) Que no impliquen violación de derechos.
c) Que no causen perjuicio o pueda ser reparable.
d) Que puedan causar perjuicio reparable.

47. El órgano administrativo que inicie o tramite un procedimiento, cualquiera que haya sido la forma de su iniciación, podrá disponer su acumulación a otros con los que guarde identidad sustancial o íntima conexión:

a) En todo caso.
b) Siempre que sea diferente el órgano que deba tramitar el procedimiento del que deba resolverlo.

c) Siempre que sea el mismo órgano quien deba tramitar y resolver el procedimiento.

d) Siempre que así se prevea expresamente en la norma que regula ese procedimiento, con independencia de que sean los mismos o diferentes los órganos que instruyan y resuelvan.

48. ¿Cómo se denomina la propuesta de iniciación del procedimiento formulada por cualquier órgano administrativo que no tiene competencia para iniciar el mismo y que ha tenido conocimiento de las circunstancias, conductas o hechos objeto del procedimiento, bien ocasionalmente o bien por tener atribuidas funciones de inspección, averiguación o investigación?

a) Inicio del procedimiento por petición razonada de otro órgano.

b) Inicio del procedimiento por petición fundada de otro órgano.

c) Inicio del procedimiento por petición motivada de otro órgano.

d) Inicio del procedimiento por petición consensuada de otro órgano.

49. Señala la respuesta incorrecta. En los procedimientos de naturaleza sancionadora, las peticiones razonadas de iniciación por otro órgano deberán especificar:

a) La persona o personas presuntamente responsables.

b) Las conductas o hechos que pudieran constituir infracción administrativa y su tipificación.

c) La cuantía exacta de la multa a imponer.

d) El lugar, la fecha, fechas o período de tiempo continuado en que los hechos se produjeron.

50. En los procedimientos de naturaleza sancionadora:

a) Se encomiendan a órganos distintos la fase instructora y la sancionadora.

b) Un solo órgano instruye y sanciona.

c) Se encomiendan a órganos distintos la fase instructora, la sancionadora y la de revisión.

d) Al haber una sola fase, solo existe un órgano competente.

51. La acumulación de un procedimiento con otros con los que guarde identidad sustancial o íntima conexión se llevará a cabo:

a) Siempre de oficio.

b) A instancia de parte, salvo en los procedimientos sancionadores, que se hará solo de oficio.

c) A instancia de parte, en todo caso.

d) De oficio o a instancia de parte.

52. La petición de inicio del procedimiento por petición razonada de otro órgano:

a) Vincula al órgano competente para iniciar el procedimiento.

b) No vincula al órgano competente para iniciar el procedimiento.

c) Vincula al órgano competente para resolver el procedimiento.

d) No es posible esta forma de iniciar el procedimiento administrativo.

53. Señale la opción incorrecta. En la iniciación del procedimiento administrativo mediante denuncia, esta deberá expresar en todo caso:

a) La identidad de la persona que la presentan.

b) El relato de los hechos que se ponen en conocimiento de la Administración.

c) La identidad de la persona responsable.

d) Si la presentan un grupo de personas, la identidad de todas las personas que la presentan.

54. ¿Podrá imponerse una sanción sin que se haya tramitado el oportuno procedimiento administrativo sancionador?

a) Sí.

b) En ningún caso.

c) No, salvo excepciones.

d) Sí, salvo excepciones.

55. ¿Cómo denomina la Ley 39/2015 al documento suscrito por un interesado en el que este manifiesta, bajo su responsabilidad, que cumple con los requisitos establecidos en la normativa vigente para obtener el reconocimiento de un derecho o facultad o para su ejercicio, que dispone de la documentación que así lo acredita, que la pondrá a disposición de la Administración cuando le sea requerida, y que se compromete a mantener el cumplimiento de las anteriores obligaciones durante el período de tiempo inherente a dicho reconocimiento o ejercicio?

a) Declaración jurada.

b) Declaración responsable.

c) Comunicación.

d) Declaración *apud acta*.

56. Señala la respuesta incorrecta. El acuerdo de iniciación del procedimiento sancionador ha de contener, entre otros:

a) Identificación del instructor del procedimiento.

b) Identificación del Secretario del procedimiento.

c) Identificación de la persona o personas presuntamente responsables.

d) Medidas de carácter provisional que se hayan acordado por el órgano competente para resolver el procedimiento sancionador.

57. En el procedimiento sancionador, ¿cuándo se podrá realizar la calificación de los hechos en una fase posterior al acuerdo de iniciación?

a) Como regla general, siempre que lo determine el instructor.
b) Excepcionalmente, cuando en el momento de dictar el acuerdo de iniciación no existan elementos suficientes para identificar a todos los presuntos responsables.
c) Siempre.
d) Excepcionalmente, cuando en el momento de dictar el acuerdo de iniciación no existan elementos suficientes para la calificación inicial de los hechos que motivan la incoación del procedimiento.

58. Cuando las Administraciones Públicas decidan iniciar de oficio un procedimiento de responsabilidad patrimonial será necesario:

a) Que no haya prescrito el derecho a la reclamación del interesado.
b) Que no haya caducado el derecho a la reclamación del interesado.
c) Que no haya prescrito la sanción aplicable a dicho procedimiento.
d) Que no haya prescrito el hecho constitutivo de sanción.

59. Cuando las pretensiones correspondientes a una pluralidad de personas tengan un contenido y fundamento idéntico o sustancialmente similar:

a) Deberán ser formuladas en distintas solicitudes.
b) Podrán ser formuladas en una única solicitud, salvo que la norma disponga lo contrario.
c) Nunca podrán ser formuladas en una única solicitud.
d) El instructor decidirá si se pueden presentar en una o varias solicitudes.

60. ¿Cómo se denomina a la posibilidad de que el órgano administrativo que inicie o tramite un procedimiento administrativo disponga, de oficio o a instancia de parte, que se tramite junto a otros con los que guarde identidad sustancial o íntima conexión?

a) Reunificación.
b) Unificación.
c) Tramitación solidaria.
d) Acumulación.

61. La petición de inicio del procedimiento por petición razonada de otro órgano no vincula al órgano competente para iniciar el procedimiento, pero deberá:

a) Remitir el expediente al órgano que hubiera formulado la petición.
b) Comunicar al órgano que hubiera formulado la petición, los motivos por los que no procede la iniciación.
c) Remitir el expediente al órgano que hubiera formulado la petición, motivando la remisión.
d) Archivar la petición.

62. Cuando la Administración en un procedimiento concreto establezca expresamente modelos específicos de presentación de solicitudes:

a) Serán de uso potestativo por los interesados.
b) Serán de uso obligatorio por los interesados.
c) Son facilitados por la Administración, con carácter orientativo para el administrado.
d) Pueden presentarse en modelo diferente, siempre y cuando se hagan constar los datos exigidos por la norma.

63. Cuando el administrado se relacione con las Administraciones Públicas a través de medios electrónicos, se entenderá cumplida la obligación de la Administración de facilitar copias de los documentos contenidos en los procedimientos, mediante la puesta a disposición de las mismas:

a) En el Punto de Acceso General electrónico de la Administración competente.
b) En la sede física de la Administración competente.
c) En el Punto Neutro General de la Administración Pública.
d) En el Punto General Electrónico de la Administración Pública.

64. Los interesados en el procedimiento administrativo tienen derecho:

a) A actuar asistido de asesor cuando lo consideren conveniente en defensa de sus intereses.
b) A obtener fotocopia del documento original que ha de presentar siempre.
c) A conocer el órgano competente para resolver, antes de iniciar el procedimiento.
c) A conocer el órgano competente para instruir, antes de iniciar el procedimiento.

65. ¿Cuándo puede el órgano competente para iniciar o instruir el procedimiento, adoptar de forma motivada las medidas provisionales que resulten convenientes?

a) Al finalizar el procedimiento administrativo.
b) De instancia de parte en todo caso, y antes de la iniciación del procedimiento administrativo.
c) Antes de la iniciación del procedimiento administrativo.
d) De oficio en todo caso, y antes de la iniciación del procedimiento administrativo.

66. ¿Pueden las medidas provisionales ser alzadas o modificadas durante la tramitación del procedimiento?

a) Sí, de oficio, en virtud de circunstancias que pudieron ser tenidas en cuenta en el momento de su adopción.
b) Sí, a instancia de parte, en virtud de circunstancias que pudieron ser tenidas en cuenta en el momento de su adopción.
c) Sí, de oficio o a instancia de parte, en virtud de circunstancias ya existentes que pudieron ser tenidas en cuenta en el momento de su adopción.
d) Sí, de oficio o a instancia de parte, en virtud de circunstancias sobrevenidas o que no pudieron ser tenidas en cuenta en el momento de su adopción.

67. Señala la respuesta incorrecta. El acuerdo de iniciación del procedimiento sancionador, ha de contener, entre otros:

a) Expresa indicación del régimen de recusación de los presuntos responsables.

b) Órgano competente para la resolución del procedimiento.

c) La posible calificación de los hechos y las sanciones que pudieran corresponder, sin perjuicio de lo que resulte de la instrucción.

d) Los hechos que motivan la incoación del procedimiento.

68. ¿Qué harán las Administraciones Públicas si alguno de los sujetos que están obligados a relacionarse electrónicamente con las Administraciones Públicas presenta su solicitud presencialmente?

a) Inadmitirán la solicitud por defecto de forma.

b) Requerirán al interesado para que la subsane a través de su presentación electrónica.

c) Requerirán al interesado para que la subsane a través de su presentación presencial.

d) Admitirán la presentación presencial, advirtiéndole de que el resto de los trámites deberán hacerse telemáticamente.

69. ¿Cómo denomina la Ley 39/2015 al documento mediante el que los interesados ponen en conocimiento de la Administración Pública competente sus datos identificativos o cualquier otro dato relevante para el inicio de una actividad o el ejercicio de un derecho?

a) *Apud acta*.

b) *Poder in legis*.

c) Declaración responsable.

d) Comunicación.

70. ¿Cuándo se considerará que un órgano es competente para iniciar el procedimiento administrativo?

a) Cuando a él vaya dirigida la denuncia del interesado.

b) Cuando así lo determine el órgano superior.

c) Cuando así lo disponga la resolución de inhibición.

d) Cuando así lo determinen las normas reguladoras del procedimiento.

71. La inexactitud, falsedad u omisión, de carácter esencial, de cualquier dato o información que se incorpore a una declaración responsable, ¿qué consecuencias conllevará?

a) La imposibilidad de continuar con el ejercicio del derecho o actividad afectada.

b) La subsanación, durante el periodo establecido por la Administración, de dicha inexactitud.

c) La posibilidad de presentar la documentación omitida.

d) El archivo del procedimiento si no se subsana en tiempo.

72. Cuando en virtud de una norma sea preciso remitir el expediente electrónico, se hará de acuerdo con lo previsto en el Esquema Nacional de Interoperabilidad y en las correspondientes Normas Técnicas de Interoperabilidad, y se enviará:

a) Completo y en un solo archivo firmado digitalmente por el órgano emisor.

b) Completo, firmado y acompañado de un índice de los documentos que contenga.

c) Completo y acompañado de un índice de los documentos que contenga.

d) Completo, foliado, autentificado y acompañado de un índice, asimismo autentificado, de los documentos que contenga.

73. Señala la respuesta incorrecta. El acuerdo de iniciación del procedimiento sancionador ha de contener, entre otros:

a) Norma que le atribuya la competencia para resolver al órgano competente.

b) Indicación de que, en caso de no efectuar alegaciones en el plazo previsto sobre el contenido del acuerdo de iniciación, este podrá ser considerado propuesta de resolución aun cuando no contenga un pronunciamiento preciso acerca de la responsabilidad imputada.

c) Indicación del derecho a formular alegaciones.

d) Ha de recoger la posibilidad de que el presunto responsable pueda reconocer voluntariamente su responsabilidad.

74. En el procedimiento sancionador, cuando se realice la calificación de los hechos en una fase posterior al acuerdo de iniciación, esta se llevará a cabo mediante la elaboración de:

a) Un Pliego de cargos.

b) Una Propuesta de sanción.

c) Un Pliego de sanciones.

d) Una Proposición de responsabilidades.

75. Cuando las Administraciones Públicas requieran, para la presentación telemática, a alguno de los sujetos que están obligados a relacionarse electrónicamente con ellas y que hubieran presentado su solicitud presencialmente, ¿cuál será la fecha en la que se considerará presentada la solicitud?

a) La fecha en que se le haya requerido para la subsanación.

b) La fecha en que se hizo la primera presentación presencial.

c) La fecha en que se presentó inicialmente.

d) La fecha en la que haya sido realizada la subsanación.

76. Con carácter general, los actos de instrucción necesarios para la determinación, conocimiento y comprobación de los hechos en virtud de los cuales deba pronunciarse la resolución, se realizarán, por el órgano que tramite el procedimiento:

a) A instancia de parte y a través de medios electrónicos.
b) De oficio y a través de medios electrónicos.
c) De oficio o a instancia de parte y a través de cualquier medio que deje constancia de la resolución.
d) Siempre de oficio y a través del medio que elija el administrado.

77. En cualquier caso, el órgano instructor durante los actos de instrucción, adoptará las medidas necesarias para lograr el pleno respeto a los principios de:

a) Legalidad y proporcionalidad.
b) Eficacia y eficiencia durante la instrucción.
c) Contradicción y de igualdad de los interesados en el procedimiento.
d) Proporcionalidad e igualdad de los interesados en el procedimiento.

78. ¿Transcurrido cuánto tiempo sin que el particular requerido realice las actividades necesarias para reanudar la tramitación, la Administración acordará el archivo de las actuaciones, notificándoselo al interesado?

a) Treinta días.
b) Tres meses.
c) Seis meses.
d) Doce meses.

79. ¿En qué momento del procedimiento podrán los interesados aducir alegaciones y aportar documentos u otros elementos de juicio?

a) En cualquier momento del procedimiento, en virtud del principio de flexibilidad.
b) En cualquier momento del procedimiento anterior al trámite de audiencia.
c) Únicamente en la fase de alegaciones.
d) Durante la fase de alegaciones y el trámite de audiencia.

80. ¿Cuándo podrán los interesados alegar los defectos de tramitación, como los que supongan paralización, infracción de los plazos preceptivamente señalados o la omisión de trámites que pueden ser subsanados antes de la resolución definitiva del asunto?

a) En cualquier momento.
b) Únicamente durante el periodo de prueba.
c) En cualquier momento del procedimiento anterior al trámite de audiencia.
d) Siempre durante el periodo de emisión de informes.

81. En el caso de reclamaciones en materia de responsabilidad patrimonial del Estado por el funcionamiento anormal de la Administración de Justicia, el plazo para dictar resolución quedará suspendido por el tiempo que medie entre la solicitud, del informe y su recepción, no pudiendo exceder dicho plazo de:

a) Tres meses.
b) Dos meses.
c) Un mes.
d) Veinte días naturales.

82. Cuando la Administración no tenga por ciertos los hechos alegados por los interesados o la naturaleza del procedimiento lo exija, el instructor del mismo, a fin de que puedan practicarse cuantas pruebas juzgue pertinentes, acordará la apertura de un período de prueba:

a) Por un plazo no superior a treinta días ni inferior a diez.
b) Por un plazo no superior a treinta días ni inferior a quince.
c) Por un plazo no superior a veinte días ni inferior a siete.
d) Por un plazo no superior a veinte días ni inferior a cinco.

83. Cuando lo considere necesario, el instructor del procedimiento, a petición de los interesados, podrá decidir la apertura de un período extraordinario de prueba:

a) Por un plazo no superior a treinta días.
b) Por un plazo no superior a veinte días.
c) Por un plazo no superior a quince días.
d) Por un plazo no superior a diez días.

84. Los hechos relevantes para la decisión de un procedimiento podrán acreditarse por cualquier medio de prueba admisible en Derecho, cuya valoración se realizará de acuerdo con los criterios establecidos en:

a) El Real decreto de 14 de septiembre de 1882 por el que se aprueba la Ley de Enjuiciamiento Criminal.
b) La Ley 40/2015, de 1 de octubre, de Régimen Jurídico del Sector Público.
c) La Ley 1/2000, de 7 de enero, de Enjuiciamiento Civil.
d) La Ley 7/1985, de 2 de abril, reguladora de las Bases del Régimen Local.

85. ¿Cuándo establece el art. 78.1 de la Ley 39/2015, de 1 de octubre, que la Administración comunicará a los interesados el inicio de las actuaciones necesarias para la realización de las pruebas que hayan sido admitidas:

a) Con una antelación mínima de treinta días.
b) Con una antelación mínima de veinte días.
c) Con una antelación mínima de quince días.
d) Con antelación suficiente.

86. Salvo disposición expresa en contrario, los informes serán:

a) Obligatorios y vinculantes.
b) Obligatorios pero no vinculantes.
c) Facultativos y no vinculantes.
d) Facultativos y vinculantes.

87. Salvo que una disposición o el cumplimiento del resto de los plazos del procedimiento permita o exija otro plazo mayor o menor, los informes serán emitidos:

a) A través de cualquier medio que permita su constancia y en el plazo de veinte días.
b) A través de cualquier medio que permita su constancia y en el plazo de diez días.
c) A través de medios electrónicos y en el plazo de veinte días.
d) A través de medios electrónicos y en el plazo de diez días.

88. En el procedimiento administrativo, las actuaciones complementarias deberán practicarse en un plazo:

a) No superior a quince días.
b) No inferior a quince días.
c) No superior a veinte días.
d) De entre diez y veinte días.

89. En el caso de los procedimientos de responsabilidad patrimonial será preceptivo solicitar informe al servicio cuyo funcionamiento haya ocasionado la presunta lesión indemnizable:

a) No pudiendo exceder de treinta días el plazo de su emisión.
b) No pudiendo exceder de veinte días el plazo de su emisión.
c) No pudiendo exceder de quince días el plazo de su emisión.
d) No pudiendo exceder de diez días el plazo de su emisión.

90. Será preceptivo solicitar dictamen del Consejo de Estado o, en su caso, del órgano consultivo de la Comunidad Autónoma, cuando las indemnizaciones reclamadas sean:

a) De cuantía igual o superior a 50.000 euros o a la que se establezca en la correspondiente legislación autonómica.
b) De cuantía igual o superior a 36.000 euros o a la que se establezca en la correspondiente legislación autonómica.
c) De cuantía igual o superior a 30.000 euros o a la que se establezca en la correspondiente legislación autonómica.
d) De cuantía igual o superior a 25.000 euros o a la que se establezca en la correspondiente legislación autonómica.

91. ¿De quién será preceptivo su informe en el caso de reclamaciones en materia de responsabilidad patrimonial del Estado por el funcionamiento anormal de la Administración de Justicia?

a) Del Ministro de Hacienda y Función Pública.
b) Del Ministro de Justicia.
c) Del Consejo General del Poder Judicial.
d) Del Consejo de Estado.

92. ¿En qué plazo máximo será evacuado el informe por el órgano preceptivo en el caso de reclamaciones en materia de responsabilidad patrimonial del Estado por el funcionamiento anormal de la Administración de Justicia?

a) Tres meses.
b) Dos meses.
c) Un mes.
d) Veinte días naturales.

93. ¿Pueden dar lugar las alegaciones que presenten los interesados por defectos de tramitación que supongan paralización, infracción de los plazos preceptivamente señalados o la omisión de trámites, a algún tipo de responsabilidad?

a) No.
b) Sí, a responsabilidad penal.
c) Sí, a responsabilidad disciplinaria.
d) Sí, a responsabilidad penal y disciplinaria.

94. Durante el trámite de audiencia, los interesados podrán alegar y presentar los documentos y justificaciones que estimen pertinentes, en un plazo:

a) No superior a treinta días.
b) No superior a veinte días.
c) No inferior a diez días ni superior a quince.
d) No inferior a siete días ni superior a veinte.

95. ¿A quién corresponde establecer los órganos a quien atañe la resolución de los procedimientos de responsabilidad patrimonial en el caso de las Entidades de Derecho Público?

a) Al Consejo de Ministros.
b) Al Ministerio de Hacienda.
c) A quien determinen las normas de su régimen jurídico.
d) A los órganos correspondientes de las Entidades que integran la Administración Local de donde radiquen.

96. Con respecto a la información pública:

a) El órgano al que corresponda la instrucción del procedimiento, cuando la naturaleza de este lo requiera, podrá acordar un período de información pública.

b) El período de información pública se publicará mediante un anuncio en un diario de la localidad a fin de que cualquier persona física o jurídica pueda examinar el expediente, o la parte del mismo que se acuerde.

c) La incomparecencia en este trámite impedirá a los interesados interponer los recursos procedentes contra la resolución definitiva del procedimiento.

d) El anuncio señalará el lugar de exhibición, debiendo estar en todo caso a disposición de las personas que lo soliciten a través de medios electrónicos en la sede electrónica correspondiente, y determinará el plazo para formular alegaciones.

97. El plazo para formular alegaciones previsto en el trámite de información pública, en ningún caso podrá ser inferior a:

a) Treinta días.
b) Veinte días.
c) Quince días.
d) Diez días.

98. La resolución de un procedimiento administrativo:

a) Ha de limitarse a lo solicitado por el interesado.
b) No puede conceder más de lo pedido.
c) No puede conceder otra cosa de lo solicitado.
d) Debe resolver lo solicitado y cuanto se derive del propio expediente.

99. La audiencia al interesado es:

a) Potestativa siempre.
b) Obligatoria en todo caso.
c) Obligatoria en ocasiones.
d) Puede no darse en determinados supuestos tasados.

100. Los gastos de la práctica de las pruebas corren a cargo:

a) Del interesado.
b) Del interesado y de la Administración Pública, según los casos.
c) De la Administración Pública.
d) Se reparten proporcionalmente.

101. Cuando la sanción tenga únicamente carácter pecuniario o bien quepa imponer una sanción pecuniaria y otra de carácter no pecuniario pero se ha justificado la improcedencia de la segunda, el pago voluntario por el presunto responsable, en cualquier momento anterior a la resolución, implicará la terminación del procedimiento, salvo en lo relativo a la reposición de la situación alterada o a la determinación de la indemnización por los daños y perjuicios causados por la comisión de la infracción. En ambos casos, cuando la sanción tenga únicamente carácter pecuniario, el órgano competente para resolver el procedimiento aplicará reducciones de:

a) Al menos, el 20% sobre el importe de la sanción propuesta.
b) Al menos, el 25% sobre el importe de la sanción propuesta.
c) Como máximo, el 30% sobre el importe de la sanción propuesta.
d) Como máximo, el 50% sobre el importe de la sanción propuesta.

102. ¿Podrá ser incrementado el porcentaje de reducción previsto en la Ley 39/2015, de 1 de octubre, para las sanciones pecuniarias?

a) En ningún caso.
b) Sí, mediante ley.
c) Sí, mediante reglamento.
d) Sí, con el visto bueno del Ministerio de Hacienda.

103. El acuerdo de realización de actuaciones complementarias se notificará a los interesados, concediéndoseles un plazo para formular las alegaciones que tengan por pertinentes tras la finalización de las mismas, de:

a) Veinte días.
b) Quince días.
c) Diez días.
d) Siete días.

104. A tenor del art. 80.4 de la Ley 39/2015, de 1 de octubre, el informe emitido fuera de plazo:

a) No será tenido en cuenta al adoptar la correspondiente resolución.
b) Podrá no ser tenido en cuenta al adoptar la correspondiente resolución.
c) Deberá ser tenido en cuenta al adoptar la correspondiente resolución.
d) Siempre, los informes emitidos fuera de plazo, y salvo que en un Juzgado de lo Contencioso-Administrativo determine lo contrario, no se tendrá en cuenta para adoptar la oportuna resolución.

105. A tenor del art. 100 de la Ley 39/2015, de 1 de octubre, la ejecución forzosa por las Administraciones Públicas se efectuará, respetando siempre el principio de:

a) Legalidad.
b) Lesividad.

c) Subsidiariedad.
d) Proporcionalidad.

106. ¿Transcurrido qué plazo desde que se inició el procedimiento en materia de responsabilidad patrimonial sin que haya recaído y se notifique resolución expresa o, en su caso, se haya formalizado el acuerdo, podrá entenderse que la resolución es contraria a la indemnización del particular?

a) Un mes.
b) Tres meses.
c) Cinco meses.
d) Seis meses.

107. En el ámbito de la Administración General del Estado, los procedimientos de responsabilidad patrimonial se resolverán por:

a) El Presidente del Gobierno.
b) El Ministro respectivo o por el Consejo de Ministros, previo informe favorable del Ministerio de Hacienda.
c) El Ministro respectivo o por el Consejo de Ministros en los casos del artículo 32.3 de la Ley de Régimen Jurídico del Sector Público o cuando una ley así lo disponga.
d) El Ministro respectivo o por el Consejo de Ministros en los casos del artículo 32.3 de la Ley de Régimen Jurídico del Sector Público o cuando una ley así lo disponga, previo informe favorable del Consejo de Estado.

108. ¿Cuándo se podrá prescindir del trámite de audiencia?

a) Cuando así lo declare expresamente la Administración.
b) Únicamente en los procedimientos de responsabilidad patrimonial a los que se refiere el artículo 32.9 de la Ley de Régimen Jurídico del Sector Público.
c) Cuando no figuren en el procedimiento ni sean tenidos en cuenta en la resolución otros hechos ni otras alegaciones y pruebas que las aducidas por el interesado.
d) Siempre será necesario agotar los tiempos previstos para el trámite de audiencia, de lo contrario podría dar lugar a la anulación de lo actuado.

109. Señala la respuesta incorrecta respecto al desistimiento y la renuncia:

a) Si el escrito de iniciación se hubiera formulado por dos o más interesados, el desistimiento o la renuncia efectuada por uno de ellos afectará a todos los demás.
b) Todo interesado podrá desistir de su solicitud o, cuando ello no esté prohibido por el ordenamiento jurídico, renunciar a sus derechos.
c) Tanto el desistimiento como la renuncia podrán hacerse por cualquier medio que permita su constancia, siempre que incorpore las firmas que correspondan de acuerdo con lo previsto en la normativa aplicable.
d) Si la cuestión suscitada por la incoación del procedimiento entrañase interés general o fuera conveniente sustanciarla para su definición y esclarecimiento, la Administración podrá limitar los efectos del desistimiento o la renuncia al interesado y seguirá el procedimiento.

110. La Administración aceptará de plano el desistimiento o la renuncia, y declarará concluso el procedimiento salvo que, habiéndose personado en el mismo terceros interesados, instasen estos su continuación:

a) En el plazo de diez días desde que fueron notificados del desistimiento o renuncia.
b) En el plazo de quince días desde que fueron notificados del desistimiento o renuncia.
c) En el plazo de veinte días desde que fueron notificados del desistimiento o renuncia.
d) En el plazo de un mes desde que fueron notificados del desistimiento o renuncia.

111. En los procedimientos iniciados a solicitud del interesado, cuando se produzca su paralización por causa imputable al mismo, la Administración le advertirá que se producirá la caducidad del procedimiento, transcurridos:

a) Treinta días.
b) Tres meses.
c) Seis meses.
d) Doce meses.

112. Los actos de instrucción que requieran la intervención de los interesados habrán de practicarse:

a) En la forma que resulte más conveniente para los interesados y sea compatible, en la medida de lo posible, con sus obligaciones laborales o profesionales.
b) En la forma que resulte más conveniente para los interesados y para la Administración.
c) Como resulte más rápido y eficaz para la finalización de la instrucción.
d) En la forma que resulte más conveniente para los interesados y sea compatible, en la medida de lo posible, con sus obligaciones familiares, laborales o profesionales.

113. ¿Puede acordarse la caducidad por la simple inactividad del interesado en la cumplimentación de trámites?

a) No, en ningún caso.
b) Sí, siempre.
c) No, siempre que no sean indispensables para dictar resolución.
d) Sí, siempre que así se acuerde expresamente por el órgano instructor, y contra dicho acuerdo no quepa recurso alguno.

114. ¿Cuándo podrán las Administraciones Públicas acordar, de oficio o a solicitud del interesado, la tramitación simplificada del procedimiento?

a) Únicamente cuando razones de interés público así lo aconsejen.
b) Cuando razones de interés público o la falta de complejidad del procedimiento así lo aconsejen.
c) Cuando razones de interés público o particular así como la falta de complejidad del procedimiento así lo aconsejen.
d) La tramitación simplificada del procedimiento solo lo pueden acordar de oficio las Administraciones Públicas, nunca a instancia de parte.

115. ¿Puede el órgano competente para la tramitación simplificada del procedimiento administrativo común, acordar continuar con arreglo a la tramitación ordinaria?

a) No, una vez iniciada la tramitación simplificada del procedimiento no puede cambiarse.
b) Sí, en cualquier momento.
c) Sí, en cualquier momento del procedimiento anterior a su resolución.
d) Sí, en cualquier momento del procedimiento anterior al trámite de audiencia.

116. Señala la respuesta correcta respecto a la tramitación simplificada del procedimiento administrativo común:

a) Cuando la Administración acuerde de oficio la tramitación simplificada del procedimiento deberá notificarlo a los interesados. Si alguno de ellos manifestara su oposición expresa, la Administración deberá pronunciarse en el plazo de cinco días desde la manifestación.
b) Cuando la Administración acuerde de oficio la tramitación simplificada del procedimiento deberá notificarlo a los interesados. Si alguno de ellos manifestara su oposición expresa, la Administración deberá pronunciarse en el plazo de siete días hábiles desde la manifestación.
c) Cuando la Administración acuerde de oficio la tramitación simplificada del procedimiento deberá notificarlo a los interesados y contra tal acuerdo no cabe recurso alguno.
d) Cuando la Administración acuerde de oficio la tramitación simplificada del procedimiento deberá notificarlo a los interesados. Si alguno de ellos manifestara su oposición expresa, la Administración deberá seguir la tramitación ordinaria.

117. Los interesados podrán solicitar la tramitación simplificada del procedimiento. Si el órgano competente para la tramitación aprecia que no concurren razones para su apreciación, podrá desestimar dicha solicitud, en el plazo de:

a) Cinco días desde su presentación, sin que exista posibilidad de recurso por parte del interesado.
b) Siete días desde su presentación, sin que exista posibilidad de recurso por parte del interesado.
c) Cinco días desde su presentación, con posibilidad de plantear los recursos admisibles en derecho por parte del interesado.
d) Siete días desde su presentación, con posibilidad de plantear los recursos admisibles en derecho por parte del interesado.

118. Los interesados podrán solicitar la tramitación simplificada del procedimiento. Se entenderá desestimada la solicitud cuando hayan transcurrido desde su presentación:

a) Dos días.
b) Tres días.

c) Cuatro días.
d) Cinco días.

119. En el caso de procedimientos de naturaleza sancionadora, se podrá adoptar la tramitación simplificada del procedimiento cuando el órgano competente para iniciar el procedimiento considere que, de acuerdo con lo previsto en su normativa reguladora, y sin que quepa la oposición expresa por parte del interesado, existen elementos de juicio suficientes para calificar la infracción como:

a) Muy grave.
b) Grave.
c) Menos grave.
d) Leve.

120. Salvo que reste menos para su tramitación ordinaria, los procedimientos administrativos tramitados de manera simplificada deberán ser resueltos en:

a) Treinta días, a contar desde el siguiente al que se notifique al interesado el acuerdo de tramitación simplificada del procedimiento.
b) Treinta días, a contar desde el día en que se notifique al interesado el acuerdo de tramitación simplificada del procedimiento.
c) Veinte días, a contar desde el siguiente al que se notifique al interesado el acuerdo de tramitación simplificada del procedimiento.
d) Veinte días, a contar desde el día en que se notifique al interesado el acuerdo de tramitación simplificada del procedimiento.

121. Los actos de instrucción que requieran la intervención de los interesados habrán de practicarse en la forma que resulte más conveniente para ellos y sea compatible, en la medida de lo posible, con sus obligaciones:

a) Administrativas.
b) Personales.
c) Familiares.
d) Laborales o profesionales.

122. La Administración comunicará a los interesados el inicio de las actuaciones necesarias para la realización de las pruebas que hayan sido admitidas:

a) Con 24 horas de antelación.
b) Con 48 horas de antelación.
c) Con 72 horas de antelación.
d) Con antelación suficiente.

123. Si el informe debiera ser emitido por una Administración Pública distinta de las que tramita el procedimiento en orden a expresar el punto de vista correspondiente a sus competencias respectivas, y transcurriera el plazo sin que aquel se hubiera emitido:

a) Se suspenderá el procedimiento.
b) Se podrán proseguir las actuaciones.
c) Se podrá ampliar el plazo para emitir el informe hasta 5 días más.
d) Se podrá ampliar el plazo para emitir el informe hasta 10 días más.

124. En el caso de los procedimientos de responsabilidad patrimonial será:

a) Facultativo solicitar informe al servicio cuyo funcionamiento haya ocasionado la presunta lesión indemnizable, no pudiendo exceder de 10 días el plazo de su emisión.
b) Facultativo solicitar informe al servicio cuyo funcionamiento haya ocasionado la presunta lesión indemnizable, no pudiendo exceder de 5 días el plazo de su emisión.
c) Preceptivo solicitar informe al servicio cuyo funcionamiento haya ocasionado la presunta lesión indemnizable, no pudiendo exceder de 10 días el plazo de su emisión.
d) Preceptivo solicitar informe al servicio cuyo funcionamiento haya ocasionado la presunta lesión indemnizable, no pudiendo exceder de 5 días el plazo de su emisión.

125. El trámite de audiencia se realiza:

a) Inmediatamente antes de redactar la propuesta de resolución.
b) Inmediatamente antes de la información pública.
c) Inmediatamente después de la práctica de la prueba.
d) Inmediatamente después del acuerdo de iniciación del procedimiento.

126. Señala la respuesta incorrecta. Pondrán fin al procedimiento:

a) El desistimiento.
b) La renuncia al derecho en que se funde la solicitud, cuando tal renuncia esté prohibida por el ordenamiento jurídico.
c) La resolución.
d) La declaración de caducidad.

127. La Ley 39/2015, de 1 de octubre, del Procedimiento Administrativo Común de las Administraciones Públicas, en su art. 85 establece, respecto a la terminación en los procedimientos sancionadores, que:

a) Iniciado un procedimiento sancionador, si el infractor reconoce su responsabilidad, se podrá resolver el procedimiento con la imposición de la sanción que proceda.
b) Iniciado un procedimiento sancionador, en todo caso se podrá resolver el procedimiento con la imposición de una sanción.

c) Iniciado un procedimiento sancionador, en ningún caso se podrá resolver el procedimiento con la imposición de una sanción.

d) Iniciado un procedimiento sancionador, aunque el infractor no reconozca su responsabilidad, se podrá resolver el procedimiento con la imposición de la sanción que proceda.

128. Las Administraciones Públicas podrán celebrar acuerdos, pactos, convenios o contratos, con el alcance, efectos y régimen jurídico específico que, en su caso, prevea la disposición que lo regule:

a) No pudiendo tales actos tener la consideración de finalizadores de los procedimientos administrativos o insertarse en los mismos con carácter previo, vinculante o no, a la resolución que les ponga fin.

b) No pudiendo tales actos tener la consideración de finalizadores de los procedimientos administrativos o insertarse en los mismos con carácter posterior, vinculante, a la resolución que les ponga fin.

c) Pudiendo tales actos tener la consideración de finalizadores de los procedimientos administrativos o insertarse en los mismos con carácter previo, vinculante o no, a la resolución que les ponga fin.

d) Pudiendo tales actos tener la consideración de finalizadores de los procedimientos administrativos o insertarse en los mismos con carácter posterior, vinculante, a la resolución que les ponga fin.

129. En ningún caso podrá la Administración abstenerse de resolver so pretexto de silencio, oscuridad o insuficiencia de los preceptos legales aplicables al caso:

a) Aunque podrá acordarse la inadmisión de las solicitudes de reconocimiento de derechos no previstos en el ordenamiento jurídico o manifiestamente carentes de fundamento, sin perjuicio del derecho de petición previsto por el art. 27 de la Constitución.

b) Aunque podrá acordarse la inadmisión de las solicitudes de reconocimiento de derechos no previstos en el ordenamiento jurídico o manifiestamente carentes de fundamento, sin perjuicio del derecho de petición previsto por el art. 29 de la Constitución.

c) Ni podrá acordarse la inadmisión de las solicitudes de reconocimiento de derechos no previstos en el ordenamiento jurídico o manifiestamente carentes de fundamento, sin perjuicio del derecho de petición previsto por el art. 27 de la Constitución.

d) Ni podrá acordarse la inadmisión de las solicitudes de reconocimiento de derechos no previstos en el ordenamiento jurídico o manifiestamente carentes de fundamento, sin perjuicio del derecho de petición previsto por el art. 29 de la Constitución.

130. Los acuerdos, pactos, convenios o contratos que celebren las Administraciones Públicas:

a) Deberán publicarse cuando así se establezcan en los mismos.

b) Deberán publicarse o no según su naturaleza y las personas a las que estuvieran destinados.

c) Deberán publicarse en el Diario Oficial correspondiente en el plazo de 10 días desde su firma.

d) Deberán publicarse en la sede electrónica correspondiente en el plazo de 10 días desde su firma.

131. Respecto de la propuesta de resolución en los procedimientos de carácter sancionador, señala la respuesta incorrecta:

a) La propuesta de resolución deberá indicar la puesta de manifiesto del procedimiento y el plazo para formular alegaciones y presentar los documentos e informaciones que se estimen pertinentes.

b) En el caso de procedimientos de carácter sancionador, una vez concluida la instrucción del procedimiento, el órgano instructor formulará una propuesta de resolución que no se notificará a los interesados.

c) En la propuesta de resolución se fijarán de forma motivada los hechos que se consideren probados y su exacta calificación jurídica, se determinará la infracción que, en su caso, aquellos constituyan, la persona o personas responsables y la sanción que se proponga.

d) En la propuesta de resolución se fijará la valoración de las pruebas practicadas, en especial aquellas que constituyan los fundamentos básicos de la decisión, así como las medidas provisionales que, en su caso, se hubieran adoptado.

132. Cuando la resolución sea ejecutiva, se podrá suspender cautelarmente, si el interesado manifiesta a la Administración su intención de:

a) Interponer recurso contencioso-administrativo contra la resolución firme en vía administrativa.

b) Interponer recurso de alzada contra la resolución firme en vía administrativa.

c) Interponer recurso de alzada contra la resolución que no sea firme en vía administrativa.

d) Interponer recurso contencioso-administrativo contra la resolución que no sea firme en vía administrativa.

133. En el ámbito autonómico y local, los procedimientos de responsabilidad patrimonial se resolverán por:

a) Las asambleas parlamentarias mediante consenso.

b) Los órganos correspondientes de las Comunidades Autónomas o de las Entidades que integran la Administración Local.

c) Los órganos de gobierno si se trata de casos de cuantía elevada.

d) Una comisión especializada creada para la ocasión.

134. En los procedimientos iniciados de oficio:

a) La Administración no podrá desistir en ningún caso del procedimiento.

b) La Administración podrá desistir, sin necesidad de motivación, en los supuestos y con los requisitos previstos en las leyes.

c) La Administración podrá desistir libremente cuando lo considere conveniente.

d) La Administración podrá desistir, motivadamente, en los supuestos y con los requisitos previstos en las leyes.

135. Si la cuestión suscitada por la incoación del procedimiento entrañase interés general o fuera conveniente sustanciarla para su definición y esclarecimiento:

a) La Administración podrá limitar los efectos del desistimiento o la renuncia al interesado y seguirá el procedimiento.

b) La Administración podrá limitar los efectos del desistimiento o la renuncia al interesado finalizado el procedimiento.

c) La Administración suspenderá el procedimiento por el tiempo necesario.

d) La Administración no podrá limitar los efectos del desistimiento o la renuncia al interesado por tratarse de derechos indisponibles.

136. Si fueran varios los medios de ejecución admisibles por las Administraciones Públicas se elegirá:

a) El menos gravoso para el administrado.

b) El más rápido en su ejecución.

c) El menos restrictivo de la libertad individual.

d) El que prefiera el administrado.

137. A la hora de efectuar la ejecución forzosa por parte de las Administraciones Públicas, si fuese necesario entrar en el domicilio del afectado o en los restantes lugares que requieran la autorización de su titular, las Administraciones Públicas deberán:

a) Obtener la oportuna autorización judicial o, en su defecto, el consentimiento del afectado.

b) Obtener el consentimiento del afectado o, en su defecto, la oportuna autorización judicial.

c) Obtener el consentimiento del afectado y la oportuna autorización judicial.

d) Siempre obtener el consentimiento del afectado o de su abogado.

138. Si en virtud de acto administrativo hubiera de satisfacerse cantidad líquida se seguirá el procedimiento previsto en las normas reguladoras de:

a) La ejecución subsidiaria.

b) La multa coercitiva.

c) El procedimiento de apremio.

d) La compulsión sobre las personas.

139. A tenor del art. 104 de la Ley 39/2015, de 1 de octubre, los actos administrativos que impongan una obligación personalísima de no hacer o soportar podrán ser ejecutados por compulsión directa sobre las personas en los casos en que la ley expresamente lo autorice, y dentro siempre de:

a) El respeto debido a la dignidad de las personas y a los derechos reconocidos en la Constitución.

b) El respeto debido a la dignidad de las personas y a los principios de legalidad y proporcionalidad.

c) El respeto debido a la dignidad y libertad de las personas y a los principios de igualdad y proporcionalidad.

d) El respeto debido a la dignidad y libertad de las personas y al principio de eficacia y eficiencia.

140. La caducidad:

a) No producirá por sí sola la prescripción de las acciones del particular o de la Administración, pero los procedimientos caducados no interrumpirán el plazo de prescripción.

b) Producirá por sí sola la prescripción de las acciones del particular o de la Administración, pero los procedimientos caducados interrumpirán el plazo de prescripción.

c) No producirá por sí sola la prescripción de las acciones del particular o de la Administración, pero los procedimientos caducados interrumpirán el plazo de prescripción.

d) Producirá por sí sola la prescripción de las acciones del particular o de la Administración, pero los procedimientos caducados no interrumpirán el plazo de prescripción.

141. Respecto de la caducidad no es correcto:

a) La inactividad del interesado en la cumplimentación de trámites no tendrá otro efecto que la pérdida de su derecho al referido trámite.

b) Consumido el plazo para que se produzca la caducidad sin que el particular requerido realice las actividades necesarias para reanudar la tramitación, la Administración acordará el archivo de las actuaciones, notificándoselo al interesado.

c) No podrá acordarse la caducidad por la simple inactividad del interesado en la cumplimentación de trámites, aunque sean indispensables para dictar resolución.

d) Podrá no ser aplicable la caducidad en el supuesto de que la cuestión suscitada afecte al interés general, o fuera conveniente sustanciarla para su definición y esclarecimiento.

142. Las Administraciones Públicas podrán acordar la tramitación simplificada del procedimiento:

a) De oficio, cuando razones de interés público así lo aconsejen.

b) De oficio, cuando la falta de complejidad del procedimiento así lo aconseje.

c) De oficio o a solicitud del interesado, cuando la falta de complejidad del procedimiento así lo aconsejen.

d) De oficio o a solicitud del interesado, cuando razones de interés público o la falta de complejidad del procedimiento así lo aconsejen.

143. Cuando la tramitación simplificada del procedimiento sea acordada por la Administración:

a) A solicitud de los interesados, deberá notificarlo a estos y aunque alguno de ellos manifestara su oposición expresa, la Administración seguirá con la tramitación simplificada.

b) A solicitud de los interesados, deberá notificarlo a estos, si alguno de ellos manifestara su oposición expresa, la Administración deberá seguir la tramitación ordinaria.

c) De oficio, deberá notificarlo a los interesados, si alguno de ellos manifestara su oposición expresa, la Administración deberá seguir la tramitación ordinaria.

d) De oficio, deberá notificarlo a los interesados, aunque si alguno de ellos manifestara su oposición expresa, la Administración seguirá con la tramitación simplificada.

144. Transcurrido el plazo que tiene el órgano competente para poder desestimar la solicitud de la tramitación simplificada del procedimiento:

a) Se producirá la caducidad de la solicitud.

b) Se entenderá desestimada la solicitud.

c) Se entenderá estimada la solicitud.

d) Se producirá la suspensión de la solicitud.

145. Señala la respuesta incorrecta. Los procedimientos administrativos tramitados de manera simplificada constarán de:

a) Resolución.

b) Informe del Consejo General del Poder Judicial, en todo caso.

c) Informe del servicio jurídico, cuando sea preceptivo.

d) Dictamen del Consejo de Estado u órgano consultivo equivalente de la Comunidad Autónoma en los casos en que sea preceptivo.

146. Respecto a la resolución en los procedimientos sancionadores:

a) Cuando la resolución sea ejecutiva, se podrá suspender cautelarmente, si el interesado manifiesta a la Administración su intención de no interponer recurso contencioso-administrativo contra la resolución firme en vía administrativa.

b) En la resolución se podrán aceptar hechos distintos de los determinados en el curso del procedimiento, con independencia de su diferente valoración jurídica.

c) En la resolución que ponga fin al procedimiento se podrán adoptar las disposiciones cautelares precisas para garantizar su eficacia cuando sea ejecutiva y que podrán consistir en el mantenimiento de las medidas provisionales que en su caso se hubieran adoptado.

d) La resolución que ponga fin al procedimiento será ejecutiva cuando no quepa contra ella ningún recurso ordinario en vía administrativa.

147. Respecto a la propuesta de resolución en los procedimientos de carácter sancionador no es correcto afirmar que:

a) Cuando las conductas sancionadas hubieran causado daños o perjuicios a las Administraciones y la cuantía destinada a indemnizar estos daños no hubiera quedado determinada en el expediente, se fijará mediante un procedimiento complementario, cuya resolución será inmediatamente ejecutiva.

b) Este procedimiento será susceptible de terminación convencional, esta o la aceptación por el infractor de la resolución que pudiera recaer implicarán el reconocimiento voluntario de su responsabilidad.

c) La resolución del procedimiento pondrá fin a la vía administrativa.

d) La resolución que ponga fin al procedimiento será ejecutiva cuando no quepa contra ella ningún recurso ordinario en vía administrativa, pudiendo adoptarse en la misma las disposiciones cautelares precisas para garantizar su eficacia en tanto no sea ejecutiva y que podrán consistir en el mantenimiento de las medidas provisionales que en su caso se hubieran adoptado.

148. Señala la respuesta correcta. Respecto a la propuesta de resolución en los procedimientos de carácter sancionador, el órgano instructor resolverá la finalización del procedimiento, con archivo de las actuaciones, sin que sea necesaria la formulación de la propuesta de resolución, cuando en la instrucción del procedimiento se ponga de manifiesto que concurre alguna de las siguientes circunstancias:

a) La inexistencia de los hechos que pudieran constituir la infracción.

b) Cuando los hechos resulten acreditados.

c) Los hechos probados constituyan, de modo manifiesto, infracción administrativa.

d) Cuando se haya podido identificar a la persona o personas responsables y no aparezcan exentos de responsabilidad.

149. Respecto al contenido de la resolución, cuando se trate de cuestiones conexas que no hubieran sido planteadas por los interesados, el órgano competente podrá pronunciarse sobre las mismas, poniéndolo antes de manifiesto a aquellos para que formulen las alegaciones que estimen pertinentes y aporten, en su caso, los medios de prueba por un plazo:

a) Superior a diez días.

b) No superior a diez días.

c) Superior a quince días.

d) No superior a quince días.

150. Respecto a las actuaciones complementarias:

a) El acuerdo de realización de actuaciones complementarias se notificará a los interesados, concediéndoseles un plazo de diez días para formular las alegaciones que tengan por pertinentes tras la finalización de las mismas.

b) Antes de dictar resolución, el órgano competente para resolver podrá decidir, mediante acuerdo motivado, la realización de las actuaciones complementarias indispensables para resolver el procedimiento.

c) Los informes que preceden inmediatamente a la resolución final del procedimiento tendrán la consideración de actuaciones complementarias.

d) Las actuaciones complementarias deberán practicarse en un plazo no superior a veinte días.

Soluciones comentadas

1. c) En cualquier momento.

Artículo 53.1 a) de la Ley 39/2015. Es un derecho de los que tengan la condición de interesados en el procedimiento, a conocer, en cualquier momento, el estado de la tramitación de este.

2. a) Dentro de los quince días siguientes a su adopción, pudiendo ser recurrido.

Artículo 56.2 párrafo primero de la Ley 39/2015. El plazo es de quince días desde el acuerdo de iniciación del procedimiento, para confirmar, modificar o levantar las medidas provisionales que se hubieran podido adoptar en un procedimiento administrativo. El acuerdo podrá ser recurrible.

3. d) Quedarán sin efecto.

Artículo 56.2 párrafo segundo de la Ley 39/2015. Si no hay un pronunciamiento expreso en el acuerdo de iniciación, las medidas provisionales adoptadas quedan sin efecto.

4. c) Siempre de oficio.

Artículo 63.1 de la Ley 39/2015. Es una especialidad del procedimiento de naturaleza sancionadora, pues a diferencia del procedimiento común que puede iniciarse de oficio o a instancia de parte, en el sancionador, siempre se inicia de oficio por acuerdo del órgano competente.

5. d) Se le dará un plazo de diez días para que subsane la falta o acompañe los documentos preceptivos.

Artículo 68.1 de la Ley 39/2015. Se le da por tanto un plazo de diez días para que corrija los errores o deficiencias de las que pueda adolecer el escrito. Así lo recoge el citado artículo 68.1: Si la solicitud de iniciación no reúne los requisitos que señala el artículo 66, y, en su caso, los que señala el artículo 67 u otros exigidos por la legislación específica aplicable, se requerirá al interesado para que, en un plazo de diez días, subsane la falta o acompañe los documentos preceptivos, con indicación de que, si así no lo hiciera, se le tendrá por desistido de su petición, previa resolución que deberá ser dictada en los términos previstos en el artículo 21.

6. a) No.

Artículo 74 de la Ley 39/2015. No se suspenderá en ningún caso el procedimiento si se tramitan cuestiones incidentales, solo en el supuesto de recusación, en el que sí se suspenderá.

7. d) Suspensión definitiva de actividades.

Artículo 56.3 de la Ley 39/2015. Podrían adoptarse todas las anteriores como medidas provisionales, salvo la que consta en la letra d), ya que para que pueda adoptarse como medida provisional la suspensión de actividades, debería realizarse con carácter temporal y nunca con carácter definitivo.

8. b) A formular alegaciones, a utilizar los medios de defensa admitidos por el Ordenamiento Jurídico, y a aportar documentos en cualquier fase del procedimiento anterior al trámite de audiencia.

Artículo 53.1 e) de la Ley 39/2015, según el cual el interesado en el procedimiento podrá formular alegaciones, utilizar los medios de defensa admitidos por el Ordenamiento Jurídico, y aportar documentos en cualquier fase del procedimiento anterior al trámite de audiencia, que deberán ser tenidos en cuenta por el órgano competente al redactar la propuesta de resolución.

9. c) No cabe recurso alguno.

Artículo 57 párrafo segundo de la Ley 39/2015. No se admite recurso alguno contra el acuerdo por el que el órgano administrativo que inicie o tramite un procedimiento disponga su acumulación a otros con los que guarde identidad sustancial o íntima conexión, siempre que sea el mismo órgano quien deba tramitar y resolver el procedimiento.

10. b) Por acuerdo del órgano competente, bien por propia iniciativa o como consecuencia de orden superior, a petición razonada de otros órganos o por denuncia.

Artículo 58 de la Ley 39/2015. Se admiten esas formas de iniciar el procedimiento: de oficio, bien por propia iniciativa o como consecuencia de orden superior, a petición razonada de otros órganos; o por denuncia.

11. a) La no iniciación del procedimiento deberá ser motivada y se notificará a los denunciantes la decisión de si se ha iniciado o no el procedimiento.

Artículo 62.3 de la Ley 39/2015. Cuando la denuncia invocara un perjuicio en el patrimonio de las Administraciones Públicas la no iniciación del procedimiento deberá ser motivada y se notificará a los denunciantes la decisión de si se ha iniciado o no el procedimiento.

12. d) Cuando no haya prescrito su derecho a reclamar.

Artículo 67.1 de la Ley 39/2015. Los interesados solo podrán solicitar el inicio de un procedimiento de responsabilidad patrimonial, cuando no haya prescrito su derecho a reclamar.

13. a) Hasta cinco días.

Artículo 68.2 de la Ley 39/2015: Siempre que no se trate de procedimientos selectivos o de concurrencia competitiva, este plazo podrá ser ampliado prudencialmente, hasta cinco días, a petición del interesado o a iniciativa del órgano, cuando la aportación de los documentos requeridos presente dificultades especiales.

14. c) A ser informado de sus derechos procesales penales.

Artículo 53.2 a) de la Ley 39/2015: 2. En el caso de procedimientos administrativos de naturaleza sancionadora, los presuntos responsables tendrán los siguientes derechos: a) A ser notificado de los hechos que se le imputen, de las infracciones que tales hechos puedan constituir y de las sanciones que, en su caso, se les pudieran imponer, así como de la identidad del instructor, de la autoridad competente para imponer la sanción y de la norma que atribuya tal competencia.

15. b) Nunca.

Artículo 53.2 b) de la Ley 39/2015: Es un derecho del administrado la presunción de no existencia de responsabilidad administrativa mientras no se demuestre lo contrario. En este caso se preguntaba por la presunción de responsabilidad administrativa, que no se puede dar, ya que la ley regula expresamente la presunción de no existencia de responsabilidad administrativa mientras no se demuestre lo contrario.

16. a) Por el órgano administrativo competente para resolver.

Artículo 56.1 de la Ley 39/2015: Iniciado el procedimiento, el órgano administrativo competente para resolver podrá adoptar, de oficio o a instancia de parte y de forma motivada, las medidas provisionales que estime oportunas para asegurar la eficacia de la resolución que pudiera recaer.

17. c) Al año a contar desde la curación o la determinación del alcance de las secuelas.

Artículo 67.1 de la Ley 39/2015: Los interesados solo podrán solicitar el inicio de un procedimiento de responsabilidad patrimonial, cuando no haya prescrito su derecho a reclamar. El derecho a reclamar prescribirá al año de producido el hecho o el acto que motive la indemnización o se manifieste su efecto lesivo. En caso de daños de carácter físico o psíquico a las personas, el plazo empezará a computarse desde la curación o la determinación del alcance de las secuelas.

18. d) El conjunto ordenado de documentos y actuaciones que sirven de antecedente y fundamento a la resolución administrativa, así como las diligencias encaminadas a ejecutarla.

Artículo 70.1 de la Ley 39/2015: Contiene una definición completa de lo que se puede considerar un expediente administrativo: El conjunto ordenado de documentos y actuaciones que sirven de antecedente y fundamento a la resolución administrativa, así como las diligencias encaminadas a ejecutarla.

19. a) Principio de simplificación administrativa.

Artículo 72.1 de la Ley 39/2015: De acuerdo con el principio de simplificación administrativa, se acordarán en un solo acto todos los trámites que, por su naturaleza, admitan un impulso simultáneo y no sea obligado su cumplimiento sucesivo.

20. c) 10 días.

Artículo 73.1 de la Ley 39/2015: El plazo de diez días es el general, para que los interesados puedan realizar los trámites administrativos que fija el procedimiento, pero pueden por ley ampliarse o reducirse.

21. b) Nombre y sexo del interesado.

Artículo 66.1 de la Ley 39/2015: No se exigirá la identificación del sexo de la persona interesada.

22. b) No, como regla general.

Artículo 53. 1 c) de la Ley 39/2015: La regla general es que los interesados en un procedimiento administrativo tienen derecho a no presentar documentos originales salvo que, de manera excepcional, la normativa reguladora aplicable establezca lo contrario.

23. a) A conocer el sentido del silencio administrativo que corresponda.

Artículo 53. 1 a) de la Ley 39/2015: El interesado tiene derecho a saber cuál es el sentido del silencio administrativo en su caso concreto, si es positivo o negativo, cuando no haya recaído resolución expresa.

24. a) Período de información o actuaciones previas.

Artículo 55. 1. de la Ley 39/2015: En este periodo de información o actuaciones previas lo abre la Administración cuando quiere conocer las circunstancias del caso concreto y determinar así la conveniencia o no de iniciar ese procedimiento concreto.

25. c) Cierre definitivo del establecimiento por razones de sanidad, higiene o seguridad.

Artículo 56.3.c) de la Ley 39/2015: El cierre que se puede acordar como medida provisional por razones de sanidad, higiene o seguridad, ha de tener carácter temporal, nunca definitivo, pues se tratan de medidas provisionales y no definitivas.

26. b) Durante la tramitación del procedimiento.

Artículo 56.5 de la Ley 39/2015: Las medidas provisionales podrán ser alzadas o modificadas durante la tramitación del procedimiento, cuando ya no se consideren necesarias para los fines que las motivaron.

27. a) Cuando surta efectos la resolución administrativa que ponga fin al procedimiento correspondiente.

Artículo 56.5 de la Ley 39/2015: En todo caso, se extinguirán cuando surta efectos la resolución administrativa que ponga fin al procedimiento correspondiente.

28. c) Denuncia.

Artículo 62.1 de la Ley 39/2015: Define como denuncia al acto por el que cualquier persona, en cumplimiento o no de una obligación legal, pone en conocimiento de un órgano administrativo la existencia de un determinado hecho que pudiera justificar la iniciación de oficio de un procedimiento administrativo.

29. c) A partir del día siguiente al de la notificación del correspondiente acto.

Artículo 73.1 de la Ley 39/2015: El plazo, generalmente de diez días, comienza a contarse a partir del día siguiente al de la notificación del correspondiente acto.

30. b) Proporcionalidad, efectividad y menor onerosidad.

Artículo 56.1 de la Ley 39/2015: Las medidas provisionales intentan evitar un daño mayor y asegurar la resolución que pudiera recaer al final del procedimiento, por lo que deberán respetar los principios de proporcionalidad, efectividad y menor onerosidad.

31. d) Lo pondrá en conocimiento de su autor, concediéndole un plazo de diez días para cumplimentarlo.

Artículo 73.2 de la Ley 39/2015: Se permitirá al autor subsanar los requisitos que le faltan, dándole un plazo de diez días.

32. d) Teléfono fijo de contacto.

Artículo 66.1 de la Ley 39/2015: Se exige lugar físico o incluso pueden indicar correo electrónico y/o dispositivo electrónico con el fin de que las Administraciones Públicas les avisen del envío o puesta a disposición de la notificación.

33. d) Embargo de cosas infungibles.

Artículo 56.3.d) de la Ley 39/2015: El embargo ha de ser de cosas fungibles y por tanto computables en metálico por aplicación de precios ciertos.

34. c) Su evaluación económica, en todo caso.

Artículo 61.4 de la Ley 39/2015: En los procedimientos de responsabilidad patrimonial, la petición deberá individualizar la lesión producida en una persona o grupo de personas, su relación de causalidad con el funcionamiento del servicio público, su evaluación económica si fuera posible, y el momento en que la lesión efectivamente se produjo. Como vemos, la evaluación económica no se exige en todo caso, solo en la medida en que fuera posible.

35. a) No confiere, por sí sola, la condición de interesado en el procedimiento.

Artículo 62.5 de la Ley 39/2015: Por sí sola, la denuncia no confiere la condición de interesado en el procedimiento a quien la formule.

36. b) Deberá separarse la fase instructora y la sancionadora.

Artículo 63.1 de la Ley 39/2015: Son dos fases completamente diferenciadas, la instructora y la sancionadora, atribuidas a órganos distintos.

37. d) En el Punto de Acceso General electrónico de la Administración.

Artículo 53.1 a) de la Ley 39/2015: Quienes se relacionen con las Administraciones Públicas a través de medios electrónicos, tendrán derecho a consultar la información en el Punto de Acceso General electrónico de la Administración, que funcionará como un portal de acceso.

38. a) A obtener una copia autenticada de este.

Artículo 53.1 c) de la Ley 39/2015: Tienen derecho a una copia, autenticada, aunque la regla general es que no esté obligado a presentar originales.

39. b) Sí.

Artículo 53.1 b) de la Ley 39/2015: Tienen derecho a identificar a las autoridades y al personal al servicio de las Administraciones Públicas bajo cuya responsabilidad se tramiten los procedimientos.

40. d) De oficio o a solicitud del interesado.

Artículo 54 de la Ley 39/2015: Existen dos tipos de iniciación del procedimiento administrativo: bien a solicitud del interesado, bien de oficio.

41. b) De oficio o a instancia de parte y de forma motivada.

Artículo 56.1 de la Ley 39/2015: Las medidas provisionales se podrán solicitar de parte o bien establecerlas de oficio, pero siempre ha de hacerse de forma motivada, para asegurar el cumplimiento de la futura resolución que pudiera recaer en ese procedimiento administrativo.

42. a) Intervención de bienes improductivos.

Artículo 56.3.c) de la Ley 39/2015: han de ser siempre bienes de los que se puedan obtener frutos o rentas y por tanto productivos, para asegurar la efectividad de la resolución que recaiga en ese procedimiento.

43. a) Determinar la sanción que recaerá en la resolución final.

a) Artículo 55.2 de la Ley 39/2015: En el caso de procedimientos de naturaleza sancionadora las actuaciones previas se orientarán a determinar, con la mayor precisión posible, los hechos susceptibles de motivar la incoación del procedimiento, la identificación de la persona o personas que pudieran resultar responsables y las circunstancias relevantes que concurran en unos y otros.

44. c) En la Ley de Enjuiciamiento Civil.

c) Artículo 55.2 de la Ley 39/2015: En el ámbito administrativo, podrán acordarse medidas provisionales en los términos previstos en la Ley 1/2000, de 7 de enero, de Enjuiciamiento Civil.

45. b) Como medida provisional.

b) Artículo 56.3 f) de la Ley 39/2015: Admite como medida provisional la intervención y depósito de ingresos obtenidos mediante una actividad que se considere ilícita y cuya prohibición o cesación se pretenda.

46. a) Que puedan causar perjuicio de difícil o imposible reparación a los interesados.

Artículo 56.4 de la Ley 39/2015: No se podrán adoptar medidas provisionales que puedan causar perjuicio de difícil o imposible reparación a los interesados o que impliquen violación de derechos amparados por las leyes.

47. c) Siempre que sea el mismo órgano quien deba tramitar y resolver el procedimiento.

Artículo 57 de la Ley 39/2015: El órgano administrativo que inicie o tramite un procedimiento, cualquiera que haya sido la forma de su iniciación, podrá disponer, de oficio o a instancia de parte, su acumulación a otros con los que guarde identidad sustancial o íntima conexión, siempre que sea el mismo órgano quien deba tramitar y resolver el procedimiento.

48. a) Inicio del procedimiento por petición razonada de otro órgano.

Artículo 61.1 de la Ley 39/2015: Constituye una modalidad de iniciación de oficio del procedimiento administrativo.

49. c) La cuantía exacta de la multa a imponer.

Artículo 61.3 de la Ley 39/2015: En los procedimientos de naturaleza sancionadora, las peticiones deberán especificar, en la medida de lo posible, la persona o personas presuntamente responsables; las conductas o hechos que pudieran constituir infracción administrativa y su tipificación; así como el lugar, la fecha, fechas o período de tiempo continuado en que los hechos se produjeron.

50. a) Se encomiendan a órganos distintos la fase instructora y la sancionadora.

Artículo 63.1 de la Ley 39/2015: Se atribuyen a órganos distintos las dos fases que están completamente diferenciadas, la instructora y la sancionadora.

51. d) De oficio o a instancia de parte.

Artículo 57 de la Ley 39/2015: El órgano administrativo que inicie o tramite un procedimiento, cualquiera que haya sido la forma de su iniciación, podrá disponer, de oficio o a instancia de parte, su acumulación a otros con los que guarde identidad sustancial o íntima conexión, siempre que sea el mismo órgano quien deba tramitar y resolver el procedimiento.

52. b) No vincula al órgano competente para iniciar el procedimiento.

Artículo 61.2 de la Ley 39/2015: La petición no vincula al órgano competente para iniciar el procedimiento, si bien deberá comunicar al órgano que la hubiera formulado los motivos por los que, en su caso, no procede la iniciación.

53. c) La identidad de la persona responsable.

Artículo 62.2 de la Ley 39/2015: La identificación de los presuntos responsables, no se tiene que recoger en todo caso en la denuncia, solo en la medida en que fuera posible la identificación de los presuntos responsables.

54. b) En ningún caso.

Artículo 63.2 de la Ley 39/2015: Constituye una garantía del procedimiento administrativo sancionador, y siempre será necesaria la tramitación del oportuno procedimiento, dando así posibilidad de defensa al presunto infractor.

55. b) Declaración responsable.

Artículo 69.1 de la Ley 39/2015: La ley 39/2015 define como declaración responsable al documento suscrito por un interesado en el que este manifiesta, bajo su responsabilidad, que cumple con los requisitos establecidos en la normativa vigente para obtener el reconocimiento de un derecho o facultad o para su ejercicio, que dispone de la documentación que así lo acredita, que la pondrá a disposición de la Administración cuando le sea requerida, y que se compromete a mantener el cumplimiento de las anteriores obligaciones durante el período de tiempo inherente a dicho reconocimiento o ejercicio.

56. d) Medidas de carácter provisional que se hayan acordado por el órgano competente para resolver el procedimiento sancionador.

Artículo 64.2.e) de la Ley 39/2015: las medidas provisionales que se acuerden deben reflejarse en el acuerdo de iniciación, pero esas medidas deben ser adoptadas, en el caso de que se consideren necesarias, por el órgano competente para iniciar el procedimiento sancionador y no por el competente para resolver.

57. d) Excepcionalmente, cuando en el momento de dictar el acuerdo de iniciación no existan elementos suficientes para la calificación inicial de los hechos que motivan la incoación del procedimiento.

Artículo 64.3 de la Ley 39/2015: Es una medida excepcional, que solo se podrá adoptar cuando en el momento de dictar el acuerdo de iniciación no existan elementos suficientes para la calificación inicial de los hechos que motivan la incoación del procedimiento.

58. a) Que no haya prescrito el derecho a la reclamación del interesado.

Artículo 65.1 de la Ley 39/2015: Es necesario que no haya prescrito el derecho a la reclamación del interesado, para que las Administraciones Públicas decidan iniciar de oficio un procedimiento de responsabilidad patrimonial.

59. b) Podrán ser formuladas en una única solicitud, salvo que la norma disponga lo contrario.

Artículo 66.2 de la Ley 39/2015: Como norma general se permiten que puedan ser formuladas en una única solicitud, pero se recoge expresamente en la ley la salvedad de que las normas reguladoras de los procedimientos específicos puedan disponer otra cosa.

60. d) Acumulación.

Artículo 57 de la Ley 39/2015: El órgano administrativo que inicie o tramite un procedimiento, cualquiera que haya sido la forma de su iniciación, podrá disponer, de oficio o a instancia de parte, su acumulación a otros con los que guarde identidad sustancial o íntima conexión, siempre que sea el mismo órgano quien deba tramitar y resolver el procedimiento.

61. b) Comunicar al órgano que hubiera formulado la petición, los motivos por los que no procede la iniciación.

Artículo 61.2 de la Ley 39/2015: La petición no vincula al órgano competente para iniciar el procedimiento, si bien deberá comunicar al órgano que la hubiera formulado los motivos por los que, en su caso, no procede la iniciación.

62. b) Serán de uso obligatorio por los interesados.

Artículo 66.6 de la Ley 39/2015: Si expresamente los establece la Administración, serán de uso obligatorio.

63. a) En el Punto de Acceso General electrónico de la Administración competente.

Artículo 53.1.a) de la Ley 39/2015: En este caso, se entenderá cumplida la obligación de la Administración de facilitar copias de los documentos contenidos en los procedimientos, mediante la puesta a disposición de las mismas en el Punto de Acceso General electrónico de la Administración competente o en las sedes electrónicas que correspondan.

64. a) A actuar asistido de asesor cuando lo consideren conveniente en defensa de sus intereses.

Artículo 53.1.g) de la Ley 39/2015: Tienen derecho a intervenir con asesor. En cuanto al resto de las opciones son incorrectas, pues sí tienen derecho a obtener copia autenticada, que no fotocopia, de los documentos originales que solo excepcionalmente tendrían que presentar, pues la regla es que no tengan que presentar originales. Y las dos últimas opciones serían incorrectas, pues tendrán derecho a saber quién es el instructor y el encargado de resolver, en cualquier momento del procedimiento administrativo, pero no con anterioridad a iniciarlo, todo ello en base al art 53. 1 de la Ley que estamos estudiando.

65. c) Antes de la iniciación del procedimiento administrativo.

Artículo 56.1 de la Ley 39/2015: Puede adoptarse de forma motivada, de oficio o a instancia de parte, antes de la iniciación del procedimiento administrativo, cuando el órgano lo considere pertinente, en los casos de urgencia inaplazable y para la protección provisional de los intereses implicados.

66. d) Sí, de oficio o a instancia de parte, en virtud de circunstancias sobrevenidas o que no pudieron ser tenidas en cuenta en el momento de su adopción.

d) Artículo 56.5 de la Ley 39/2015: Podrán ser alzadas o modificadas durante la tramitación del procedimiento, de oficio o a instancia de parte, en virtud de circunstancias sobrevenidas o que no pudieron ser tenidas en cuenta en el momento de su adopción.

67. a) Expresa indicación del régimen de recusación de los presuntos responsables.

Artículo 64.3 de la Ley 39/2015: La calificación se realizará mediante la elaboración de un Pliego de cargos, y se adopta excepcionalmente cuando en el momento de dictar el acuerdo de iniciación no existan elementos suficientes para la calificación inicial de los hechos que motivan la incoación del procedimiento.

68. b) Requerirán al interesado para que la subsane a través de su presentación electrónica.

Artículo 68.4 de la Ley 39/2015: Al ser obligatoria la presentación telemática, se le requerirá para que cumpla con esa obligación.

69. d) Comunicación.

Artículo 69.2 de la Ley 39/2015: A los efectos de la Ley 39/2015, se entenderá por comunicación aquel documento mediante el que los interesados ponen en conocimiento de la Administración Pública competente sus datos identificativos o cualquier otro dato relevante para el inicio de una actividad o el ejercicio de un derecho.

70. d) Cuando así lo determinen las normas reguladoras del procedimiento.

Artículo 63.1 de la Ley 39/2015: Siempre ha de ser la norma reguladora la que determine la competencia de un órgano para iniciar el procedimiento.

71. a) La imposibilidad de continuar con el ejercicio del derecho o actividad afectada.

Artículo 69.4 de la Ley 39/2015: Impedirá la continuación del ejercicio del derecho o actividad afectada.

72. d) Completo, foliado, autentificado y acompañado de un índice, asimismo autentificado, de los documentos que contenga.

Artículo 70.3 de la Ley 39/2015: Recoge que cuando sea preciso remitir el expediente electrónico, se hará de acuerdo con lo previsto en el Esquema Nacional de Interoperabilidad y en las correspondientes Normas Técnicas de Interoperabilidad, y se enviará completo, foliado, autentificado y acompañado de un índice, asimismo autentificado, de los documentos que contenga. La autenticación del citado índice garantizará la integridad e inmutabilidad del expediente electrónico generado desde el momento de su firma y permitirá su recuperación siempre que sea preciso, siendo admisible que un mismo documento forme parte de distintos expedientes electrónicos.

73. b) Indicación de que, en caso de no efectuar alegaciones en el plazo previsto sobre el contenido del acuerdo de iniciación, este podrá ser considerado propuesta de resolución aun cuando no contenga un pronunciamiento preciso acerca de la responsabilidad imputada.

Artículo 64.2.f) de la Ley 39/2015: El acuerdo de iniciación ha de indicar expresamente que, en caso de no efectuar alegaciones en el plazo previsto sobre el contenido del acuerdo de iniciación, este podrá ser considerado propuesta de resolución cuando contenga un pronunciamiento preciso acerca de la responsabilidad imputada. Por tanto, la propuesta de resolución ha de contener ese pronunciamiento acerca de la responsabilidad, para que se pueda considerar como propuesta en el caso de que no se haya presentado en plazo.

74. a) Un Pliego de cargos.

Artículo 64.3 de la Ley 39/2015: Es una medida excepcional, que solo se podrá adoptar cuando en el momento de dictar el acuerdo de iniciación no existan elementos suficientes para la calificación inicial de los hechos que motivan la incoación del procedimiento. Este Pliego de cargos deberá ser notificado a los interesados.

75. d) La fecha en la que haya sido realizada la subsanación.

Artículo 68.4 de la Ley 39/2015: A los efectos planteados en esta pregunta, se considerará como fecha de presentación de la solicitud aquella en la que haya sido realizada la subsanación.

76. b) De oficio y a través de medios electrónicos.

(Ver art. 75.1.)

Los actos de instrucción necesarios para la determinación, conocimiento y comprobación de los hechos en virtud de los cuales deba pronunciarse la resolución, se realizarán de oficio y a través de medios electrónicos, por el órgano que tramite el procedimiento, sin perjuicio del derecho de los interesados a proponer aquellas actuaciones que requieran su intervención o constituyan trámites legal o reglamentariamente establecidos.

77. c) Contradicción y de igualdad de los interesados en el procedimiento.

(Ver art. 75.4.)

En cualquier caso, el órgano instructor adoptará las medidas necesarias para lograr el pleno respeto a los principios de contradicción y de igualdad de los interesados en el procedimiento.

78. b) Tres meses.

(Ver art. 95.1.)

En los procedimientos iniciados a solicitud del interesado, cuando se produzca su paralización por causa imputable al mismo, la Administración le advertirá de que, transcurridos tres meses, se producirá la caducidad del procedimiento. Consumido este plazo sin que el particular requerido realice las actividades necesarias para reanudar la tramitación, la Administración acordará el archivo de las actuaciones, notificándoselo al interesado.

79. b) En cualquier momento del procedimiento anterior al trámite de audiencia.

(Ver art. 76.1.)

Los interesados podrán, en cualquier momento del procedimiento anterior al trámite de audiencia, aducir alegaciones y aportar documentos u otros elementos de juicio.

80. a) En cualquier momento.

(Ver art. 76.2.)

En todo momento podrán los interesados alegar los defectos de tramitación y, en especial, los que supongan paralización, infracción de los plazos preceptivamente señalados o la omisión de trámites que pueden ser subsanados antes de la resolución definitiva del asunto.

81. b) Dos meses.

(Ver art. 81.3.)

En el caso de reclamaciones en materia de responsabilidad patrimonial del Estado por el funcionamiento anormal de la Administración de Justicia, será preceptivo el informe del Consejo General del Poder Judicial que será evacuado en el plazo máximo de dos meses. El plazo para dictar resolución quedará suspendido por el tiempo que medie entre la solicitud, del informe y su recepción, no pudiendo exceder dicho plazo de los citados dos meses.

82. a) Por un plazo no superior a treinta días ni inferior a diez.

(Ver art. 77.2.)

Cuando la Administración no tenga por ciertos los hechos alegados por los interesados o la naturaleza del procedimiento lo exija, el instructor del mismo acordará la apertura de un período de prueba por un plazo no superior a treinta días ni inferior a diez, a fin de que puedan practicarse cuantas juzgue pertinentes.

83. d) Por un plazo no superior a diez días.

(Ver art. 77.2.)

Cuando lo considere necesario, el instructor, a petición de los interesados, podrá decidir la apertura de un período extraordinario de prueba por un plazo no superior a diez días.

84. c) La Ley 1/2000, de 7 de enero, de Enjuiciamiento Civil.

(Ver art. 77.1.)

Los hechos relevantes para la decisión de un procedimiento podrán acreditarse por cualquier medio de prueba admisible en Derecho, cuya valoración se realizará de acuerdo con los criterios establecidos en la Ley 1/2000, de 7 de enero, de Enjuiciamiento Civil.

85. d) Con antelación suficiente.

(Ver art. 78.1.)

La Administración comunicará a los interesados, con antelación suficiente, el inicio de las actuaciones necesarias para la realización de las pruebas que hayan sido admitidas.

86. c) Facultativos y no vinculantes.

(Ver art. 80.1.)

Salvo disposición expresa en contrario, los informes serán facultativos y no vinculantes.

87. d) A través de medios electrónicos y en el plazo de diez días.

(Ver art. 80.2.)

Los informes serán emitidos a través de medios electrónicos y de acuerdo con los requisitos que señala el artículo 26 en el plazo de diez días, salvo que una disposición o el cumplimiento del resto de los plazos del procedimiento permita o exija otro plazo mayor o menor.

88. a) No superior a quince días.

(Ver art. 87.)

Las actuaciones complementarias deberán practicarse en un plazo no superior a quince días.

89. d) No pudiendo exceder de diez días el plazo de su emisión.

(Ver art. 81.1.)

En el caso de los procedimientos de responsabilidad patrimonial será preceptivo solicitar informe al servicio cuyo funcionamiento haya ocasionado la presunta lesión indemnizable, no pudiendo exceder de diez días el plazo de su emisión.

90. a) De cuantía igual o superior a 50.000 euros o a la que se establezca en la correspondiente legislación autonómica.

(Ver art. 81.2.)

Cuando las indemnizaciones reclamadas sean de cuantía igual o superior a 50.000 euros o a la que se establezca en la correspondiente legislación autonómica, así como en aquellos casos que disponga la Ley Orgánica 3/1980, de 22 de abril, del Consejo de Estado, será preceptivo solicitar dictamen del Consejo de Estado o, en su caso, del órgano consultivo de la Comunidad Autónoma.

91. c) Del Consejo General del Poder Judicial.

(Ver art. 81.3.)

En el caso de reclamaciones en materia de responsabilidad patrimonial del Estado por el funcionamiento anormal de la Administración de Justicia, será preceptivo el informe del Consejo General del Poder Judicial.

92. b) Dos meses.

(Ver art. 81.3.)

En el caso de reclamaciones en materia de responsabilidad patrimonial del Estado por el funcionamiento anormal de la Administración de Justicia, será preceptivo el informe del Consejo General del Poder Judicial que será evacuado en el plazo máximo de dos meses.

93. c) Sí, a responsabilidad disciplinaria.

(Ver art. 76.2.)

En todo momento podrán los interesados alegar los defectos de tramitación y, en especial, los que supongan paralización, infracción de los plazos preceptivamente señalados o la omisión de trámites que pueden ser subsanados antes de la resolución definitiva del asunto. Dichas alegaciones podrán dar lugar, si hubiere razones para ello, a la exigencia de la correspondiente responsabilidad disciplinaria.

94. c) No inferior a diez días ni superior a quince.

(Ver art. 82.2.)

Los interesados, en un plazo no inferior a diez días ni superior a quince, podrán alegar y presentar los documentos y justificaciones que estimen pertinentes.

95. c) A quien determinen las normas de su régimen jurídico.

(Ver art. 92.)

En el caso de las Entidades de Derecho Público, las normas que determinen su régimen jurídico podrán establecer los órganos a quien corresponde la resolución de los procedimientos de responsabilidad patrimonial.

96. d) El anuncio señalará el lugar de exhibición, debiendo estar en todo caso a disposición de las personas que lo soliciten a través de medios electrónicos en la sede electrónica correspondiente, y determinará el plazo para formular alegaciones.

(Ver art. 83.2.)

El anuncio señalará el lugar de exhibición, debiendo estar en todo caso a disposición de las personas que lo soliciten a través de medios electrónicos en la sede electrónica correspondiente, y determinará el plazo para formular alegaciones.

97. b) Veinte días.

(Ver art. 83.2.)

El anuncio señalará el lugar de exhibición, debiendo estar en todo caso a disposición de las personas que lo soliciten a través de medios electrónicos en la sede electrónica correspondiente, y determinará el plazo para formular alegaciones, que en ningún caso podrá ser inferior a veinte días.

98. d) Debe resolver lo solicitado y cuanto se derive del propio expediente.

(Ver art. 88.1.)

La resolución que ponga fin al procedimiento decidirá todas las cuestiones planteadas por los interesados y aquellas otras derivadas del mismo.

99. d) Puede no darse en determinados supuestos tasados.

(Ver art. 82.4.)

Se podrá prescindir del trámite de audiencia cuando no figuren en el procedimiento ni sean tenidos en cuenta en la resolución otros hechos ni otras alegaciones y pruebas que las aducidas por el interesado.

100. b) Del interesado y de la Administración Pública, según los casos.

(Ver art. 78.3.)

En los casos en que, a petición del interesado, deban efectuarse pruebas cuya realización implique gastos que no deba soportar la Administración, esta podrá exigir el anticipo de los mismos, a reserva de la liquidación definitiva, una vez practicada la prueba.

101. a) Al menos, el 20 % sobre el importe de la sanción propuesta.

(Ver art. 85.3.)

Cuando la sanción tenga únicamente carácter pecuniario, el órgano competente para resolver el procedimiento aplicará reducciones de, al menos, el 20% sobre el importe de la sanción propuesta, siendo estos acumulables entre sí.

102. c) Sí, mediante reglamento.

(Ver art. 85.3.)

El porcentaje de reducción podrá ser incrementado reglamentariamente.

103. d) Siete días.

(Ver art. 87.)

El acuerdo de realización de actuaciones complementarias se notificará a los interesados, concediéndoseles un plazo de siete días para formular las alegaciones que tengan por pertinentes tras la finalización de las mismas.

104. b) Podrá no ser tenido en cuenta al adoptar la correspondiente resolución.

(Ver art. 80.4.)

El informe emitido fuera de plazo podrá no ser tenido en cuenta al adoptar la correspondiente resolución.

105. d) Proporcionalidad.

(Ver art. 100.)

La ejecución forzosa por las Administraciones Públicas se efectuará, respetando siempre el principio de proporcionalidad.

106. d) Seis meses.

(Ver art. 91.3.)

Transcurridos seis meses desde que se inició el procedimiento sin que haya recaído y se notifique resolución expresa o, en su caso, se haya formalizado el acuerdo, podrá entenderse que la resolución es contraria a la indemnización del particular.

107. c) El Ministro respectivo o por el Consejo de Ministros en los casos del artículo 32.3 de la Ley de Régimen Jurídico del Sector Público o cuando una ley así lo disponga.

(Ver art. 92.)

En el ámbito de la Administración General del Estado, los procedimientos de responsabilidad patrimonial se resolverán por el Ministro respectivo o por el Consejo de Ministros en los casos del artículo 32.3 de la Ley de Régimen Jurídico del Sector Público o cuando una ley así lo disponga.

108. c) Cuando no figuren en el procedimiento ni sean tenidos en cuenta en la resolución otros hechos ni otras alegaciones y pruebas que las aducidas por el interesado.

(Ver art. 82.4.)

Se podrá prescindir del trámite de audiencia cuando no figuren en el procedimiento ni sean tenidos en cuenta en la resolución otros hechos ni otras alegaciones y pruebas que las aducidas por el interesado.

109. a) Si el escrito de iniciación se hubiera formulado por dos o más interesados, el desistimiento o la renuncia efectuada por uno de ellos afectará a todos los demás.

(Ver art. 94.2.)

Si el escrito de iniciación se hubiera formulado por dos o más interesados, el desistimiento o la renuncia solo afectarán a aquellos que la hubiesen formulado.

110. a) En el plazo de diez días desde que fueron notificados del desistimiento o renuncia.

(Ver art. 94.4.)

La Administración aceptará de plano el desistimiento o la renuncia, y declarará concluso el procedimiento salvo que, habiéndose personado en el mismo terceros interesados, instasen estos su continuación en el plazo de diez días desde que fueron notificados del desistimiento o renuncia.

111. b) Tres meses.

(Ver art. 95.1.)

En los procedimientos iniciados a solicitud del interesado, cuando se produzca su paralización por causa imputable al mismo, la Administración le advertirá que, transcurridos tres meses, se producirá la caducidad del procedimiento.

112. a) En la forma que resulte más conveniente para los interesados y sea compatible, en la medida de lo posible, con sus obligaciones laborales o profesionales.

(Ver art. 75.3.)

Los actos de instrucción que requieran la intervención de los interesados habrán de practicarse en la forma que resulte más conveniente para ellos y sea compatible, en la medida de lo posible, con sus obligaciones laborales o profesionales.

113. c) No, siempre que no sean indispensables para dictar resolución.

(Ver art. 95.2.)

No podrá acordarse la caducidad por la simple inactividad del interesado en la cumplimentación de trámites, siempre que no sean indispensables para dictar resolución.

114. b) Cuando razones de interés público o la falta de complejidad del procedimiento así lo aconsejen.

(Ver art. 96.1.)

Cuando razones de interés público o la falta de complejidad del procedimiento así lo aconsejen, las Administraciones Públicas podrán acordar, de oficio o a solicitud del interesado, la tramitación simplificada del procedimiento.

115. c) Sí, en cualquier momento del procedimiento anterior a su resolución.

(Ver art. 96.1.)

En cualquier momento del procedimiento anterior a su resolución, el órgano competente para su tramitación podrá acordar continuar con arreglo a la tramitación ordinaria.

116. d) Cuando la Administración acuerde de oficio la tramitación simplificada del procedimiento deberá notificarlo a los interesados. Si alguno de ellos manifestara su oposición expresa, la Administración deberá seguir la tramitación ordinaria.

(Ver art. 96.2.)

Requisito legalmente establecido para la tramitación simplificada del procedimiento administrativo común.

117. a) Cinco días desde su presentación, sin que exista posibilidad de recurso por parte del interesado.

(Ver art. 96.3.)

Si el órgano competente para la tramitación aprecia que no concurre alguna de las razones previstas para la tramitación simplificada del procedimiento, podrá desestimar dicha solicitud, en el plazo de cinco días desde su presentación, sin que exista posibilidad de recurso por parte del interesado.

118. d) Cinco días.

(Ver art. 96.3.)

Los interesados podrán solicitar la tramitación simplificada del procedimiento. Si el órgano competente para la tramitación aprecia que no concurre alguna de las razones previstas en el apartado 1, podrá desestimar dicha solicitud, en el plazo de cinco días desde su presentación, sin que exista posibilidad de recurso por parte del interesado. Transcurrido el mencionado plazo de cinco días se entenderá desestimada la solicitud.

119. d) Leve.

(Ver art. 96.5.)

En el caso de procedimientos de naturaleza sancionadora, se podrá adoptar la tramitación simplificada del procedimiento cuando el órgano competente para iniciar el procedimiento considere que, de acuerdo con lo previsto en su normativa reguladora, existen elementos de juicio suficientes para calificar la infracción como leve.

120. a) Treinta días, a contar desde el siguiente al que se notifique al interesado el acuerdo de tramitación simplificada del procedimiento.

(Ver art. 96.6.)

Salvo que reste menos para su tramitación ordinaria, los procedimientos administrativos tramitados de manera simplificada deberán ser resueltos en treinta días, a contar desde el siguiente al que se notifique al interesado el acuerdo de tramitación simplificada del procedimiento.

121. d) Laborales o profesionales.

(Ver art. 75.3.)

Los actos de instrucción que requieran la intervención de los interesados habrán de practicarse en la forma que resulte más conveniente para ellos y sea compatible, en la medida de lo posible, con sus obligaciones laborales o profesionales.

122. d) Con antelación suficiente.

(Ver art. 78.1.)

La Administración comunicará a los interesados, con antelación suficiente, el inicio de las actuaciones necesarias para la realización de las pruebas que hayan sido admitidas.

123. b) Se podrán proseguir las actuaciones.

(Ver art. 80.4.)

Si el informe debiera ser emitido por una Administración Pública distinta de la que tramita el procedimiento en orden a expresar el punto de vista correspondiente a sus competencias respectivas, y transcurriera el plazo sin que aquel se hubiera emitido, se podrán proseguir las actuaciones.

124. c) Preceptivo solicitar informe al servicio cuyo funcionamiento haya ocasionado la presunta lesión indemnizable, no pudiendo exceder de 10 días el plazo de su emisión.

(Ver art. 81.1.)

En el caso de los procedimientos de responsabilidad patrimonial será preceptivo solicitar informe al servicio cuyo funcionamiento haya ocasionado la presunta lesión indemnizable, no pudiendo exceder de diez días el plazo de su emisión.

125. a) Inmediatamente antes de redactar la propuesta de resolución.

(Ver art. 82.1.)

Instruidos los procedimientos, e inmediatamente antes de redactar la propuesta de resolución, se pondrán de manifiesto a los interesados o, en su caso, a sus representantes, para lo que se tendrán en cuenta las limitaciones previstas en su caso en la Ley 19/2013, de 9 de diciembre.

126. b) La renuncia al derecho en que se funde la solicitud, cuando tal renuncia esté prohibida por el ordenamiento jurídico.

(Ver art. 84.1.)

Pondrán fin al procedimiento la resolución, el desistimiento, la renuncia al derecho en que se funde la solicitud, cuando tal renuncia no esté prohibida por el ordenamiento jurídico, y la declaración de caducidad.

127. a) Iniciado un procedimiento sancionador, si el infractor reconoce su responsabilidad, se podrá resolver el procedimiento con la imposición de la sanción que proceda.

(Ver art. 85.1.)

Con respecto a la terminación en los procedimientos sancionadores, dispone el art. 85.1 que iniciado un procedimiento sancionador, si el infractor reconoce su responsabilidad, se podrá resolver el procedimiento con la imposición de la sanción que proceda.

128. c) Pudiendo tales actos tener la consideración de finalizadores de los procedimientos administrativos o insertarse en los mismos con carácter previo, vinculante o no, a la resolución que les ponga fin.

(Ver art. 86.1.)

Las Administraciones Públicas podrán celebrar acuerdos, pactos, convenios o contratos con personas tanto de Derecho público como privado, siempre que no sean contrarios al ordenamiento jurídico ni versen sobre materias no susceptibles de transacción y tengan por objeto satisfacer el interés público que tienen encomendado, con el alcance, efectos y régimen jurídico específico que, en su caso, prevea la disposición que lo regule, pudiendo tales actos tener la consideración de finalizadores de los procedimientos administrativos o insertarse en los mismos con carácter previo, vinculante o no, a la resolución que les ponga fin.

129. b) Aunque podrá acordarse la inadmisión de las solicitudes de reconocimiento de derechos no previstos en el ordenamiento jurídico o manifiestamente carentes de fundamento, sin perjuicio del derecho de petición previsto por el art. 29 de la Constitución.

(Ver art. 88.5.)

En ningún caso podrá la Administración abstenerse de resolver so pretexto de silencio, oscuridad o insuficiencia de los preceptos legales aplicables al caso, aunque podrá acordarse la inadmisión de las solicitudes de reconocimiento de derechos no previstos en el ordenamiento jurídico o manifiestamente carentes de fundamento, sin perjuicio del derecho de petición previsto por el artículo 29 de la Constitución.

130. b) Deberán publicarse o no según su naturaleza y las personas a las que estuvieran destinados.

(Ver art. 86.2.)

Los instrumentos establecidos en el art. 86.1. deberán establecer como contenido mínimo la identificación de las partes intervinientes, el ámbito personal, funcional y territorial, y el plazo de vigencia, debiendo publicarse o no según su naturaleza y las personas a las que estuvieran destinados.

131. b) En el caso de procedimientos de carácter sancionador, una vez concluida la instrucción del procedimiento, el órgano instructor formulará una propuesta de resolución que no se notificará a los interesados.

(Ver art. 89.2.)

En el caso de procedimientos de carácter sancionador, una vez concluida la instrucción del procedimiento, el órgano instructor formulará una propuesta de resolución que deberá ser notificada a los interesados. La propuesta de resolución deberá indicar la puesta de manifiesto del procedimiento y el plazo para formular alegaciones y presentar los documentos e informaciones que se estimen pertinentes.

132. a) Interponer recurso contencioso-administrativo contra la resolución firme en vía administrativa.

(Ver art. 90.3.)

Cuando la resolución sea ejecutiva se podrá suspender cautelarmente, si el interesado manifiesta a la Administración su intención de interponer recurso contencioso-administrativo contra la resolución firme en vía administrativa.

133. b) Los órganos correspondientes de las Comunidades Autónomas o de las Entidades que integran la Administración Local.

(Ver art. 92.)

En el ámbito autonómico y local, los procedimientos de responsabilidad patrimonial se resolverán por los órganos correspondientes de las Comunidades Autónomas o de las Entidades que integran la Administración Local.

134. d) La Administración podrá desistir, motivadamente, en los supuestos y con los requisitos previstos en las leyes.

(Ver art. 93.)

En los procedimientos iniciados de oficio, la Administración podrá desistir, motivadamente, en los supuestos y con los requisitos previstos en las leyes.

135. a) La Administración podrá limitar los efectos del desistimiento o la renuncia al interesado y seguirá el procedimiento.

(Ver art. 94.5.)

Si la cuestión suscitada por la incoación del procedimiento entrañase interés general o fuera conveniente sustanciarla para su definición y esclarecimiento, la Administración podrá limitar los efectos del desistimiento o la renuncia al interesado y seguirá el procedimiento.

136. c) El menos restrictivo de la libertad individual.

(Ver art. 100.2.)

Si fueran varios los medios de ejecución admisibles se elegirá el menos restrictivo de la libertad individual.

137. b) Obtener el consentimiento del afectado o, en su defecto, la oportuna autorización judicial.

(Ver art. 100.3.)

Si fuese necesario entrar en el domicilio del afectado o en los restantes lugares que requieran la autorización de su titular, las Administraciones Públicas deberán obtener el consentimiento del mismo o, en su defecto, la oportuna autorización judicial.

138. c) El procedimiento de apremio.

(Ver art. 101.1.)

Si en virtud de acto administrativo hubiera de satisfacerse cantidad líquida se seguirá el procedimiento previsto en las normas reguladoras del procedimiento de apremio.

139. a) El respeto debido a la dignidad de las personas y a los derechos reconocidos en la Constitución.

(Ver art. 104.1.)

Los actos administrativos que impongan una obligación personalísima de no hacer o soportar podrán ser ejecutados por compulsión directa sobre las personas en los casos en que la ley expresamente lo autorice, y dentro siempre del respeto debido a su dignidad y a los derechos reconocidos en la Constitución.

140. a) No producirá por sí sola la prescripción de las acciones del particular o de la Administración, pero los procedimientos caducados no interrumpirán el plazo de prescripción.

(Ver art. 95.3.)

La caducidad no producirá por sí sola la prescripción de las acciones del particular o de la Administración, pero los procedimientos caducados no interrumpirán el plazo de prescripción.

141. c) No podrá acordarse la caducidad por la simple inactividad del interesado en la cumplimentación de trámites, aunque sean indispensables para dictar resolución.

(Ver art. 95.2.)

No podrá acordarse la caducidad por la simple inactividad del interesado en la cumplimentación de trámites, siempre que no sean indispensables para dictar resolución. Dicha inactividad no tendrá otro efecto que la pérdida de su derecho al referido trámite.

142. d) De oficio o a solicitud del interesado, cuando razones de interés público o la falta de complejidad del procedimiento así lo aconsejen.

(Ver art. 96.1.)

Cuando razones de interés público o la falta de complejidad del procedimiento así lo aconsejen, las Administraciones Públicas podrán acordar, de oficio o a solicitud del interesado, la tramitación simplificada del procedimiento.

143. c) De oficio, deberá notificarlo a los interesados, si alguno de ellos manifestara su oposición expresa, la Administración deberá seguir la tramitación ordinaria.

(Ver art. 96.2.)

Cuando la Administración acuerde de oficio la tramitación simplificada del procedimiento deberá notificarlo a los interesados. Si alguno de ellos manifestara su oposición expresa, la Administración deberá seguir la tramitación ordinaria.

144. b) Se entenderá desestimada la solicitud.

(Ver art. 96.3.)

Los interesados podrán solicitar la tramitación simplificada del procedimiento. Si el órgano competente para la tramitación aprecia que no concurre alguna de las razones previstas legalmente, podrá desestimar dicha solicitud, en el plazo de cinco días desde su presentación, sin que exista posibilidad de recurso por parte del interesado. Transcurrido el mencionado plazo de cinco días se entenderá desestimada la solicitud.

145. b) Informe del Consejo General del Poder Judicial, en todo caso.

(Ver art. 96.6.)

Salvo que reste menos para su tramitación ordinaria, los procedimientos administrativos tramitados de manera simplificada deberán ser resueltos en treinta días, a contar desde el siguiente al que se notifique al interesado el acuerdo de tramitación simplificada del procedimiento, y constarán únicamente de los siguientes trámites:

a) Inicio del procedimiento de oficio o a solicitud del interesado.

b) Subsanación de la solicitud presentada, en su caso.

c) Alegaciones formuladas al inicio del procedimiento durante el plazo de cinco días.

d) Trámite de audiencia, únicamente cuando la resolución vaya a ser desfavorable para el interesado.

e) Informe del servicio jurídico, cuando este sea preceptivo.

f) Informe del Consejo General del Poder Judicial, cuando este sea preceptivo.

g) Dictamen del Consejo de Estado u órgano consultivo equivalente de la Comunidad Autónoma en los casos en que sea preceptivo. Desde que se solicite el Dictamen al Consejo de Estado, u órgano equivalente, hasta que este sea emitido, se producirá la suspensión automática del plazo para resolver.

146. d) La resolución que ponga fin al procedimiento será ejecutiva cuando no quepa contra ella ningún recurso ordinario en vía administrativa.

(Ver art. 90.3.)

La resolución que ponga fin al procedimiento será ejecutiva cuando no quepa contra ella ningún recurso ordinario en vía administrativa, pudiendo adoptarse en la misma las disposiciones cautelares precisas para garantizar su eficacia en tanto no sea ejecutiva y que podrán consistir en el mantenimiento de las medidas provisionales que en su caso se hubieran adoptado.

147. b) Este procedimiento será susceptible de terminación convencional, esta o la aceptación por el infractor de la resolución que pudiera recaer implicarán el reconocimiento voluntario de su responsabilidad.

(Ver art. 90.4.)

Cuando las conductas sancionadas hubieran causado daños o perjuicios a las Administraciones y la cuantía destinada a indemnizar estos daños no hubiera quedado determinada en el expediente, se fijará mediante un procedimiento complementario, cuya resolución será inmediatamente ejecutiva. Este procedimiento será susceptible de terminación convencional, pero ni esta ni la aceptación por el infractor de la resolución que pudiera recaer implicarán el reconocimiento voluntario de su responsabilidad. La resolución del procedimiento pondrá fin a la vía administrativa.

148. a) La inexistencia de los hechos que pudieran constituir la infracción.

(Ver art. 89.1.)

El órgano instructor resolverá la finalización del procedimiento, con archivo de las actuaciones, sin que sea necesaria la formulación de la propuesta de resolución, cuando en la instrucción procedimiento se ponga de manifiesto que concurre alguna de las siguientes circunstancias:

a) La inexistencia de los hechos que pudieran constituir la infracción.

b) Cuando lo hechos no resulten acreditados.

c) Cuando los hechos probados no constituyan, de modo manifiesto, infracción administrativa.

d) Cuando no exista o no se haya podido identificar a la persona o personas responsables o bien aparezcan exentos de responsabilidad.

e) Cuando se concluyera, en cualquier momento, que ha prescrito la infracción.

149. d) No superior a quince días.

(Ver art. 88.1.)

La resolución que ponga fin al procedimiento decidirá todas las cuestiones planteadas por los interesados y aquellas otras derivadas del mismo.

Cuando se trate de cuestiones conexas que no hubieran sido planteadas por los interesados, el órgano competente podrá pronunciarse sobre las mismas, poniéndolo antes de manifiesto a aquellos por un plazo no superior a quince días, para que formulen las alegaciones que estimen pertinentes y aporten, en su caso, los medios de prueba.

150. b) Antes de dictar resolución, el órgano competente para resolver podrá decidir, mediante acuerdo motivado, la realización de las actuaciones complementarias indispensables para resolver el procedimiento.

(Ver art. 87.)

Antes de dictar resolución, el órgano competente para resolver podrá decidir, mediante acuerdo motivado, la realización de las actuaciones complementarias indispensables para resolver el procedimiento. No tendrán la consideración de actuaciones complementarias los informes que preceden inmediatamente a la resolución final del procedimiento.

TÍTULO V

De la revisión de los actos en vía administrativa

1. La revisión de las disposiciones dictadas por las Administraciones Públicas en vía administrativa supone:

a) La anulabilidad de los actos y disposiciones siempre que no hayan sido recurridos en plazo.

b) La estimación de las reclamaciones efectuadas por los particulares cuando haya transcurrido el plazo sin que se hubiera dictado la resolución correspondiente.

c) La declaración de oficio de la nulidad de los actos administrativos que pongan fin a la vía administrativa.

d) La posibilidad de que la nulidad de los actos administrativos sea declarada mediante dictamen del Consejo de Estado u órgano consultivo equivalente de la Comunidad Autónoma.

2. Transcurridos seis meses desde que la Administración inició de oficio el procedimiento de revisión de una disposición administrativa o un acto nulo, sin dictarse resolución, se producirá:

a) La prescripción del derecho del interesado a reclamar.

b) La nulidad *ipso iure* de la disposición o acto.

c) La desestimación de la pretensión ejercitada en el mismo.

d) La caducidad del procedimiento.

3. En los procedimientos de revisión de disposiciones administrativas y actos nulos, no será preceptiva la intervención del Consejo de Estado u órgano equivalente de la Comunidad Autónoma:

a) Cuando la nulidad sea declarada de oficio pero a instancias de interesado.

b) Para acordar motivadamente la inadmisión a trámite de las solicitudes formuladas por los interesados, siempre que no se basen en una nulidad de pleno derecho.

c) En los supuestos en que la nulidad dimane de una vulneración de normas de rango superior.

d) Para acordar motivadamente la inadmisión a trámite de las solicitudes formuladas por los interesados en cualquier caso.

4. Cuando una disposición administrativa haya sido declarada nula, el particular afectado por el acto en cuestión:

a) Tendrá derecho a ser indemnizado, siempre que el daño causado sea efectivo, evaluable, individualizado y no hubiera tenido el deber jurídico de soportarlo.

b) Será indemnizado, si en la resolución que así lo declare se reconoce ese derecho.

c) No será indemnizado en ningún caso, pues subsisten las consecuencias de los actos firmes dictados en aplicación de la misma.

d) Deberá ser indemnizado en todo caso y por el simple hecho de la declaración de nulidad, pues al serle aplicada una norma manifiestamente ilegal, el perjuicio o daño se presume.

5. El plazo para declarar de oficio la nulidad de los actos administrativos que hayan puesto fin a la vía administrativa o que no hayan sido recurridos en su momento oportuno, es:

a) De seis meses.

b) De cuatro años.

c) De cuatro años para los que no hayan sido recurridos en plazo e indefinidamente para los que pongan fin a la vía administrativa.

d) *Sine die*, es decir, no existe plazo alguno para ello.

6. La declaración de lesividad de los actos administrativos favorables a los interesados:

a) Supone la nulidad automática de los mismos, sin necesidad de recabar dictamen del Consejo de Estado u órgano consultivo equivalente de la Comunidad Autónoma.

b) Reconoce el derecho de los particulares a ser indemnizados como consecuencia de los daños y perjuicios que les haya causado la aplicación de los actos declarados nulos.

c) Permite a las Administraciones Públicas impugnar ante la Jurisdicción Contencioso-Administrativa dichos actos.

d) Es la Resolución por la que se declara la anulabilidad de los mismos.

7. Los actos administrativos con defectos de forma pero con los requisitos formales indispensables para alcanzar su fin, sin causar indefensión de los interesados:

a) Serán declarados lesivos para el interés público si ha beneficiado al interesado o interesados.

b) Son anulables, previa declaración de lesividad y el dictamen favorable del Consejo de Estado u órgano consultivo equivalente de la Comunidad Autónoma.

c) Son nulos de pleno derecho.

d) No son anulables, por lo general.

8. La lesividad de un acto administrativo podrá declararse:

a) A los cuatro años desde su dictado.
b) Antes de los seis meses desde que se dictó.
c) Cuatro años después de conocido el vicio que lo invalida.
d) En cualquier momento.

9. El transcurso del plazo previsto para la resolución del procedimiento en el que se declare la lesividad del acto, sin haberse acordado la misma, supone:

a) La anulabilidad del acto administrativo.
b) La nulidad del acto administrativo.
c) La firmeza del acto administrativo.
d) La caducidad del procedimiento administrativo.

10. La competencia para declarar la lesividad de un acto emanado de una entidad de las que integran la Administración Local corresponde:

a) Al Alcalde de la Corporación.
b) Al Pleno de la Corporación.
c) Al órgano individual superior de la Corporación.
d) Al Consejo de Estado u órgano consultivo equivalente de la Comunidad Autónoma.

11. La suspensión de la ejecución de los actos administrativos sobre los que se haya iniciado un procedimiento de revisión de oficio se podrá acordar:

a) Siempre, cuando así discrecionalmente lo decida la Administración.
b) En ningún caso, pues no es posible su suspensión.
c) Cuando así lo solicite el interesado, previo aval que garantice las responsabilidades que se pudieran derivar.
d) Si se pudieran causar perjuicios de imposible o difícil reparación.

12. Los errores materiales, de hecho o aritméticos existentes en los actos administrativos podrán ser rectificados:

a) Siempre que no haya transcurrido el plazo de prescripción.
b) En cualquier momento.
c) Cuando no constituya exención o dispensa contraria a la ley.
d) Si no atenta contra la igualdad, el interés público o el ordenamiento jurídico.

13. No es un límite al ejercicio de las facultades de revisión de actos administrativos expresamente previsto en la Ley 39/2015, de 1 de octubre:

a) El interés público.
b) La equidad.

c) La buena fe.
d) Los derechos de los ciudadanos.

14. La competencia para la revisión de oficio de las disposiciones y de actos nulos y anulables dictados por los Secretarios de Estado de la Administración General la ostenta:

a) El Consejo de Ministros.
b) El máximo órgano rector colegiado del Ministerio al que se encuentren adscritos.
c) Ellos mismos.
d) El Ministro del que dependan.

15. ¿Qué recurso o recursos se pueden oponer contra los actos administrativos de trámite que no se encuentren afectos de nulidad ni anulabilidad?

a) Alzada.
b) Reposición.
c) Ninguno, sin perjuicio de alegar el defecto que corresponda al recurrir contra la resolución que ponga fin al procedimiento, en su caso.
d) Alzada y potestativo de reposición.

16. La competencia para resolver sobre un recurso administrativo fundado únicamente en la nulidad de una disposición administrativa de carácter general la ostenta:

a) El órgano superior jerárquico de aquel que dictó la disposición impugnada.
b) El órgano superior jerárquico de aquel que dictó el acto impugnado.
c) Nadie, pues no es posible impugnar, ni directa ni indirectamente, una disposición de carácter general.
d) El órgano que dictó la disposición de carácter general afectada de nulidad.

17. Son actos que ponen fin a la vía administrativa, salvo que la ley disponga otra cosa:

a) La resolución administrativa de los procedimientos de responsabilidad patrimonial.
b) Las resoluciones de los órganos administrativos que carezcan de superior jerárquico.
c) La resolución de los procedimientos complementarios en materia sancionadora.
d) Las resoluciones de los recursos de alzada o recursos sustitutivos de estos.

18. Los vicios y defectos que hagan anulable un acto administrativo no podrán ser alegados:

a) Por la Administración autora del mismo.
b) Por los interesados.
c) Por quienes los hubieren causado.
d) Por el interesado que lo hubiere dejado firme.

19. No es causa de inadmisión de los recursos administrativos:

a) El transcurso del plazo para su interposición.
b) La incompetencia del órgano al que se remite, siempre.
c) La carencia de legitimación del recurrente.
d) La ausencia de calificación del recurso o el error cometido en la misma.

20. Cuando un recurso administrativo carezca manifiestamente de fundamento, procederá:

a) Su desestimación.
b) Su caducidad.
c) Su inadmisión.
d) Su tramitación hasta el dictado de la resolución que corresponda.

21. Por regla general, la interposición de cualquier recurso administrativo:

a) Suspenderá la ejecución del acto impugnado, en todo caso.
b) No suspenderá la ejecución del acto recurrido, salvo que se disponga otra cosa.
c) No suspenderá la ejecución del acto impugnado en ningún caso.
d) Suspenderá la ejecución del acto recurrido, salvo que una norma disponga expresamente lo contrario.

22. La ejecución de un acto administrativo objeto de recurso administrativo por incurrir en desviación de poder que pudiera causar perjuicios de difícil o imposible reparación, podrá ser suspendido:

a) Por el órgano superior jerárquico al que dictó el acto.
b) Por el órgano a quien competa resolver el recurso.
c) Por el órgano autor del acto.
d) En ningún caso.

23. Transcurrido un mes desde que se solicite la suspensión de la ejecución de un acto administrativo, sin que el órgano a quien competa resolver el recurso haya notificado resolución expresa al respecto:

a) El solicitante podrá interesar la certificación del silencio para recurrir los actos ejecutivos que se dicten en aplicación del mismo.
b) La Administración dispondrá de diez días para informar al interesado del plazo máximo establecido para la resolución del procedimiento conforme al art. 21.4 de la LPACAP.
c) Se producirá la suspensión del acto por silencio administrativo.
d) Se entenderá desestimada la solicitud por silencio administrativo.

24. El acuerdo de suspensión de la ejecución de un acto administrativo:

a) Conllevará obligatoriamente la adopción de medidas cautelares que aseguren la eficacia del mismo.

b) Deberá ser publicado en el periódico oficial en el que se hizo este, si afecta a una pluralidad de personas.

c) Prolongará su eficacia en todo caso hasta después de agotada la vía administrativa.

d) Solo surtirá efectos si se ha prestado caución o garantía suficiente por el impugnante, aun cuando no se derive perjuicio alguno de la misma.

25. En la tramitación de los recursos administrativos, el trámite de audiencia de los interesados:

a) Es obligatoria su práctica, en todo caso, por un plazo no inferior a diez días ni superior a quince.

b) Se corresponde con el trámite de aportación de las pruebas de que intenten valerse los mismos, y que por cualquier causa no se hayan practicado en el expediente.

c) Solo se concede al impugnante.

d) Solo se dará cuando hayan de tenerse en cuenta nuevos hechos o documentos no recogidos en el expediente originario.

26. Cuando no se estime procedente resolver sobre el fondo del recurso administrativo planteado, por apreciarse vicio de forma, la resolución del mismo:

a) Lo estimará íntegramente.

b) Ordenará la retroacción del procedimiento al momento en el que el vicio fue cometido.

c) Lo estimará parcialmente.

d) Declarará su inadmisión.

27. Cuando deban resolverse una pluralidad de recursos administrativos que traigan causa de un mismo acto administrativo, y se hubiera interpuesto un recurso judicial contra el mismo, el órgano encargado de resolver:

a) Ordenará la suspensión del plazo para resolver hasta que recaiga resolución judicial.

b) Emplazará a los demás impugnantes a personarse ante el Juzgado para que sea este quien resuelva la *litis*.

c) Acumulará todos los procedimientos al que se está sustanciando judicialmente para su resolución conjunta.

d) Deberá resolver cada uno de los procedimientos según su curso sin atender a las disposiciones judiciales.

28. A efecto del recurso de alzada, los superiores jerárquicos de los Tribunales y órganos de selección del personal al servicio de las Administraciones Públicas que no se encuentren adscritos a ningún órgano de las mismas, serán:

a) Ellos mismos, al carecer de superior jerárquico.

b) El órgano competente en materia de personal de la Administración de que se trate.

c) La Oficina de Recursos Humanos de la Administración que corresponda.

d) El órgano que haya nombrado al presidente de los mismos.

29. El recurso de alzada podrá interponerse ante:

a) Cualquier órgano de la Administración a la que se encuentre adscrita el autor del acto impugnado.

b) Exclusivamente ante el órgano competente para su resolución.

c) Solo ante el órgano autor del acto impugnado.

d) Indistintamente, ante el órgano competente para su resolución o ante el autor del acto recurrido.

30. El plazo para la interposición del recurso de alzada contra los actos tácitos será:

a) De un mes desde su eficacia por silencio.

b) De tres meses desde que el mismo despliega sus efectos.

c) De un mes desde la certificación del silencio administrativo.

d) Cualquier momento desde el día siguiente a aquel en que produzca sus efectos.

31. El plazo para entender desestimado el recurso de alzada interpuesto contra la desestimación por silencio administrativo de una solicitud de acceso a información pública es:

a) De tres meses.

b) Ninguno, pues en ese caso habrá de entenderse estimado, por regla general.

c) De un mes.

d) De tres meses y un día.

32. El recurso de reposición es potestativo debido a que:

a) Se trata de una excepción al agotamiento de la vía administrativa.

b) Es voluntad del administrado su interposición o acudir directamente a la vía judicial.

c) Solo cabe cuando no existe otro recurso.

d) Su resolución o no es una potestad administrativa.

33. Interpuesto recurso de reposición, la vía judicial contencioso-administrativa:

a) No se podrá ejercitar hasta tanto se dicte resolución expresa de aquel o transcurra el plazo para el dictado de la misma.

b) Se puede acudir paralelamente a la tramitación de aquel.

c) Queda desierta, entendiéndose que se renuncia a la misma por haber optado a la resolución administrativa del conflicto.

d) Quedará en suspenso y la sentencia que en ella recaiga deberá acomodarse a la resolución administrativa que se dicte en aquel.

34. Los plazos para la interposición y resolución del recurso de reposición contra un acto expreso son:

a) De un mes y tres meses, respectivamente.

b) De un mes, salvo que se interponga contra la resolución de un recurso de alzada, y un mes, respectivamente.

c) De un mes, en ambos casos.

d) De 30 días y un mes, respectivamente.

35. En vía administrativa, contra la resolución de un recurso de reposición:

a) No cabe recurso alguno.

b) Es posible interponer recurso contencioso-administrativo.

c) Se podrá interponer nuevamente recurso de reposición.

d) Solo cabe recurso extraordinario de revisión.

36. El recurso extraordinario de revisión cabe:

a) Contra los actos que agotan la vía administrativa.

b) Contra cualquier acto administrativo en el que concurra alguna circunstancia de las legalmente fijadas.

c) Contra los actos firmes en vía administrativa si se dan determinadas circunstancias.

d) Contra los actos sobre los que se hayan previamente agotado todos los recursos posibles.

37. El recurso extraordinario de revisión se podrá interponer cuando concurra la circunstancia consistente en:

a) Dictarse un acto incurriendo en error de hecho, que resulte de documentos no incorporados al expediente.

b) Aparecer documentos de valor esencial para la resolución del asunto, siempre que sean anteriores al dictado de la resolución recurrida y evidencien el error de la misma.

c) El dictado de una Sentencia firme, que sea posterior a la resolución del mismo, que declare falsos documentos o testimonios que hayan influido esencialmente en esta.

d) Recaiga Sentencia firme que declare la comisión de un delito al dictarse la resolución recurrida.

38. ¿Qué delito, una vez reconocida su comisión por sentencia firme, permitiría la interposición del recurso extraordinario de revisión?

a) La estafa.
b) El cohecho.
c) La malversación de fondos públicos.
d) Cualquiera cuya conducta punible hubiera determinado el dictado de la resolución.

39. Si apareciese un documento de fecha posterior a una resolución administrativa firme, que evidencie el error de hecho cometido al dictado del acto administrativo, el plazo para la interposición del recurso extraordinario de revisión será:

a) Ninguno, pues no es causa legalmente tasada para ello.
b) De tres meses.
c) De cuatro años.
d) De un mes.

40. El plazo para recurrir en vía administrativa, un acto firme que a su dictado se hubiera incurrido en error de hecho que resulte de los propios documentos incorporados al expediente será y empezará a contar:

a) Cuatro años desde la fecha de la notificación de la resolución impugnada.
b) Tres meses desde que se tuvo conocimiento del error de hecho cometido.
c) Cuatro años desde que se pudo conocer el documento causante del error.
d) Tres meses desde que se incorporó al expediente el documento en que se basa la impugnación.

41. El ejercicio del recurso extraordinario de revisión es compatible:

a) Con la interposición del recurso contencioso-administrativo.
b) Con la interposición del recurso potestativo de reposición.
c) Con el ejercicio del derecho de revisión y/o rectificación de errores.
d) Con ningún otro recurso o instancia.

42. Interpuesto un recurso extraordinario de revisión sobre el que se había solicitado, previamente, la declaración de oficio de nulidad de un acto administrativo, la sustanciación de dicha solicitud:

a) Quedará en suspenso hasta la resolución del recurso.
b) Será archivada.
c) Dejará en suspenso la tramitación del recurso hasta su resolución.
d) Deberá ser tramitada y resuelta con independencia del recurso.

43. En la Administración General del Estado, será órgano competente para la resolución del recurso extraordinario de revisión:

a) El que dictó el acto impugnado.

b) El Consejo de Estado.

c) El superior jerárquico a aquel que dictó el acto impugnado, o aquel al que se encuentre vinculado, si careciese del mismo.

d) El Consejo de Ministros, respecto de los dictados por los Ministros, y los Secretarios de Estado, respecto de aquellos que de ellos dependan.

44. En la tramitación de un recurso extraordinario de revisión, no será necesaria la emisión de dictamen, por el órgano que corresponda, para acordar motivadamente su inadmisión:

a) En ningún caso.

b) En todo caso.

c) Cuando la misma se funde en la prescripción del derecho.

d) Cuando la impugnación no tenga causa en alguna de las circunstancias que permiten dicho recurso.

45. ¿Cuál es el plazo y sentido del silencio administrativo de la resolución del recurso extraordinario de revisión?

a) De un mes y desestimatorio.

b) De tres meses y estimatorio.

c) De tres meses y desestimatorio.

d) De un mes y estimatorio.

46. Contra la desestimación del recurso extraordinario de revisión:

a) No cabe recurso judicial ni administrativo alguno.

b) Cabe recurso potestativo de reposición o contencioso-administrativo.

c) Cabe recurso de alzada.

d) Solo cabe recurso contencioso-administrativo.

47. La nulidad de las disposiciones administrativas que establezcan la retroactividad de disposiciones sancionadoras no favorables o restrictivas de derechos individuales podrá declararse:

a) A instancias de la Administración solamente.

b) A instancias de la Administración o los particulares.

c) A instancias de la Administración o de uno o varios interesados.

d) A instancias de los interesados, exclusivamente.

48. ¿Cuál de los siguientes medios revisorios permite a la Administración impugnar un acto administrativo favorable a los interesados?

a) El recurso extraordinario de revisión.
b) El recurso potestativo de revisión.
c) La revisión de oficio.
d) La declaración de lesividad.

49. El motivo en el que ha de basar la Administración la declaración de lesividad de un acto administrativo es:

a) La nulidad del mismo.
b) El interés público.
c) La contravención del ordenamiento jurídico otorgando facultades o derechos careciendo de los requisitos esenciales para su adquisición.
d) Que sean constitutivos de infracción penal o se dicten como consecuencia de esta.

50. Si la Administración inicia con fecha 9 de diciembre de 2013 un procedimiento para la declaración de lesividad de un acto administrativo dictado el día 9 de junio del mismo año, sin que a día de hoy se haya resuelto, entonces:

a) El acto deviene inatacable.
b) Se ha producido la caducidad del procedimiento, sin perjuicio de iniciar uno nuevo a tal fin.
c) El acto es anulado por silencio administrativo.
d) El acto es nulo de pleno derecho.

51. Contra el acuerdo de lesividad de un acto administrativo adoptado sin audiencia de los interesados:

a) Cabe recurso de alzada.
b) Es posible interponer recurso extraordinario de revisión.
c) Cabe recurso potestativo de revisión o de alzada.
d) No cabe recurso alguno.

52. Una vez declarada la lesividad de un acto administrativo por razones de interés público:

a) Se produce la anulabilidad del mismo.
b) La Administración dispone de dos meses para interponer el recurso contencioso-administrativo oportuno.
c) Deviene nulo el mismo.
d) El acuerdo es susceptible de recurso de alzada.

53. En el procedimiento de revisión de oficio de los actos administrativos, el dictamen del Consejo de Estado u Órgano consultivo equivalente de las Administraciones Públicas es:

a) Preceptivo y vinculante.
b) Potestativo.
c) No vinculante.
d) Preceptivo y no vinculante.

54. La resolución administrativa que declare la nulidad de una disposición conllevará la declaración de la responsabilidad patrimonial de la Administración:

a) En todo caso.
b) En ningún caso.
c) Siempre que se hayan causado perjuicios a los interesados o a terceros.
d) Solo cuando se cumplan los requisitos para ello.

55. Contra la desestimación presunta de una solicitud de revisión de oficio de un acto administrativo de la Administración del Estado, el interesado podrá interponer:

a) Recurso de alzada.
b) Recurso potestativo de revisión.
c) Recurso contencioso-administrativo.
d) Recurso extraordinario de revisión.

56. ¿Cuál de los siguientes medios impugnatorios de derecho administrativo, únicamente puede ser iniciado a instancia de la Administración?

a) El procedimiento de revisión de oficio de actos nulos.
b) La reclamación económico-administrativa.
c) El procedimiento de rectificación de errores materiales, de hecho o aritméticos.
d) El procedimiento para la declaración de lesividad.

57. El órgano competente para la revisión de oficio de los actos nulos en la Administración Local es:

a) El que haya dictado el acto.
b) El Pleno de la Corporación.
c) El Alcalde o Presidente.
d) El Consejo de Gobierno.

58. La notificación a los interesados del acuerdo de declaración de lesividad de un acto administrativo adoptado por la Administración:

a) Supone el inicio del cómputo del plazo de caducidad del recurso contencioso-administrativo.
b) Es imperativa.

c) Es presupuesto previo y preceptivo para el ejercicio de la acción judicial.

d) Es meramente facultativa.

59. Será competente para declarar la suspensión de un acto administrativo sobre el que se sigue el procedimiento de declaración de lesividad:

a) La autoridad judicial competente para conocer de la impugnación.

b) El órgano autor del acto.

c) El órgano competente para declarar la lesividad.

d) La Abogacía del Estado.

60. La revocación por las Administraciones Públicas de sus actos de gravamen o desfavorables podrá llevarse a cabo:

a) En cualquier momento.

b) En tanto no resulte contraria a la equidad.

c) Mientras no haya transcurrido el plazo de prescripción.

d) Solo cuando constituya dispensa o exención.

61. La reclamación previa y potestativa ante el Consejo de Transparencia y Buen Gobierno contra las resoluciones de acceso a la información pública prevista en el art. 24 de la Ley de Transparencia, Acceso a la Información y Buen Gobierno debe considerarse:

a) Requisito de admisibilidad para la impugnación judicial de la resolución.

b) Sustitutiva del recurso de alzada.

c) Sustitutiva del recurso de reposición.

d) Necesaria para el agotamiento de la vía administrativa.

62. Las resoluciones dictadas por autoridades y órganos inferiores de las Entidades Locales por delegación del Alcalde o Presidente de la Corporación:

a) No son recurribles en vía administrativa.

b) Son susceptibles de recurso de alzada ante el Alcalde o Presidente.

c) Solo da pie al recurso extraordinario de revisión, en su caso.

d) Agotan la vía administrativa.

63. Para la interposición de cualquiera de los recursos administrativos previstos en la ley, será condición exigible:

a) El uso obligatorio de firma.

b) La utilización de medios electrónicos.

c) La comparecencia mediante Procurador.

d) La correcta identificación del medio impugnatorio utilizado.

64. La resolución de un recurso administrativo que agrave la situación inicial del recurrente determina:

a) La inadmisión del recurso.
b) La estimación del recurso.
c) La nulidad del acto impugnado.
d) La nulidad de la dicha resolución.

65. Si, por considerarse que no se debe resolver sobre el fondo de un recurso administrativo al estimar que existe un vicio de forma afectante de nulidad, y se ordena la retroacción del procedimiento:

a) Se podrá acordar la convalidación de las actuaciones por el órgano competente.
b) Se deberá continuar el mismo desde el momento anterior al que el vicio fue cometido.
c) Se entenderá estimado el recurso, y no se podrá volver a interponer otro de la misma clase.
d) La resolución que se dicte solo puede ser favorable al administrado.

66. Cuando una resolución de un recurso administrativo debiera pronunciarse sobre cuestiones que no hayan sido alegadas por el recurrente:

a) Habrá que retrotraer las actuaciones al momento de interposición del recurso para que sean alegadas por este.
b) Se desestimará el recurso por defecto en la determinación del objeto del mismo.
c) Se procederá a la inadmisión del recurso por falta de los presupuestos procesales exigidos para ello.
d) Se oirá a este con carácter previo a su dictado.

67. En el pie de recurso de la resolución no firme de un recurso potestativo de reposición, interpuesto contra un acto administrativo, se señalará que procede contra la misma:

a) Recurso de alzada.
b) Recurso contencioso-administrativo.
c) Recurso extraordinario de revisión.
d) Recurso de alzada o potestativo de reposición.

68. Contra la resolución de un recurso de alzada dictada de forma expresa hace un mes y un día, podrá interponerse:

a) Recurso contencioso-administrativo únicamente.
b) Recurso potestativo de reposición o contencioso-administrativo.
c) Recurso potestativo de reposición, extraordinario de revisión o contencioso-administrativo.
d) Recurso extraordinario de revisión o contencioso-administrativo.

69. Contra un acto administrativo de trámite que procede al archivo del procedimiento, por no presentar el interesado en el plazo concedido una documentación no necesaria solicitada por la Administración, el cual no es firme pero sí causante de indefensión, es posible interponer:

a) Recurso de alzada o de reposición.
b) Recurso extraordinario de revisión.
c) Recurso de reposición.
d) Recurso de alzada.

70. Para lograr el cese de los efectos de una disposición administrativa de carácter general, los interesados:

a) Recurrirán en Alzada.
b) Interpondrán recurso de reposición.
c) Podrán impugnar los actos que se dicten en aplicación de la misma.
d) No dispondrán de recurso alguno.

71. Contra un Reglamento administrativo que incurra en vicio de nulidad:

a) Podrá interponerse recurso administrativo directamente ante el órgano que la haya dictado.
b) Se podrá interponer recurso potestativo de revisión o recurso contencioso-administrativo.
c) No cabe recurso alguno ni administrativa ni judicialmente, sin perjuicio de impugnar los actos que se dicten en aplicación de la misma.
d) Cabe recurso contencioso-administrativo.

72. Contra la Resolución desestimatoria de una reclamación patrimonial de la Administración, se interpuso, en tiempo y forma, recurso potestativo de reposición ante Órgano incompetente, el cual remitió el recurso al que sí lo era, pero una vez transcurrido el plazo para la impugnación por esta vía, por lo que el encargado de resolver debe:

a) Inadmitir el recurso por extemporáneo.
b) Tramitar el recurso conforme a derecho.
c) Requerirá al interesado para que lo presente debidamente ante este último.
d) Devolver el recurso al Órgano ante el que se presentó para que lo inadmita por extemporáneo.

73. En el procedimiento establecido para los recursos administrativos, el trámite de prueba:

a) Se practicará en todo caso.
b) No está expresamente regulado.

c) Solo se concederá si no se hubiese practicado, en el procedimiento en el que se dictó el acto impugnado, por culpa de la Administración.

d) Solo podrá solicitarse cuando aparezcan hechos nuevos o de nueva noticia posteriores al dictado de la resolución impugnada.

74. La suspensión de la ejecución de un acto una vez agotada la vía administrativa:

a) No podrá prolongarse en ningún caso.

b) Deberá alzarse en cualquier caso, sin perjuicio de que la solicitud se reproduzca ante el Órgano judicial que conozca del recurso contencioso-administrativo.

c) Se ampliará a la vía judicial y hasta recaiga Sentencia definitiva u otra resolución que ponga fin al proceso.

d) Se prolongará hasta que el órgano judicial se pronuncie sobre el particular, si así se hubiese solicitado.

75. La revocación de actos administrativos exige:

a) La previa declaración de nulidad o anulabilidad de estos.

b) Que se trate de actos afectados de nulidad favorables a los interesados.

c) Que sean actos de gravamen o desfavorables al interesado.

d) La previa su declaración de lesividad para el interés público.

Soluciones comentadas

1. c) La declaración de oficio de la nulidad de los actos administrativos que pongan fin a la vía administrativa.

El art. 106.1 de la Ley 39/2015, de 1 de octubre prevé la posibilidad de que la propia Administración Pública pueda revisar los actos por ella dictados, cuando incurran en los vicios de nulidad previstos en el art. 47.1 de dicho Texto Legal. Esta facultad supone una quiebra del tradicional principio de "invariabilidad de los actos públicos" al amparo de la seguridad jurídica proclamada en el art. 9.3 CE, y que aún se conserva, si bien con matices, en el artículo 267 de la Ley Orgánica 6/1985, de 1 de julio, del Poder Judicial, que reconociendo la "invariabilidad de las resoluciones judiciales" permite la rectificación de los errores materiales y aritméticos.

2. d) La caducidad del procedimiento.

Efectivamente, el art. 106.5 de la LPACAP, antes de reconocer un plazo máximo de seis meses como límite para que se dicte resolución en el procedimiento, distingue entre el iniciado de oficio, para el que prevé como consecuencia lógica del transcurso de aquel la caducidad, y consecuente archivo, de aquellos procedimientos iniciados a solicitud del interesado, sancionando la inactividad o silencio con la desestimación de la misma, y dejando expedita así al reclamante la vía jurisdiccional ordinaria contencioso administrativa en la que hacer valer sus derechos o intereses legítimos.

3. b) Para acordar motivadamente la inadmisión a trámite de las solicitudes formuladas por los interesados, siempre que no se basen en una nulidad de pleno derecho.

El apartado 3 del artículo 106 de la LPACAP, exime a la Administración competente de recabar el preceptivo dictamen del Consejo de Estado u órgano equivalente de la Comunidad Autónoma que si establece para la declaración de nulidad o anulabilidad de sus actos, cuando lo que se trate sea de inadmitir a trámite las solicitudes de los interesados en los procedimientos de revisión, cuando las mismas no se basen en alguna de las causas de nulidad del artículo 47.1 o carezcan manifiestamente de fundamento, así como en el supuesto de que se hubieran desestimado en cuanto al fondo otras solicitudes sustancialmente iguales.

Esta excepcional facultad de las Administraciones Públicas no las exime, eso sí, de la necesidad de motivar el acuerdo de inadmisión, contra el que se podrá interponer el recurso correspondiente (reposición o contencioso-administrativo).

4. a) Tendrá derecho a ser indemnizado, siempre que el daño causado sea efectivo, evaluable, individualizado y no hubiera tenido el deber jurídico de soportarlo.

El artículo 106.4 de la LPACAP recoge la posibilidad de que en la propia resolución por la que se declare la nulidad de una disposición o acto administrativo se establezcan las indemnizaciones que pudieran corresponder a los interesados si se dan las circunstancias previstas en los arts. 32.2 y 34.1 de la Ley de Régimen Jurídico del Sector Público, esto es, que en todo caso, el daño alegado deberá ser efectivo, evaluable económicamente e individualizado y, además, que aquellos no tuvieran el deber jurídico de soportar el daño de acuerdo con la ley, lo que no deja de ser reflejo del sistema de responsabilidad patrimonial de las Administraciones Públicas instaurado en nuestro ordenamiento jurídico.

5. d) Sine die, es decir, no existe plazo alguno para ello.

El art. 106 de la LPACAP manifiesta expresamente que la revisión de actos nulos podrá iniciarse "en cualquier momento", es decir, no impone un plazo para ello cuando se trata de vicios de nulidad previstos en el art. 47.1 de dicha ley.

Es evidente que existe un lapso temporal que limita su inicio, pues el procedimiento de revisión no puede interponerse contra aquellos actos que poniendo fin a la vía administrativa se encuentren dentro de plazo para ser objeto de recurso administrativo o, en su caso, contencioso-administrativo, siendo cierto, no obstante, que una vez cumplido ese requisito legalmente exigido, la posibilidad de su revisión no precluye en ningún momento.

6. c) Permite a las Administraciones Públicas impugnar ante la Jurisdicción Contencioso Administrativa dichos actos.

El art. 107 de la LPACAP exige a las Administraciones Públicas, para poder impugnar ante la Jurisdicción Contenciosa-Administrativa, los actos favorables a los interesados que sean anulables, que ellas mismas declaren su lesividad para el interés público.

La declaración de lesividad no es más que el presupuesto previo que permite a la Administración dirigirse a los tribunales del orden jurisdiccional contencioso-administrativo para impulsar una resolución judicial que anule actos dictados por ella misma y que en su momento fueron favorables a los interesados, pero que razones de interés público .

7. d) No son anulables, por lo general.

El art. 107.1 de la LPACAP impone un requisito más al acto administrativo anulable que se pretende impugnar por la Administración Pública, además del hecho de ser favorable a los interesados, y es que se trate de la anulabilidad prevista en el art. 48 de esta norma, el cual, expresamente advierte que el defecto de forma solo determinará la anulabilidad cuando el acto carezca de los requisitos formales indispensables para alcanzar su fin o dé lugar a la indefensión de los interesados.

Es decir, el simple defecto de forma no determina que un acto sea anulable, sino que debe causar indefensión a los interesados o carecer de algún requisito necesario para alcanzar el fin que le es propio.

8. a) A los cuatro años desde su dictado.

A diferencia de lo que hemos visto que ocurre con la revisión de los actos nulos, para la cual no se determina plazo alguno, el art. 107.2 de la LPACAP establece un plazo máximo de cuatro años para declarar la lesividad de un acto, lo que determina que, transcurrido ese tiempo, el vicio en que hubiere incurrido se convalida imposibilitando a la Administración la impugnación del mismo ante los Tribunales de Justicia.

La declaración de lesividad, pese a que como ya se ha dicho, es un simple presupuesto de procedibilidad, es tan importante a tal fin, que el apartado 3.º de dicha norma determina la caducidad del procedimiento si dicha declaración no se emite en el plazo de seis meses desde la iniciación del mismo.

9. d) La caducidad del procedimiento administrativo.

El párrafo 3.º del art. 107 de la LPACAP fija un plazo de seis meses –lo cual supone una novedad frente a los tres meses que preveía la legislación anterior– desde el inicio del procedimiento para que se declare la lesividad del acto anulable favorable a los interesados, transcurrido el cual, se produce la caducidad del mismo, por lo que no se podrá computar a los efectos de interrumpir el plazo de cuatro años establecido en su apartado 2.º para la convalidación del acto.

Obviamente, resulta muy interesante este apartado normativo para el favorecido por el acto potencialmente anulable, al que le beneficia sobremanera que el plazo de cuatro años para consolidar su derecho transcurra cuanto antes.

10. b) Al Pleno de la Corporación.

El art. 107.5 de la LPACAP determina la competencia para adoptar la declaración de lesividad cuando el acto anulable proviene de las entidades locales, recayendo esta en el órgano colegiado superior de las mismas, que por regla general, corresponde al Pleno de la Corporación, como ya lo venía disponiendo el art 22.k de la Ley 7/1985, de 2 de abril, Reguladora de las Bases del Régimen Local.

11. d) Si se pudieran causar perjuicios de imposible o difícil reparación.

El art. 108 de la LPACAP indica que la Administración puede suspender la ejecución de un acto sobre los que se esté siguiendo un procedimiento de revisión de oficio cuando esta pudiera causar perjuicios de imposible o difícil reparación.

Así, la ley configura la suspensión de los actos como algo excepcional, de tal manera que deben darse los requisitos establecidos para que pueda acordarse la misma, por aplicación del principio de ejecutoriedad de los actos administrativos consagrado en su art. 98, en virtud del cual, los actos de las Administraciones Públicas sujetos al Derecho Administrativo serán inmediatamente ejecutivos, salvo que… se produzca la suspensión de la ejecución del acto, claro está.

12. b) En cualquier momento.

Esta facultad, reconocida en el art. 109 de la LPACAP, no es más que la simple corrección de errores numéricos, accidentales o de expresión que son los deducibles o constatables por la simple evidencia sin necesidad de aplicación normativa alguna. Esta disposición es una réplica en el ámbito administrativo de lo que la Ley Orgánica del Poder Judicial regula en el ámbito judicial, disponiendo que los errores materiales manifiestos y los aritméticos de las sentencias y autos definitivos podrán ser rectificados en cualquier momento, de oficio o a instancia de parte o del Ministerio Fiscal.

Son errores materiales, de hecho o aritméticos, aquellos que versan sobre un hecho, cosa o suceso, esto es, sobre una realidad independiente de toda opinión, criterio particular o calificación, estando excluido de su ámbito todo aquello que se refiera a cuestiones de derecho, apreciación de la trascendencia o alcance de los hechos indubitados e interpretación de disposiciones legales (STS de 13 de junio de 2000).

Además, y sobre la base de que lo que pretende esta norma no es la revisión del acto en sí, sino la convalidación de los errores que pudiera contener, con buen criterio no fija un plazo para ello, pudiéndolo hacer en cualquier momento.

13. a) El interés público.

El art. 110 de la LPACAP limita las facultades de revisión a que su ejercicio no resulte contrario a la equidad, a la buena fe, al derecho de los particulares o a las leyes.

En lógica jurídica, el interés público no supone un límite sino un presupuesto de la facultad revisoria, es decir, el inicio del procedimiento de revisión de un acto debe estar informado por un evidente interés público consistente en que el mismo tenga todas las garantías necesarias para producir los efectos que le son propios, si bien, dicho interés no debe contrariar los principios de equidad y buena fe o trasgredir derechos de los administrados o a la ley.

14. d) El Ministro del que dependan.

La distribución competencial en la Administración General del Estado recogida en el art. 111 de la LPACAP supone una novedad legislativa, estableciendo un escalafón orgánico para la resolución de los procedimientos de revisión.

Así, inviste al Consejo de Ministros como órgano competente respecto de sus propios actos y de los dictados por los Ministros, a estos respecto de los emanados de los Secretarios de Estado y de los dictados por órganos directivos de su Departamento no dependientes de una Secretaría de Estado y a los Secretarios de Estado respecto de los actos y disposiciones dictados por los órganos directivos de ellos dependientes.

Finalmente, atribuye la competencia a los órganos a los que se encuentren adscritos los actos dictados por los órganos rectores de los organismos públicos y entidades de derecho público y a estos respecto de los actos dictados por órganos de ellos dependientes.

15. c) Ninguno, sin perjuicio de alegar el defecto que corresponda al recurrir contra la resolución que ponga fin al procedimiento, en su caso.

El segundo párrafo del ordinal 1.º del art. 112 de la LPACAP establece que contra los actos de trámite dictados en el procedimiento administrativo que no deciden directa o indirectamente el fondo del asunto, no determinen la imposibilidad de continuar el procedimiento o no produzcan indefensión o perjuicio irreparable a derechos e intereses legítimos no cabrá recurso alguno, sin perjuicio de su alegación para su consideración en la resolución que ponga fin al procedimiento.

Resulta obvio que, en el recurso que quepa contra esta última podrá alegarse el defecto o vicio considerado si la misma no ha resuelto la cuestión planteada o habiéndolo hecho no ha decidido conforme a derecho.

16. d) El órgano que dictó la disposición de carácter general afectada de nulidad.

El art. 112.3 de la LPACAP veda expresamente la posibilidad de recurrir las disposiciones administrativas de carácter general, sin perjuicio de que su apartado 2.º reconozca susceptibles de recursos a los actos administrativos dictados conforme a una norma de carácter general afectada de nulidad. Es decir, que no se puede recurrir directamente la disposición, pero sí indirectamente, al interponer recurso contra un acto dictado a su amparo fundando el mismo en la nulidad de la propia disposición.

El último párrafo del ordinal 3.º del artículo aludido atribuye la competencia para resolver estos recursos al órgano que dictó la disposición presuntamente afectada de nulidad, siempre y cuando, eso sí, la única alegación contra dicho acto sea precisamente la denuncia de ese vicio.

17. b) Las resoluciones de los órganos administrativos que carezcan de superior jerárquico.

El art. 114 de la LPACAP hace una relación de los actos que ponen fin a la vía administrativa, es decir, aquellas resoluciones que son finalizadoras del procedimiento y contra las que no cabe recurso preceptivo ordinario alguno.

Entre las relacionadas, cita unas resoluciones que, si bien en principio habría que considerarlas como finalizadoras de la vía administrativa, lo cierto es que el apartado c) del art. 114.1 de la LPACAP establece una excepción, y es que la ley disponga otra cosa, por lo que es posible que una resolución de un órgano que carece de superior jerárquico, por razones orgánicas o funcionales, pueda ser recurrida en Alzada, por ejemplo, ante quien, si bien no es superior jerárquico sí ofrece una dependencia funcional o económica.

18. c) Por quienes los hubieren causado.

La legal y expresamente reconocida imposibilidad de alegar un vicio o defecto determinante de anulabilidad de un acto administrativo por quien haya sido causante del mismo es fruto de la denominada "doctrina de los actos propios", la cual opera no solo en perjuicio de la Administración sino también del particular, impidiendo que este alegue el vicio o defecto cuando precisamente ha sido su actuación la causante del mismo.

Así, el art. 115.3 de la LPACAP sanciona a la parte que con su proceder ha sido determinante de la anulabilidad del acto, impidiéndole su alegación en el recurso que pudiera formular contra el mismo.

En la STC de 21 de abril de 1988, n.º 73/1988, se afirma que la llamada doctrina de los actos propios o regla que decreta la inadmisibilidad *De venire contra factum proprium* surgida originariamente en el ámbito del Derecho privado, y significa la vinculación del autor de una declaración de voluntad generalmente de carácter tácito al sentido objetivo de la misma y la imposibilidad de adoptar después un comportamiento contradictorio, lo que encuentra su fundamento último en la protección que objetivamente requiere la confianza que fundadamente se puede haber depositado en el comportamiento ajeno y la regla de la buena fe que impone el deber de coherencia en el comportamiento y limita por ello el ejercicio de los derechos objetivos. El principio de protección de la confianza legítima ha sido acogido igualmente por la jurisprudencia de esta Sala del Tribunal Supremo (entre otras, en las sentencias de 1 de febrero de 1990 (Fº. Jº. 1.º y 2.º), 13 de febrero de 1992 (Fº. Jº. 4.º), 17 de febrero, 5 de junio y 28 de julio de 1997.

19. d) La ausencia de calificación del recurso o el error cometido en la misma.

Si bien el art. 116 de la LPACAP ofrece varias causas que determinarán la inadmisión de un recurso, ya sea por falta de competencia del órgano al que se dirige, por ausencia de legitimación del recurrente, por no ser susceptible de recurso el acto contra el que se dirige, por el transcurso del plazo para su interposición o por falta de fundamento manifiesta del recurso, lo cierto es que el error que el particular pueda cometer en la calificación del mismo no es una causa de inadmisión, debiendo la Administración proceder a su recalificación conforme a derecho y darle la tramitación oportuna sustanciándolo bajo las reglas que le correspondan, conforme a lo dispuesto en el art. 115.2 de dicho texto legal.

Este particular es exigencia de los principios que rigen los procedimientos judiciales, tales como *Iura novit curia* y *Mihi factum dabo tibi ius*, es decir, que los juzgadores deben conocer el derecho y que los justiciables deben ofrecer los hechos para que el Juez califique jurídicamente los mismos.

Esto es, igualmente, aplicable al caso en el que el pie de recurso de la resolución esté confundido, y el particular confiando en el mismo, interpone un recurso que no corresponde, debiendo la administración resolver conforme al legalmente aplicable sin exigir al administrado más rectificación que la adecuación de su actividad a las reglas que rijan el recurso de que se trate.

20. c) Su inadmisión.

El art. 116 de la LPACAP, en su apartado e), determina como una de las causas de inadmisión de los recursos en vía administrativa que estos carezcan "manifiestamente" de fundamento.

Esta relación de las causas que provocan la inadmisión de los recursos supone una novedad en sede administrativa, y más en particular, la que tratamos en esta pregunta –que adopta la prevista para los recursos de amparo ante el Tribunal Constitucional–, siendo la más subjetiva de cuantas se recogen en el articulado por cuanto requiere una manifestación previa sobre el contenido del propio recurso, llegando a suponer una "desestimación indirecta" del mismo, pues tras analizar el fundamento del recurso, la Administración debe decidir *ad limine* sobre su admisión o no.

La Jurisprudencia ha venido delimitando el concepto en sus resoluciones acerca de la inadmisión por esta causa de los recursos contra resoluciones judiciales, exigiendo que "la falta de fundamento aparezca como evidente y palmaria, a primera vista" o que sea "apreciable mediante sumarísimo enjuiciamiento del fondo del asunto" (Sentencias del Tribunal Supremo de 6 de noviembre de 2006 –recurso de casación n.º 5322/2001–, de 21 de marzo de 2007 –recurso de casación n.º 495/2002– y de 27 de mayo de 2009 – recurso de casación 11202/2004 –); igualmente, en lo atinente a supuestos repetitivos, en los que se utilizan recursos formularios (por todos, Auto del Tribunal Supremo de 8 de noviembre de 2005).

21. b) No suspenderá la ejecución del acto recurrido, salvo que se disponga otra cosa.

El art. 117.1 de la LPACAP establece la regla general de que la interposición de cualquier recurso, excepto en los casos en que una disposición establezca lo contrario, no suspenderá la ejecución del acto impugnado.

Por tanto, la suspensión de los actos impugnados mediante cualquier tipo de recurso es algo excepcional, salvo que sea contemplado por una disposición –no se exige ninguna norma especial ni se reserva a ley–, en consonancia con la ejecutividad inmediata de los actos administrativos proclamada en el art. 98 de la LPACAP.

No obstante, la propia ley establece determinados supuestos en los que es posible la suspensión del acto ponderándose el perjuicio que esta podría causar al interés público o a terceros con el ocasionado al recurrente como consecuencia de la eficacia inmediata del acto recurrido.

22. d) En ningún caso.

Como es sabido, la regla general en el Derecho Administrativo es que la interposición de un recurso contra un acto administrativo no suspende la eficacia del mismo, si bien es posible que ello ocurra atendiendo a los intereses en litigio y exigiendo la concurrencia de dos circunstancias expresas (art. 117.2 LPACAP):

1. Que la ejecución pudiera causar perjuicios de imposible o difícil reparación.
2. Que la impugnación se fundamente en alguna de las causas de nulidad de pleno derecho previstas en el artículo 47.1 de esta ley.

En nuestro caso, la desviación de poder es causa de anulabilidad del acto administrativo (art. 48.1 LPACAP), por lo que no sería posible acceder a la suspensión por este motivo al no cumplirse el segundo de los requisitos que la norma determina.

Esta regulación de la suspensión de los actos administrativos que han sido recurridos, se contrapone a la que se establece para la revisión de oficio de los mismos, en los que si se permite suspenderlos en los supuestos de anulabilidad en los procedimientos de revisión de oficio ex art. 108 LPACAP".

23. c) Se producirá la suspensión del acto por silencio administrativo.

Otra de las novedades destacables de la vigente LPACAP es el apartado 3 del art. 117, por el que se entiende suspendida la ejecución de los actos recurridos si, una vez solicitada dicha suspensión, la Administración encargada de resolver –el órgano a quien compete la resolución del recurso–, no ha notificado resolución expresa al respecto, estableciendo el sentido del silencio positivamente al solicitante.

Este es uno de los pocos supuestos en los que se reconoce al incumplimiento de la Administración de su obligación de resolver efectos favorables a los interesados, pese al sentido *contrario sensu* que se ha querido reflejar en la ley, de tal manera que parece que el silencio es estimatorio, salvo los supuestos que excepciona, y que conforman la gran mayoría, como por ejemplo, el derecho de petición.

24. b) Deberá ser publicado en el periódico oficial en el que se hizo este, si afecta a una pluralidad de personas.

Efectivamente, el art. 117.5 de la LPACAP exige que la suspensión de la eficacia de un acto administrativo sea publicada en el periódico oficial en el que dicho acto se insertó cuando afecte a una pluralidad indeterminada de personas, única forma que estas tendrían de tener conocimiento de este hecho, ya que no les podría ser notificado de ninguna de las maneras, y se correría el riesgo de que acatasen un acto cuya eficacia ha quedado suspendida, lo que les podría deparar mayor perjuicio aún.

Esta solución, aunque a efectos prácticos pueda quedar en entredicho su eficacia, lo cierto es que es plausible y conforme al principio de publicidad. Evidentemente, entendemos que sería recomendable que la Administración también publicase la suspensión de la ejecución en su portal web.

25. d) Solo se dará cuando hayan de tenerse en cuenta nuevos hechos o documentos no recogidos en el expediente originario.

Así se recoge en el art. 118 de la LPACAP, que prevé este trámite como residual y para el supuesto de que en el procedimiento en vía de recurso se tuvieran en cuenta hechos no contemplados en el expediente originario, y que, por ello, no hayan podido ser tenidos en cuenta al dictar el acto impugnado.

Estos hechos nuevos o de nueva noticia pueden tener su razón de ser en documentos posteriores que vean la luz con posterioridad al dictado de la resolución o sean conocidos ya dictada la misma, o en la declaración de falsedad de alguno tomado en consideración, etc.

26. b) Ordenará la retroacción del procedimiento al momento en el que el vicio fue cometido.

La LPACAP (art. 119.2) prevé, en su apartado dedicado a la Resolución de los recursos administrativos, la posibilidad de que no se estime procedente entrar a conocer el fondo del asunto planteado ante la existencia de un vicio de forma, ordenándose la retroacción del procedimiento hasta el momento en el que se incurrió en dicho vicio, para, en un acto conforme con el principio de conservación de actos, posibilitar la convalidación de los actos conforme a lo dispuesto en el art. 52 de la propia ley, lo que es dable en tanto en cuanto el repetido vicio no fuese afectante de nulidad.

27. a) Ordenará la suspensión del plazo para resolver hasta que recaiga resolución judicial.

Lo preceptuado en el art. 120 de la LPACAP es consecuencia del sometimiento de todas las resoluciones administrativas al orden jurisdiccional, por lo que en caso de que el tribunal acordase en un sentido el recurso contencioso administrativo planteado contra un acto o disposición, los recursos administrativos que versen sobre la misma materia deberán resolverse en idéntico sentido.

28. d) El órgano que haya nombrado al presidente de los mismos.

El art. 121 de la LPACAP especifica expresamente que los Tribunales y órganos de selección del personal al servicio de las Administraciones Públicas y cualesquiera otros que, en el seno de estas, actúen con autonomía funcional, se considerarán dependientes del órgano al que estén adscritos o, en su defecto, del que haya nombrado al presidente de los mismos.

La información que nos ofrece el precepto es especialmente relevante para el supuesto de que hubiera que impugnar algún acto dictado por el órgano de selección de personal, el cual, al ostentar independencia funcional podría parecer que sus decisiones agotan la vía administrativa, no siendo así como nos explica la norma citada.

29. d) Indistintamente, ante el órgano competente para su resolución o ante el autor del acto recurrido.

Esta previsión contenida en el apartado 2.º del art. 121 de la LPACAP tampoco supone una novedad legislativa, pues ya se recogía así, literalmente, en la extinta Ley 30/1992.

Impone, además, la obligación, en su caso, del órgano que dictó el acto impugnado, de remitir al competente el recurso interpuesto ante sí, en el plazo de diez días, con su informe y con una copia completa y ordenada del expediente, haciendo directamente responsable a su titular del cumplimiento de dicha obligación.

A efectos prácticos, hay que tener en cuenta que el administrado cumple con presentar el recurso ante cualquiera de los dos órganos, con independencia de que si lo hace ante el autor del acto impugnado y este no verifica el traslado como es su obligación, el plazo para resolver es el mismo, quedándole expedita la vía administrativa si el silencio es negativo, o estimada la impugnación en otro caso.

30. d) Cualquier momento desde el día siguiente a aquel en que produzca sus efectos.

El apartado 2.º del ordinal 1.º del art. 122 LPACAP, dispone, expresamente, que si el acto no fuera expreso, el solicitante y otros posibles interesados podrán interponer recurso de alzada en cualquier momento a partir del día siguiente a aquel en que, de acuerdo con su normativa específica, se produzcan los efectos del silencio administrativo.

Esta novedad legislativa es consecuencia directa del principio de igualdad de partes, poco presente, la verdad, en el procedimiento administrativo, habida cuenta las prerrogativas con que cuenta la Administración Pública frente a los particulares, y que se traduce en que si es esta quien incumple su obligación de resolver expresamente en el plazo determinado ex art. 21 de la LPACAP, se exija a los interesados que cumplan esos plazos para impugnar un acto nacido precisamente del incumplimiento, valga la redundancia.

Aparece aquí esta figura que ya venía siendo aplicada por los tribunales de justicia al permitir interponer recurso contencioso administrativo contra los actos tácitos en cualquier momento desde que se produjo el silencio sin necesidad de acomodarse, ante el incumplimiento de la Administración, a los plazos impuestos para ello.

31. b) Ninguno, pues en ese caso habrá de entenderse estimado, por regla general.

El art. 122.2 de la LPACAP, primero de establecer que el silencio administrativo entiende desestimado el recurso por regla general, determina una excepción contenida en el art. 24.1.3 de la norma, referida a los casos en los que el recurso de alzada se haya interpuesto contra la desestimación por silencio administrativo de una solicitud por el transcurso del plazo si, llegado el plazo de resolución, el órgano administrativo competente no dictase y notificase resolución expresa, siempre que no se refiera a materias por las que se transfirieran al solicitante o a terceros facultades relativas al dominio público o al servicio público, impliquen el ejercicio de actividades que puedan dañar el medio ambiente y en los procedimientos de responsabilidad patrimonial de las Administraciones Públicas.

32. b) Es voluntad del administrado su interposición o acudir directamente a la vía judicial.

El art. 123.1 de la LPACAP dispone que los actos administrativos que pongan fin a la vía administrativa podrán ser recurridos potestativamente en reposición ante el mismo órgano que los hubiera dictado o ser impugnados directamente ante el orden jurisdiccional contencioso-administrativo, dejando a la potestad del recurrente la posibilidad de formular uno u otro alternativamente.

33. a) No se podrá ejercitar hasta tanto se dicte resolución expresa de aquel o transcurra el plazo para el dictado de la misma.

El art. 123.2 de la LPACAP preceptúa que "No se podrá interponer recurso contencioso-administrativo hasta que sea resuelto expresamente o se haya producido la desestimación presunta del recurso de reposición interpuesto."

Por tanto, una vez que el recurrente opta por utilizar la reposición, habrá de estarse al dictado de la resolución de dicho recurso, o al transcurso del plazo en otro caso, para poder utilizar la vía jurisdiccional contencioso-administrativa, siendo precisamente la resolución impugnable y, por tanto, objeto de recurso judicial, la que se dicte, expresa o tácitamente, en recurso de reposición.

34. c) De un mes, en ambos casos.

El art. 124.1 y 2 de la LPACAP establece los plazos de un mes para interponer y un mes para resolver en la tramitación de los recursos de reposición contra los actos expresos.

En relación con una de las respuestas (b), el art. 122.3 dispone que contra la resolución de un recurso de alzada no cabrá ningún otro recurso administrativo, salvo el recurso extraordinario de revisión.

Asimismo, y con relación a otra de las respuestas (d), se ha de recordar que no es lo mismo 30 días que un mes, pues en el primer caso se entienden que son 30 días hábiles, y en el segundo, de fecha a fecha, conforme dispone el art. 30 de la Ley administrativa procedimental común.

35. d) Solo cabe recurso extraordinario de revisión.

El art. 124.1 de la LPACAP dispone que contra la resolución de este recurso únicamente podrá interponerse recurso contencioso-administrativo, sin perjuicio, en su caso, de la procedencia del recurso extraordinario de revisión.

Como quiera que la pregunta iba dirigida a determinar los recursos que caben en vía administrativa, siendo el recurso contencioso-administrativo perteneciente a la vía jurisdiccional, resulta obvio que la única impugnación en esta sede es por medio del recurso extraordinario de revisión, y siempre que se den los supuestos para ello, claro está.

36. c) Contra los actos firmes en vía administrativa si se dan determinadas circunstancias.

El artículo 125.1 de la LPACAP determina que solo contra los actos firmes en vía administrativa podrá interponerse el recurso extraordinario de revisión, siempre que concurra alguna de las circunstancias que cita expresamente.

Es decir, se requiere que el acto haya quedado firme por no haberse interpuesto ningún recurso administrativo o judicial contra el mismo, además, claro está, que se den los supuestos que abren esta vía impugnatoria.

Para el supuesto de que el acto no fuera firme, es posible alegar cualquiera de tales circunstancias en el recurso ordinario que proceda, pues aquí lo que se está previendo es que el acto adolezca de un vicio que evidencie que es injusto pero no quepa recurso alguno contra el mismo, al objeto de retirarlo del tráfico jurídico que, de otra manera, sería imposible modificar por el propio hecho de quedar firme.

37. d) Recaiga Sentencia firme que declare la comisión de un delito al dictarse la resolución recurrida.

Entre las circunstancias previstas en el art. 125.1 de la LPACAP que posibilitan este trámite de impugnación, solo la respuesta d) es posible, dado que:

– La a) prevé que el error de hecho debe dimanar de documentos ya incorporados al expediente.

– La b) permite que los documentos que aparezcan puedan ser anteriores o posteriores, y no solo los primeros.

– Y la c), igualmente, dispone que la sentencia que declare falsos los documentos o testimonios pueda ser dictada antes o después de que recaiga la resolución.

En consecuencia, solo la d) es correcta.

38. d) Cualquiera cuya conducta punible hubiera determinado el dictado de la resolución.

Efectivamente, lo único que exige el apartado d) del art. 125.1 de la LPACPA es que se dé una "conducta punible" consecuencia de la cual se hubiese dictado el acto administrativo, siendo la relación de delitos que previamente se expresan meramente ejemplificativos, pues carece de importancia cuál de ellos sea el que sirvió para dictar la resolución, siempre y cuando esta sea consecuencia de aquel.

Por tanto, no basta con que se haya cometido el delito y este se encuentre en la lista que se ofrece, sino que la resolución impugnada sea resultado de la actividad delictiva.

39. b) De tres meses.

El art. 125.2 de la LPACAP prevé un plazo general de tres meses para la interposición del recurso de revisión, y solo uno especial, de cuatro años, para la causa del apartado 1.º a) de dicho precepto.

Para que se dé esta causa, aunque en la pregunta se juega con el "error de hecho" como determinante de la impugnabilidad del acto por esta vía, además de la comisión de dicho error se requiere que este dimane de documentos que obren incorporados al expediente. Lógicamente, si el documento es de fecha posterior a la resolución, ello quiere decir que no fue posible su incorporación con anterioridad a la comisión del vicio, por lo que la causa de la impugnación deberemos situarla en el apartado b) y el plazo será de tres meses, consiguientemente.

40. a) Cuatro años desde la fecha de la notificación de la resolución impugnada.

Así lo expresa el art. 125.2 de la LPACAP, cuando manifiesta que el recurso extraordinario de revisión se interpondrá, cuando se trate de la causa a) del apartado anterior, dentro del plazo de cuatro años siguientes a la fecha de la notificación de la resolución impugnada. Es decir, el administrado dispone de cuatro años desde dicha notificación para interponer el recurso administrativo, con independencia de cuándo haya tomado conciencia del error cometido, que en todo caso, la ley determina mediante una presunción *iuris et de iure* (no admite prueba en contrario), que fue en el momento en que la resolución le fue notificada, lo que así será en la mayoría de los casos, obviamente.

41. c) Con el ejercicio del derecho de revisión y/o rectificación de errores.

El art. 125.3 de la LPACAP dispone que la interposición del recurso extraordinario de revisión no perjudica el derecho de los interesados a formular la solicitud y la instancia a que se refieren los artículos 106 y 109.2 de la presente ley ni su derecho a que las mismas se sustancien y resuelvan, es decir, la solicitud de declaración de oficio de actos nulos y la instancia de rectificación de errores materiales, de hecho o aritméticos existentes en los actos administrativos.

42. d) Deberá ser tramitada y resuelta con independencia del recurso.

El último inciso del art. 125.3 de la LPACAP preceptúa que la interposición del recurso extraordinario de revisión no afectará al derecho a que las solicitudes de declaración de la nulidad de oficio de un acto administrativo o la instancia para la rectificación de errores materiales, de hecho o aritméticos existentes en los actos administrativos se sustancien y resuelvan.

Ahora bien, lógicamente, la resolución de cualquiera de los procedimientos vinculará al otro en lo que le afecte, no pudiéndose contradecir lo resuelto en uno y otro, por aplicación de la doctrina de los actos propios o de confianza legítima.

43. a) El que dictó el acto impugnado.

El art. 125.1 de la LPACAP dispone que "Contra los actos firmes en vía administrativa podrá interponerse el recurso extraordinario de revisión ante el órgano administrativo que los dictó, que también será el competente para su resolución."

44. d) Cuando la impugnación no tenga causa en alguna de las circunstancias que permiten dicho recurso.

El art. 126.1 de la LPACAP permite al órgano competente para la resolución del recurso acordar motivadamente la inadmisión a trámite del recurso extraordinario de revisión, sin necesidad de recabar dictamen del Consejo de Estado, cuando el mismo no se funde en alguna de las causas previstas en el apartado 1.º del artículo anterior.

Añade, asimismo, que tampoco será necesario dicho dictamen en el supuesto de que se hubiesen desestimado en cuanto al fondo otros recursos sustancialmente iguales.

45. c) De tres meses y desestimatorio.

Manifiesta el art. 126.3 de la LPACAP que transcurridos tres meses desde la interposición del recurso extraordinario de revisión sin haberse dictado y notificado la resolución, se entenderá el mismo desestimado.

46. d) Solo cabe recurso contencioso-administrativo.

El art. 126.3 de la LPACAP deja expedita la vía administrativa una vez desestimado el recurso extraordinario de revisión, agotando definitivamente con él la vía administrativa.

47. a) A instancias de la Administración solamente.

El art. 106 de la LPACAP solo reconoce la facultad de instar la nulidad de oficio de las disposiciones administrativas a las que se refiere el apartado 2 del art. 47, en el que se incardina la referida en la pregunta, a las Administraciones Públicas, pero no a los interesados, y menos aún, a los particulares.

48. d) La declaración de lesividad.

El art. 107.1 de la LPACAP permite a las Administraciones Públicas impugnar ante el orden jurisdiccional contencioso-administrativo los actos favorables para los interesados que sean anulables. Es decir, que la Administración no puede anular por sí misma un acto por ella dictado, sino que precisa de una declaración judicial que así lo declare, previo reconocimiento de la lesividad del mismo para el interés público.

49. b) El interés público.

Así lo expresa literalmente el art. 107.1 de la LPACAP. Las restantes respuestas son inválidas, habida cuenta de que el recurso o declaración de lesividad solo cabe respecto de los actos anulables, siendo los supuestos de hecho que en ellas se recogen susceptibles de nulidad.

50. a) El acto deviene inatacable.

Hay que tener en cuenta que desde el dictado del acto administrativo (9/06/2013) hasta la fecha actual han transcurrido los cuatro años que el art. 107.2 LPACAP prescribe como plazo máximo para ejercer esta prerrogativa administrativa, y que la caducidad del procedimiento iniciado por el transcurso de seis meses sin dictado de la resolución oportuna (art. 107.3) no interrumpe dicho plazo, por lo que el acto administrativo, desde ese punto de vista, ha devenido inatacable.

51. d) No cabe recurso alguno.

Conforme al art. 107.2.2 de la LPACAP, contra la declaración de lesividad de un acto no cabe recurso alguno, sin perjuicio de que la adopción de la misma prescindiendo del procedimiento legal establecido pueda determinar la inadmisión del recurso contencioso-administrativo necesario para la anulabilidad del acto.

52. b) La Administración dispone de dos meses para interponer el recurso contencioso-administrativo oportuno.

La declaración de lesividad permite a la Administración impugnar vía jurisdiccional contencioso-administrativa un acto administrativo a fin de obtener una sentencia que determine la anulabilidad del mismo. Es decir, la propia declaración, por sí sola, no determina dicha anulabilidad, y menos la nulidad –pues no es este el procedimiento adecuado para ello–, debiendo acudir a los tribunales a tal fin.

Por otro lado, el art. 107.2 LPACAP manifiesta que contra la declaración de lesividad de un acto no cabe recurso alguno, por lo que solo la respuesta b) es correcta, pues conforme a lo dispuesto en el art. 46.5 de la LJCA, "El plazo para interponer recurso de lesividad será de dos meses a contar desde el día siguiente a la fecha de la declaración de lesividad".

53. a) Preceptivo y vinculante.

El art. 106.1 de la LPACAP exige el previo dictamen favorable del Consejo de Estado u órgano consultivo equivalente de la Comunidad Autónoma, si lo hubiere, para la declaración de oficio de la nulidad de los actos administrativos.

Por tanto, debemos concluir que la norma exige no solo la previa emisión de dicho dictamen, sino además que sea favorable, lo que determina que el mismo es preceptivo y vinculante, pues de resultar desfavorable no será posible adoptar la decisión de nulidad del acto administrativo.

54. d) Solo cuando se cumplan los requisitos para ello.

Conforme al art. 106.4 de la LPACAP, las Administraciones Públicas podrán establecer en la resolución que declare la nulidad de una disposición, las indemnizaciones que proceda reconocer a los interesados, si se dan las circunstancias previstas en los artículos 32.2 y 34.1 de la Ley de Régimen Jurídico del Sector Público, esto es, que se haya causado un daño efectivo, evaluable económicamente e individualizado en relación con una persona o grupo de personas y que este o estas no tengan el deber jurídico de soportarlo de acuerdo con la ley.

55. c) Recurso contencioso-administrativo.

Las resoluciones de los procedimientos de revisión de oficio ponen fin a la vía administrativa, toda vez que la competencia para su resolución, al menos en el ámbito estatal, viene atribuida por el art. 111 LPACAP a órganos cuyas resoluciones ostentan ese carácter por aplicación del art. 114.2 de dicha norma legal, circunstancia por la cual no cabe recurso de alzada contra la misma.

Por otro lado, dicha resolución no es firme, al no haberse dictado expresamente, por lo que tampoco es aplicable el recurso extraordinario de revisión.

Sí cabría recurso de reposición, que a tenor del art. 123 cabe contra los actos que agotan la vía administrativa, sin embargo, la opción b) se refiere a un medio impugnatorio inexistente en el derecho administrativo común, cual es el recurso potestativo de revisión.

Así pues, el interesado podrá impugnar vía contencioso-administrativa la repetida resolución tácita del procedimiento de revisión de oficio.

56. d) El procedimiento para la declaración de lesividad.

Como quiera que la declaración de lesividad de un acto administrativo viene dirigida a permitir a la Administración Pública impugnar un acto administrativo anulable, que siendo favorable al interesado, considera contrario al interés público, conforme al art. 107 LPA-CAP, resulta obvio que es ella la única legitimada activamente para iniciar este procedimiento.

Las restantes respuestas que se ofrecen no dejan lugar a duda, pues los interesados están legitimados para la interposición del procedimiento de revisión de oficio de actos nulos, para la reclamación económico-administrativa, así como para iniciar el procedimiento de rectificación de errores materiales, de hecho o aritméticos.

57. b) El Pleno de la Corporación.

En relación con el órgano competente para acordar la iniciación y resolver el procedimiento de revisión de oficio, la Ley 7/1985, de 2 de abril, (artículo 110.1) solamente precisa el órgano competente respecto de la revisión de los actos dictados en vía de gestión tributaria, estableciendo al efecto que corresponde al Pleno de la Corporación la declaración de nulidad de pleno derecho y la revisión de tales actos, en los casos y de acuerdo con el procedimiento de los artículos 153 y 154 de la Ley General Tributaria. No existe previsión concreta sobre esta cuestión en el contexto del procedimiento administrativo común, salvo el contenido del art. 107.5 de la LPACAP que otorga al Pleno la competencia para la adopción de la declaración de lesividad, por lo que habrá de entenderse que este también es el competente para la declaración de nulidad de los actos dictados por las Entidades Locales.

58. d) Es meramente facultativa.

El art. 107.2, *in fine*, LPACAP indica que la declaración de lesividad "podrá notificarse a los interesados a los meros efectos informativos", es decir, que la Administración no tiene obligación de notificar ese acuerdo a los interesados, pese a la evidente trascen-

221

dencia que puede conllevar –en principio, encontrarse con una demanda judicial sin haber tenido conocimiento de lo resuelto en la vía administrativa previa– y la exigencia de audiencia previa y posibilidad de efectuar alegaciones que faculta el párrafo anterior de dicho precepto, lo que ha sido criticado por la mejor doctrina.

No obstante, lo cierto es que del tenor de la repetida norma tan solo se infiere la posibilidad de que la Administración, si quiere, notifique el acuerdo acordando la lesividad del acto, o no, a los interesados que ya han sido oídos en el propio procedimiento administrativo.

59. c) El órgano competente para declarar la lesividad.

El art. 108 de la LPACAP dispone que "Iniciado el procedimiento de revisión de oficio al que se refieren los artículos 106 y 107, el órgano competente para declarar la nulidad o lesividad, podrá suspender la ejecución del acto, cuando ésta pudiera causar perjuicios de imposible o difícil reparación."

Este precepto ha sido objeto de varias enmiendas previas a su aprobación, toda vez que parece que si la Administración necesita de la autorización judicial para que se declare la anulabilidad del acto impugnado, no resulta lógico que el propio órgano autor del mismo sea competente para suspender sus efectos.

60. c) Mientras no haya transcurrido el plazo de prescripción.

El art. 109 LPACAP permite que las Administraciones Públicas puedan revocar, mientras no haya transcurrido el plazo de prescripción, sus actos de gravamen o desfavorables, siempre que tal revocación no constituya dispensa o exención no permitida por las leyes, ni sea contraria al principio de igualdad, al interés público o al ordenamiento jurídico.

Se trata de una importante novedad, como es la desaparición de una potestad de revocación que podía ser ejercitada en cualquier momento conforme al art. 105 de la vieja LRJPAC, teniendo cuenta que ahora se sustituye dicha referencia por la previsión de "mientras no haya transcurrido el plazo de prescripción".

61. c) Sustitutiva del recurso de reposición.

La reclamación que regula el art. 24 de la Ley de Transparencia, Acceso a la Información y Buen Gobierno se configura como previa y de carácter potestativo a la impugnación jurisdiccional de la resolución dictada en la materia, tal y como indica el texto de la pregunta. Ello determina que el particular no necesita agotar la vía administrativa para recurrir a la justicia ordinaria ni se encuentra obligado a agotar otro recurso contra aquella, por lo que dicha reclamación solo puede ser sustitutiva del recurso de reposición conforme autoriza el párrafo 2.º del Ordinal 2.º del art. 112 LPACAP.

62. d) Agotan la vía administrativa.

En el ámbito estatal, el art. 114.2 LPACAP establece los supuestos de actos que ponen fin a la vía administrativa en el ámbito de la Administración General del Estado, que se concreta para el de las Entidades Locales en el art. 52.2. LRBRL, cuyo apartado b) determina, entre las resoluciones que ponen fin a la vía administrativa, las de autoridades y órganos inferiores en los casos que resuelvan por delegación del Alcalde, del Presidente o de otro órgano cuyas resoluciones pongan fin a la vía administrativa.

Resulta coherente que si las resoluciones de un órgano ponen fin a la vía administrativa, las dictadas por otro inferior cuando actúen por delegación de este también ostenten la misma condición, ya que a todos los efectos está utilizando competencias del órgano delegante.

63. a) El uso obligatorio de firma.

El art. 115.1.c) de la LPACAP dispone que la interposición de cualquier recurso debe expresar el lugar, fecha, firma del recurrente, identificación del medio y, en su caso, del lugar que se señale a efectos de notificaciones. Esta previsión viene avalada, también, por lo dispuesto en el art. 11 de la ley, que primero de expresar que con carácter general, para realizar cualquier actuación prevista en el procedimiento administrativo, será suficiente con que los interesados acrediten previamente su identidad a través de cualquiera de los medios de identificación previstos en esta Ley, en su apartado segundo, apartado c), impone la obligación de uso de firma para interponer recursos.

Las restantes respuestas no son válidas, toda vez que el art. 115.2 LPACAP dispone que el error o la ausencia de la calificación del recurso por parte del recurrente no será obstáculo para su tramitación, siempre que se deduzca su verdadero carácter.

64. d) La nulidad de la dicha resolución.

El art. 119.3 *in fine* de la LPACAP determina que la resolución de los recursos deberá ser congruente con las peticiones formuladas por el recurrente, sin que en ningún caso pueda agravarse su situación inicial.

Lo expuesto en este precepto no es más que la aplicación del principio romano de la prohibición de la *reformatio in peius*, es decir, el órgano revisor que conoce del recurso tiene prohibido cambiar el sentido de la resolución en detrimento del impugnante, siendo una consecuencia del principio general de defensa y congruencia.

65. b) Se deberá continuar el mismo desde el momento anterior al que el vicio fue cometido.

El art. 119.2 de la LPACAP dispone que "Cuando existiendo vicio de forma no se estime procedente resolver sobre el fondo se ordenará la retroacción del procedimiento al momento en el que el vicio fue cometido, sin perjuicio de que eventualmente pueda acordarse la convalidación de actuaciones por el órgano competente para ello, de acuerdo con lo dispuesto en el artículo 52."

Por su parte, el art. 52.1 de dicho Texto Legal manifiesta que "La Administración podrá convalidar los actos anulables, subsanando los vicios de que adolezcan" y el apartado 3.º que "Si el vicio consistiera en incompetencia no determinante de nulidad, la convalidación podrá realizarse por el órgano competente cuando sea superior jerárquico del que dictó el acto viciado."

De ello se infiere que cuando el vicio es determinante de nulidad no será posible la convalidación de actos nulos, debiendo retrotraerse las actuaciones al momento inmediatamente anterior a la comisión del defecto, para que se dicte otro acto que cumpla con los requisitos formales exigidos.

66. d) Se oirá a este con carácter previo a su dictado.

El art. 119.3 de la LPACAP preceptúa que "El órgano que resuelva el recurso decidirá cuantas cuestiones, tanto de forma como de fondo, plantee el procedimiento, hayan sido o no alegadas por los interesados. En este último caso se les oirá previamente."

La Administración debe resolver no solo a las cuestiones que aleguen los recurrentes, sino también a todas aquellas que se planteen con ocasión del objeto del recurso en cuestión. El principio de interés público de las resoluciones administrativas así lo exige. Por tanto, para que el interesado pueda pronunciarse sobre cuestiones que dimanen del objeto del recurso pero que este no ha puesto de manifiesto en su escrito rector, la ley prevé un trámite de audiencia que le permita alegar lo que a su derecho convenga al respecto.

67. b) Recurso contencioso-administrativo.

Los arts. 123 y 124 de la LPACAP nos dan la solución a esta cuestión, ya que por un lado, se impide que contra la resolución del recurso potestativo de reposición se interponga nuevamente dicho recurso, y por otro, se limita la interposición del recurso contencioso-administrativo hasta tanto no recaiga resolución sobre el recurso de reposición previamente interpuesto.

Es obvio, además, que no siendo firme la resolución no es posible interponer recurso extraordinario de revisión. Asimismo, y tratándose de una resolución que agota la vía administrativa, tampoco cabría recurso de alzada contra la misma.

68. d) Recurso extraordinario de revisión o contencioso-administrativo.

Conforme al art. 114 de la LPACAP, las resoluciones de los recursos de alzada agotan la vía administrativa. Contra una resolución de este carácter, cabría interponer recurso potestativo de reposición, pero transcurrido el plazo legal de un mes establecido al efecto en el art. 124.1 LPACAP habría precluido esta posibilidad impugnatoria. Finalmente, y como quiera que la misma es firme, es dable la interposición del recurso extraordinario de revisión o el recurso contencioso-administrativo, teniendo en cuenta que los motivos que se aleguen en este último, de interponerse y ser desestimado el recurso por la autoridad judicial, no podrán alegarse en el recurso extraordinario de revisión por la fuerza de cosa juzgada de que gozan las resoluciones dictadas por los tribunales, de manera que sólo podría variarse en el proceso jurisdiccional correspondiente.

69. a) Recurso de alzada o de reposición.

Así lo dispone el art. 112 de la LPACAP respecto de los actos de trámite del procedimiento que deciden directa o indirectamente el fondo del asunto, determinan la imposibilidad de continuar el procedimiento, causando indefensión o perjuicio irreparable a derecho o intereses legítimos; si bien el resto de los actos de mero trámite no son recurribles, sin perjuicio de que el vicio o defecto de que adolezcan pueda ser esgrimido a la hora de impugnar la resolución definitiva que se dicte.

70. c) Podrá impugnar los actos que se dicten en aplicación de la misma.

El art. 112.3 de la LPACAP, antes de establecer que contra las disposiciones administrativas de carácter general no cabrá recurso en vía administrativa, reconoce en su párrafo 2.º la posibilidad de recurrir actos administrativos dictados en aplicación de una disposición de carácter general.

Es decir, que si bien se veda la posibilidad de recurrir la disposición en sí, se reconoce la facultad de impugnar los actos administrativos dictados a consecuencia de la misma.

71. d) Cabe recurso contencioso-administrativo.

El art. 112.3 de la LPACAP dispone que "Contra las disposiciones administrativas de carácter general no cabrá recurso en vía administrativa", lo cual no quiere decir que no sean impugnables ante la Jurisdicción Contencioso-administrativa, pues el art. 1 de la LJCA las reconoce como objeto del procedimiento, manifestando que "Los Juzgados y Tribunales del orden contencioso-administrativo conocerán de las pretensiones que se deduzcan en relación con la actuación de las Administraciones Públicas sujeta al Derecho Administrativo, con las disposiciones generales de rango inferior a la Ley y con los Decretos legislativos cuando excedan los límites de la delegación."

72. b) Tramitar el recurso conforme a derecho.

El art. 116 de la LPACAP recoge entre las causas de inadmisión de los recursos administrativos, el que se presenten ante órgano incompetente, cuando el competente perteneciera a otra Administración Pública. Por tanto, en primer lugar, y aunque la pregunta no lo aclare, el hecho de que el receptor pudiera pertenecer a la misma Administración no permitiría inadmitir el recurso por este hecho.

En segundo lugar, la propia norma, impone al órgano receptor la remisión del recurso al órgano competente, de acuerdo con lo establecido en el artículo 14.1 de la Ley de Régimen Jurídico del Sector Público.

Así las cosas, la fecha de presentación, a efectos del transcurso del plazo, no puede ser otra que la de recepción del órgano incompetente, conforme a la doctrina establecida por el Tribunal Constitucional, en virtud de la cual el recurso interpuesto ante órgano incompetente debe reorientarse hacia el que ostente la competencia en aplicación de un principio de favorecimiento de la acción y de conservación de los actos procesales que resulta inherente al derecho enunciado en el artículo 24.1 CE, y conforme a la misma, en este caso el competente debe admitir la reclamación y seguir el curso de las actuaciones sin cuestionarse el cumplimiento de plazo de interposición que, como dice el enunciado, fue respetado por el recurrente, aun cuando pueda considerarse que el órgano ante el cual se interpuso la primera reclamación fuese incompetente.

Distinto es el régimen que el art. 21.3.b) prevé para el plazo del dictado de resolución, que comenzará a correr desde que el escrito haya tenido entrada en el registro del órgano competente.

73. c) Solo se concederá si no se hubiese practicado, en el procedimiento en el que se dictó el acto impugnado, por culpa de la Administración.

El art. 118.1, *in fine*, proscribe la práctica de pruebas en sede de recurso, cuando su falta de realización en el procedimiento en el que se dictó la resolución recurrida fuera imputable al interesado.

Y ello por cuanto la sustanciación de los recursos administrativos no se confiere como si de una nueva oportunidad para resolver se le diera a la Administración, sino que se trata de resolver si la Resolución dictada es ajustada a Derecho o no.

74. d) Se prolongará hasta que el órgano judicial se pronuncie sobre el particular, si así se hubiese solicitado.

El art. 117.4, párrafo 3.º, de la LPACAP preceptúa que "La suspensión se prolongará después de agotada la vía administrativa cuando, habiéndolo solicitado previamente el interesado, exista medida cautelar y los efectos de esta se extiendan a la vía conten-cioso-administrativa. Si el interesado interpusiera recurso contencioso-administrativo, solicitando la suspensión del acto objeto del proceso, se mantendrá la suspensión has-ta que se produzca el correspondiente pronunciamiento judicial sobre la solicitud."

Por tanto, son requisitos para la extensión de la suspensión de la ejecución de un acto recurrido a la vía judicial que se haya solicitado previamente, prestado medida caute-lar, y que dicha pretensión se sostenga ante ese Orden Jurisdiccional, y hasta tanto se produzca el pronunciamiento judicial al respecto.

75. c) Que sean actos de gravamen o desfavorables al interesado.

El art. 119.1 de la LPACAP dispone que "Las Administraciones Públicas podrán revo-car, mientras no haya transcurrido el plazo de prescripción, sus actos de gravamen o desfavorables, siempre que tal revocación no constituya dispensa o exención no permitida por las leyes, ni sea contraria al principio de igualdad, al interés público o al ordenamiento jurídico."

Por tanto, no se trata de actos que contengan algún vicio afectante de nulidad o anulabilidad, sino que por razones de oportunidad se entienda la necesidad de su revocación, para dictar otro más acorde con la situación. Los actos de revocación se dan mayoritariamente en los procedimientos tributarios, en los que los cambios juris-prudenciales derivados de sentencias favorables a los obligados tributarios exigen el cese de efectos de otros que no han accedido aún a la vía jurisdiccional o no han podi-do hacerlo, pero que su aplicación resulta injusta a la luz de las resoluciones judiciales imperantes.

No obstante, la parca regulación de esta figura pudo haberse suplido con la promul-gación de la nueva ley reguladora del procedimiento común, pero no se ha como debiera, dejando a la plena discreción de la Administración su ejercicio.

TÍTULO VI Y DISPOSICIONES

De la iniciativa legislativa y de la potestad para dictar reglamentos y otras disposiciones.

Disposiciones Adicionales, Transitorias, Derogatorias y Finales

1. ¿Qué título y norma regula la iniciativa legislativa y la potestad para dictar reglamento y otras disposiciones?

a) El Título VI de la LRJSP.
b) El Título III de la LPACAP.
c) El Título IV de la Ley del Gobierno.
d) El Título VI de la LPACAP.

2. El Gobierno de la Nación:

a) Ejercerá la iniciativa legislativa, mediante la elaboración y aprobación de los ante-proyectos de ley y podrá aprobar reales decretos-leyes y reales decretos legislativos en los términos previstos en la Constitución.
b) Podrá aprobar los proyectos de ley y los reales decretos-leyes en los términos previstos en la Constitución.
c) Ejercerá la iniciativa legislativa prevista en la Constitución mediante la elaboración y aprobación de los anteproyectos de ley y podrá aprobar los proyectos de ley.
d) Podrá aprobar los reales decretos-leyes y reales decretos legislativos en los términos previstos en la Constitución.

3. El ejercicio de la potestad reglamentaria corresponde:

a) Al Gobierno de la Nación.
b) Al Gobierno de la Nación y a los órganos de Gobierno de las CCAA, de conformidad con lo establecido en sus respectivos Estatutos de Autonomía.
c) A los órganos de Gobierno de las CCAA, de conformidad con lo establecido en sus respectivos Estatutos de Autonomía.
d) Al Gobierno de la Nación, a los órganos de Gobierno de las CCAA, de conformidad con lo establecido en sus respectivos Estatutos, a los órganos de gobierno locales, de acuerdo con lo previsto en la Constitución, los Estatutos de Autonomía y la Ley 7/1985, de 2 de abril, reguladora de las Bases del Régimen Local, así como por órganos y autoridades distintas de los Gobiernos respectivos.

4. ¿Qué artículo y norma regula el ejercicio de la potestad reglamentaria por órganos y autoridades distintas de los Gobiernos respectivos?

a) El art. 128.2 de la LPACAP.
b) El art. 128.1. de la LRJSP.
c) El art. 129.4 de la LPACAP.
d) El art. 129.4. de la LRJSP.

5. De conformidad con la LPACAP, los órganos de gobierno de las CCAA podrán aprobar:

a) Reales decretos-leyes y reales decretos legislativos, de conformidad con lo establecido en la Constitución y en sus respectivos Estatutos de Autonomía.
b) Anteproyectos de ley, reales decretos-leyes y reales decretos legislativos, de conformidad con lo establecido en la Constitución y en sus respectivos Estatutos de Autonomía.
c) Proyectos de ley y reales decretos-leyes, de conformidad con lo establecido en la Constitución y en sus respectivos Estatutos de Autonomía.
d) Anteproyectos de ley y reales decretos legislativos, de conformidad con lo establecido en la Constitución y en sus respectivos Estatutos de Autonomía.

6. La aprobación de los reglamentos y disposiciones administrativas quedan sometidos a una serie de limitaciones, que suponen que los citados reglamentos y disposiciones administrativas no podrán:

a) Vulnerar la CE ni regular aquellas materias que los Estatutos de Autonomía reconoce de la competencia de las Asambleas Legislativas de las CCAA o de las Entidades Locales.
b) Vulnerar la CE o las leyes, regular aquellas materias que la CE o los Estatutos de Autonomía reconocen de la competencia de las Cortes Generales o de las Asambleas Legislativas de las CCAA y vulnerar los preceptos de otra de rango superior.
c) Vulnerar las leyes,; regular aquellas materias que la CE reconoce de la competencia de las Cortes Generales o de las Asambleas Legislativas de las CCAA; y vulnerar los preceptos de otra de rango inferior.
d) Vulnerar la CE o las leyes, ni vulnerar los preceptos de cualquier otra norma, ya sean de rango superior o inferior.

7. Los reglamentos y disposiciones administrativas:

a) Podrán tipificar infracciones administrativas, pero no podrán tipificar delitos y faltas.
b) No podrán tipificar delitos, pero sí faltas e infracciones administrativas.
c) No podrán tipificar delitos, faltas o infracciones administrativas, pero podrán establecer tributos, exacciones parafiscales u otras cargas o prestaciones personales o patrimoniales de carácter público.
d) No podrán tipificar delitos, faltas o infracciones administrativas, ni podrán establecer penas o sanciones, ni tributos, exacciones parafiscales u otras cargas o prestaciones personales o patrimoniales de carácter público.

8. En el ejercicio de la iniciativa legislativa y la potestad reglamentaria, las Administraciones Públicas (en adelante, AAPP) actuarán de acuerdo con los principios de:

a) Necesidad, eficacia, proporcionalidad, seguridad jurídica, transparencia, y eficiencia.

b) Celeridad, eficacia, proporcionalidad y seguridad jurídica.

c) Simplificación administrativa, eficacia y proporcionalidad.

d) Seguridad jurídica, transparencia e igualdad.

9. Cuando la iniciativa normativa afecte a los gastos o ingresos públicos presentes o futuros se deberán:

a) Cuantificar y valorar sus repercusiones y efectos, y supeditarse al cumplimiento de los principios de sostenibilidad presupuestaria y de estabilidad financiera.

b) Cuantificar sus repercusiones y valorar sus efectos, y supeditarse al cumplimiento del principio de estabilidad financiera.

c) Cuantificar y valorar sus repercusiones y efectos, y supeditarse al cumplimiento de los principios de estabilidad presupuestaria y de sostenibilidad financiera.

d) Valorar sus repercusiones y cuantificar sus efectos, y supeditarse al cumplimiento del principio de sostenibilidad financiera.

10. Cada uno de los principios que rigen el ejercicio de la iniciativa legislativa y la potestad reglamentaria ha de quedar justificado en:

a) La memoria justificativa de la iniciativa.

b) La exposición de motivos de los anteproyectos de ley o en el preámbulo de los proyectos de reglamento.

c) El texto de la iniciativa.

d) El Plan Anual Normativo, respecto de las iniciativas legales o reglamentarias que vayan a ser elevadas para su aprobación en el año siguiente.

11. Las AAPP revisarán su normativa vigente para adaptarla a los principios de buena regulación. El resultado de la evaluación se plasmará en:

a) Un informe que se publicará, anualmente, por el órgano que determine la normativa reguladora de la Administración correspondiente.

b) Un informe que se publicará, bianualmente, por el órgano que determine la normativa reguladora de la Administración correspondiente.

c) Un informe que se publicará, cada cinco años, por el órgano que determine la normativa reguladora de la Administración correspondiente.

d) Un informe que se hará público, con el detalle, periodicidad y por el órgano que determine la normativa reguladora de la Administración correspondiente.

12. ¿Qué será necesario para que las normas con rango de ley, los reglamentos y disposiciones administrativas entren en vigor?

a) Habrán de publicarse en el diario oficial correspondiente. Adicionalmente, y de manera facultativa, las AAPP podrán establecer otros medios de publicidad complementarios.

b) Habrán de publicarse en el diario oficial correspondiente. Adicionalmente, y de manera preceptiva, las AAPP establecerán otros medios de publicidad complementarios.

c) Habrán de publicarse en el diario oficial correspondiente, preceptivamente, en edición impresa. Adicionalmente, y de manera facultativa, podrán publicarse en las sedes electrónicas de la Administración, Órgano, Organismo público o Entidad competente.

d) Habrán de publicarse en el diario oficial correspondiente, preceptivamente, en las sedes electrónicas de la Administración, Órgano, Organismo público o Entidad competente. Adicionalmente, y de manera facultativa, se podrán publicar en el diario oficial en edición impresa.

13. Las AAPP harán público el Plan Normativo:

a) Anualmente y contendrá las iniciativas legales o reglamentarias que vayan a ser elevadas para su aprobación en los años siguientes. Una vez aprobado, el Plan Anual Normativo se publicará en el diario oficial correspondiente.

b) Anualmente y contendrá las iniciativas legales o reglamentarias que vayan a ser elevadas para su aprobación en el año siguiente. Una vez aprobado, el Plan Anual Normativo se publicará en las sedes electrónicas de la Administración, Órgano, Organismo público o Entidad competente.

c) Anualmente y contendrá las iniciativas legales o reglamentarias que vayan a ser elevadas para su aprobación en el año siguiente. Una vez aprobado, el Plan Anual Normativo se publicará en el Portal de la Transparencia de la Administración Pública correspondiente.

d) Cada dos años y contendrá las iniciativas legales o reglamentarias que vayan a ser elevadas para su aprobación en los años siguientes. Una vez aprobado, el Plan Anual Normativo se publicará en el diario oficial correspondiente.

14. La consulta pública, que se realiza con carácter previo a la elaboración del proyecto o anteproyecto de ley o de reglamento, pretende recabar la opinión de:

a) Los ciudadanos afectados, cuando la norma afecte a sus derechos e intereses legítimos.

b) Los sujetos y de las organizaciones más representativas potencialmente afectados por la futura norma.

c) Los ciudadanos afectados y otras personas o entidades, cuando la norma afecte a sus derechos e intereses legítimos.

d) Los ciudadanos afectados; a otras personas o entidades, cuando la norma afecte a sus derechos e intereses legítimos y a organizaciones o asociaciones reconocidas por ley que agrupen o representen a las personas cuyos derechos o intereses legítimos se vieren afectados por la norma y cuyos fines guarden relación directa con su objeto.

15. Se podrá omitir la consulta pública, con carácter previo a la elaboración del proyecto o anteproyecto de ley o de reglamento:

a) Cuando concurran razones graves de interés financiero que lo justifiquen, en el caso de normas tributarias u organizativas de la Administración General del Estado, la Administración autonómica, la Administración local o de las organizaciones dependientes o vinculadas a estas.

b) Cuando la propuesta normativa no tenga un impacto significativo en la actividad administrativa.

c) Cuando no imponga obligaciones relevantes a los destinatarios.

d) Cuando regule la totalidad de los aspectos de una materia.

16. La iniciativa normativa debe estar justificada por una razón de interés general, basarse en una identificación clara de los fines perseguidos y ser el instrumento más adecuado para garantizar su consecución, en virtud de los principios de:

a) Necesidad y eficacia.
b) Proporcionalidad y seguridad jurídica.
c) Necesidad y proporcionalidad.
d) Seguridad jurídica y eficacia.

17. Cuando en materia de procedimiento administrativo la iniciativa normativa establezca trámites adicionales o distintos a los contemplados en esta ley, estos deberán ser justificados atendiendo a:

a) La singularidad de la materia o a los fines perseguidos por la propuesta.
b) La singularidad de la materia o a la eficacia de la propuesta.
c) La eficacia de la propuesta.
d) La eficacia, proporcionalidad y necesariedad de la propuesta.

18. Quedará suficientemente justificada la adecuación de la iniciativa legislativa y la potestad reglamentaria a los principios de buena regulación:

a) En el preámbulo, en los anteproyectos de ley y en los proyectos de reglamentos.
b) En la exposición de motivos, en los proyectos de reglamentos.
c) En el preámbulo, en los anteproyectos de ley.
d) En la exposición de motivos, en los anteproyectos de ley.

19. ¿Cuál de los principios de buena regulación supone que la iniciativa que se proponga deba contener la regulación imprescindible para atender la necesidad a cubrir con la norma, tras constatar que no existen otras medidas menos restrictivas de derechos, o que impongan menos obligaciones a los destinatarios?

a) El principio de seguridad jurídica.
b) El principio de necesidad.
c) El principio de eficacia.
d) El principio de proporcionalidad.

20. La iniciativa normativa se ejercerá de manera coherente con el resto del ordenamiento jurídico, nacional y de la Unión Europea, para generar un marco normativo estable, predecible, integrado, claro y de certidumbre, que facilite su conocimiento y comprensión y, en consecuencia, la actuación y toma de decisiones de las personas y empresas por aplicación del:

a) Principio de seguridad jurídica.
b) Principio de necesidad.
c) Principio de eficacia.
d) Principio de proporcionalidad.

21. En el marco de la "participación de los ciudadanos en el procedimiento de elaboración de normas con rango de Ley y reglamentos", la audiencia se recabará de:

a) Los ciudadanos afectados y de otras personas o entidades que puedan hacer aportaciones adicionales.

b) Los sujetos y de las organizaciones más representativas potencialmente afectados por la futura norma.

c) Las organizaciones o asociaciones reconocidas por ley que agrupen o representen a las personas cuyos derechos o intereses legítimos se vieren afectados por la norma y cuyos fines guarden relación directa con su objeto.

d) Los ciudadanos, en general, y de las organizaciones o asociaciones reconocidas por ley.

22. La opinión de "las organizaciones o asociaciones reconocidas por ley que agrupen o representen a las personas cuyos derechos o intereses legítimos se vieren afectados por la norma y cuyos fines guarden relación directa con su objeto" podrá recabarse:

a) Directamente.

b) A través del portal web correspondiente.

c) A través del boletín oficial correspondiente.

d) Directamente o a través del portal web correspondiente.

23. La iniciativa normativa debe estar justificada por una razón de interés general, basarse en una identificación clara de los fines perseguidos y ser el instrumento más adecuado para garantizar su consecución en virtud de:

a) El principio de seguridad jurídica.

b) El principio de proporcionalidad.

c) El principio de transparencia.

d) Los principios de necesidad y eficacia.

24. En aplicación del principio de transparencia, las AAPP posibilitarán el acceso:

a) Sencillo, universal y actualizado a la normativa en vigor y los documentos propios de su proceso de elaboración.

b) Rápido, universal y actualizado a la normativa en vigor y los documentos propios de su proceso de elaboración.

c) Sencillo, individualizado y actualizado a la normativa en vigor y los documentos propios de su proceso de elaboración.

d) Rápido, individualizado y actualizado a la normativa en vigor y los documentos propios de su proceso de elaboración.

25. Entre las principales normas modificadas por la LPACAP se encuentran:

a) La Ley 2/2011, de 4 de marzo, de Economía Sostenible y la Ley 50/1997, de 27 de noviembre, del Gobierno.

b) La Ley 50/1997, de 27 de noviembre, del Gobierno y la Ley 22/2003, de 9 de julio, Concursal.

c) La Ley 59/2003, de 19 de diciembre, de firma electrónica y la Ley 36/2011, de 10 de octubre, reguladora de la jurisdicción social.

d) La Ley 11/2007, de 22 de junio, de acceso electrónico de los ciudadanos a los Servicios Públicos y la Ley 22/2003, de 9 de julio, Concursal.

26. ¿Qué principios rigen el ejercicio de la potestad reglamentaria?

a) Los principios de jerarquía, reserva de ley y de competencia.

b) Los principios de necesidad, eficacia, proporcionalidad, seguridad jurídica, transparencia, y eficiencia.

c) Los principios de simplificación administrativa, eficacia y proporcionalidad.

d) Los principios de jerarquía, reserva de ley, competencia, seguridad jurídica y transparencia.

27. ¿Qué artículo de la LPACAP establece los principios de buena regulación?

a) El art. 128 de la LPACAP.

b) El art. 129 de la LPACAP.

c) El art. 131 de la LPACAP.

d) El art. 133 de la LPACAP.

28. En los procedimientos de elaboración de normas con rango de ley y reglamento, ¿cuándo será posible prescindir del trámite de audiencia?

a) Cuando la propuesta normativa no tenga un impacto significativo en la actividad económica.

b) Cuando la propuesta normativa no imponga obligaciones relevantes a los destinatarios.

c) Cuando la propuesta normativa regule aspectos parciales de una materia.

d) Cuando se trate de una propuesta normativa organizativa de la Administración General del Estado, la Administración autonómica, la Administración local o de las organizaciones dependientes o vinculadas a estas.

29. ¿Qué artículo, título y norma regula la iniciativa legislativa y potestad para dictar normas con rango de ley?

a) El art. 127 del Título VI de la LRJSP.

b) El art. 128 del Título III de la LPACAP.

c) El art. 129 del Título V de la Ley del Gobierno.

d) El art. 127 del Título VI de la LPACAP.

30. La actuación administrativa de las Asambleas Legislativas de las CCAA se regirá por:

a) Lo previsto en su normativa específica, en el marco de los principios que inspiran la actuación administrativa de acuerdo con la LPACAP.

b) La LPACAP y supletoriamente por lo dispuesto en su normativa específica.

c) Lo previsto en su normativa específica, en el marco de los principios que inspiran la actuación administrativa de acuerdo con la LRJSP.

d) Su normativa específica y supletoriamente por lo dispuesto en la LPACAP.

31. La LPACAP se aprueba al amparo de lo dispuesto en:

a) El art. 149.1.18.ª CE

b) Los arts. 149.1.18.ª, 149.1.14.ª y 149.1.13.ª de la CE.

c) El art. 149.1.13.ª de la CE.

d) Los arts. 149.1.14.ª y 149.1.13ª de la CE.

32. Las AAPP revisarán periódicamente su normativa vigente para:

a) Adaptarla a los principios de buena regulación y para comprobar la medida en que las normas en vigor han conseguido los objetivos previstos y si estaba justificado y correctamente cuantificado el coste y las cargas impuestas en ellas.

b) Simplificarla y comprobar la medida en que las normas en vigor han conseguido los objetivos previstos.

c) Simplificarla y comprobar si estaba correctamente cuantificado el coste y las cargas impuestas en ellas.

d) Comprobar el cumplimiento de los principios de jerarquía, reserva de ley y de competencia.

33. El resultado de la evaluación se plasma en:

a) Un Informe anual, que se publicará en el Portal de la Transparencia de la Administración Pública correspondiente.

b) El Plan Anual Normativo, que se publicará en el Portal de la Transparencia de la Administración Pública correspondiente.

c) Un informe que se hará público, con el detalle, periodicidad y por el órgano que determine la normativa reguladora de la Administración correspondiente.

d) El Plan Anual Normativo, con el detalle que determine la normativa reguladora de la Administración correspondiente.

34. En los procedimientos de elaboración de normas con rango de ley y reglamento, ¿cuándo será posible prescindir del trámite de información pública?

a) Cuando la propuesta normativa no tengan un impacto significativo en la actividad económica.

b) Cuando la propuesta normativa no imponga obligaciones relevantes a los destinatarios.

c) Cuando se trate de normas presupuestarias.

d) Cuando la normativa reguladora del ejercicio de la iniciativa legislativa o de la potestad reglamentaria de una Administración prevea la tramitación urgente de los procedimientos.

35. ¿Cuántos artículos tiene el Título VI de la LPACAP?

a) Cinco.
b) Seis.
c) Siete.
d) Ocho.

36. La no adhesión de las CCAA y EELL a las plataformas y registros de la Administración General del Estado deberá justificarse en términos de:

a) Eficiencia, conforme al art. 7 de la Ley Orgánica 2/2012, de 27 de abril, de Estabilidad Presupuestaria y Sostenibilidad Financiera.
b) Necesidad, conforme al art. 27 de La Ley 47/2003, de 26 noviembre, General Presupuestaria.
c) Seguridad jurídica, conforme al art. 17 de la Ley Orgánica 2/2012, de 27 de abril, de Estabilidad Presupuestaria y Sostenibilidad Financiera.
d) Transparencia, conforme al art. 37 de La Ley 47/2003, de 26 noviembre, General Presupuestaria.

37. ¿Al amparo de qué título competencial se dicta la disposición adicional segunda de adhesión de las CCAA y EELL a las plataformas y registros de la Administración General del Estado?

a) Del art. 149.1.18.ª CE.
b) Del art. 149.1.13.ª de la CE.
c) De los arts. 149.1.14.ª y 149.1.13.ª de la CE.
d) De los arts. 149.1.18.ª, 149.1.14.ª y 149.1.13.ª de la CE.

38. ¿Qué será necesario para que las normas con rango de ley, los reglamentos y disposiciones administrativas produzcan efectos jurídicos?

a) Habrán de publicarse en el diario oficial correspondiente. Adicionalmente, y de manera facultativa, las AAPP podrán establecer otros medios de publicidad complementarios.
b) Habrán de publicarse en el diario oficial correspondiente. Adicionalmente, y de manera preceptiva, las AAPP establecerá otros medios de publicidad complementarios.
c) Habrán de publicarse en el diario oficial correspondiente, preceptivamente, en edición impresa. Adicionalmente, y de manera facultativa, podrán publicarse en las sedes electrónicas de la Administración, Órgano, Organismo público o Entidad competente.
d) Habrán de publicarse en el diario oficial correspondiente, preceptivamente, en las sedes electrónicas de la Administración, Órgano, Organismo público o Entidad competente. Adicionalmente, y de manera facultativa, se podrán publicar en el diario oficial en edición impresa.

39. ¿Qué debe de garantizar el sistema automatizado de remisión y gestión telemática del BOE para la publicación de los anuncios de notificación infructuosa?

a) Debe garantizar la celeridad de la publicación, su eficiencia, así como la identificación del órgano remitente.

b) Debe garantizar la eficacia de la publicación, su transparencia, así como la identificación del órgano remitente.

c) Debe garantizar la celeridad de la publicación, su correcta y fiel inserción, así como la identificación del órgano remitente.

d) Debe garantizar la transparencia de la publicación, así como la identificación del órgano remitente.

40. El art. 129 de la LPACAP regula:

a) Los principios de buena regulación.

b) Los principios de la potestad sancionadora.

c) Los principios generales que regirán la actuación de las AAPP.

d) Los principios generales de las relaciones interadministrativas.

41. La LPACAP dispone que esta entra en vigor:

a) Al año de su publicación en el BOE, es decir, el 2 de octubre de 2016, salvo las previsiones relativas al registro electrónico de apoderamientos, registro electrónico, registro de empleados públicos habilitados, punto de acceso general electrónico de la Administración y archivo único electrónico produjeron efectos a partir del día 2 de abril de 2021.

b) Al año de su publicación en el BOE, es decir, el 1 de octubre de 2015.

c) Al año de su publicación en el BOE, es decir, el 1 de octubre de 2015, salvo las previsiones relativas al registro electrónico de apoderamientos, registro electrónico y registro de empleados públicos habilitados, producirán efectos a los dos años de la entrada en vigor de la LPACAP, es decir, el 1 de octubre de 2017.

d) A los tres años de su publicación en el BOE, es decir, el 1 de octubre de 2018.

42. ¿Qué artículos de la Ley de Economía Sostenible quedan derogados por la disposición derogatoria única de la LPACAP?

a) Los arts. 4 a 7 de la Ley 2/2011, de 4 de marzo.

b) Los arts. 5 a 9 de la Ley 1/2002, de 4 de mayo.

c) Los arts. 2 a 8 de la Ley 2/2011, de 4 de marzo.

d) Los arts. 3 a 9 de la Ley 1/2012, de 4 de mayo.

43. En el marco de la evaluación normativa, las AAPP:
Organigrama de la Agencia.

a) Promoverán la aplicación de los principios de buena regulación y, en particular, la introducción de medidas de discriminación positiva a favor de colectivos desfavorecidos.

b) Promoverán la aplicación de los principios de buena regulación y cooperarán para promocionar el análisis económico en la elaboración de las normas y, en particular, para evitar la introducción de restricciones injustificadas o desproporcionadas a la actividad económica.

c) Promoverán la aplicación de los principios de jerarquía, reserva de ley y de competencia y, en particular, evitarán la introducción de restricciones injustificadas o desproporcionadas a la actividad económica.

d) Promoverán la aplicación de los principios de jerarquía, reserva de ley y de competencia y, en particular, introducirán medidas de discriminación positiva a favor de colectivos desfavorecidos.

44. Los actos y resoluciones pendientes de ejecución a la entrada en vigor de la LPACAP se regirán para su ejecución por:

a) La normativa vigente cuando se dictaron.
b) Las normas establecidas en la LPACAP.
c) Los principios establecidos en la LPACAP, a falta de previsión expresa.
d) Los principios establecidos en la LRJSP, a falta de previsión expresa.

45. La LPACAP modifica:

a) La Ley 50/2002, de 26 de diciembre, de Fundaciones.
b) La Ley 38/2003, de 17 de noviembre, General de Subvenciones.
c) El Texto Refundido de la Ley de Contratos del Sector Público, aprobado por Real Decreto Legislativo 3/2011, de 14 de noviembre.
d) La Ley 59/2003, de 19 de diciembre, de firma electrónica.

46. Las actuaciones y procedimientos sancionadores en materia tributaria se rigen:

a) Por su normativa específica y supletoriamente por lo dispuesto en la LPACAP.
b) Por la LPACAP.
c) Por su normativa específica y supletoriamente por lo dispuesto en la LRJSP.
d) Por la LPACAP y supletoriamente por lo dispuesto en su normativa específica.

47. El Plan Anual Normativo se publicará en:

a) En el Boletín Oficial del Estado, que pondrá a disposición de las diversas AAPP, un sistema automatizado de remisión y gestión telemática para la publicación del plan anual normativo.
b) El Portal de la Transparencia de la Administración Pública correspondiente.
c) En el Boletín Oficial de la Administración Pública correspondiente.
d) El Portal de la Transparencia de la Administración General del Estado.

48. ¿Qué artículo y norma atribuye al Estado la competencia para dictar las bases del régimen jurídico de las AAPP y competencia en materia de procedimiento administrativo común y sistema de responsabilidad de todas las AAPP?

a) El art. 149.1.18.ª de la CE.
b) El art. 149.1.14.ª de la CE.

c) El art. 149.1.13.ª de la CE.

d) El art. 149.1.8.ª de la CE.

49. ¿Qué tipo de publicación contempla la LPACAP para las distintas normas?

a) Las normas con rango de ley habrán de publicarse en el diario oficial correspondiente para que entren en vigor y produzcan efectos jurídicos. Para los reglamentos y disposiciones administrativas podrá establecerse otros medios de publicidad complementarios.

b) Las normas con rango de ley, los reglamentos y disposiciones administrativas habrán de publicarse en el diario oficial correspondiente para que entren en vigor y produzcan efectos jurídicos. Adicionalmente, y de manera preceptiva, las AAPP podrán establecer otros medios de publicidad complementarios.

c) Las normas con rango de ley, los reglamentos y disposiciones administrativas habrán de publicarse en el diario oficial correspondiente para que entren en vigor Adicionalmente, y para que produzcan efectos jurídicos, las AAPP podrán establecer otros medios de publicidad complementarios.

d) Las normas con rango de ley, los reglamentos y disposiciones administrativas habrán de publicarse en el diario oficial correspondiente para que entren en vigor y produzcan efectos jurídicos. Adicionalmente, y de manera facultativa, las AAPP podrán establecer otros medios de publicidad complementarios.

50. Para cumplir con lo previsto en materia de registro electrónico de apoderamientos, registro electrónico, archivo electrónico único, plataforma de intermediación de datos y punto de acceso general electrónico de la Administración, las CCAA y las EELL podrán adherirse, a través de medios electrónicos, a las plataformas y registros establecidos al efecto por la Administración General del Estado:

a) Voluntariamente. Su no adhesión deberá justificarse en términos de eficiencia conforme al art. 7 de la Ley Orgánica 2/2012, de 27 de abril.

b) Obligatoriamente.

c) Voluntariamente. Su no adhesión deberá justificarse en términos de eficiencia conforme al art. 7 de la LRJSP.

d) Obligatoriamente, salvo que justifique ante el Gobierno de la Nación que puede prestar el servicio de un modo más eficiente.

51. La disposición derogatoria única de la LPACAP deroga:

a) El Real Decreto 1065/2007, de 27 de julio, por el que se aprueba el Reglamento General de las actuaciones y los procedimientos de gestión e inspección tributaria y de desarrollo de las normas comunes de los procedimientos de aplicación de los tributos.

b) El Real Decreto 939/2005, de 29 de julio, por el que se aprueba el Reglamento General de Recaudación.

c) El Real Decreto 1398/1993, de 4 de agosto, por el que se aprueba el Reglamento del Procedimiento para el Ejercicio de la Potestad Sancionadora.

d) El Real Decreto 520/2005, de 13 de mayo, por el que se aprueba el Reglamento general de desarrollo de la Ley 58/2003, de 17 de diciembre, General Tributaria, en materia de revisión en vía administrativa.

52. Las actuaciones y procedimientos sancionadores en el orden social se rigen:

a) Por la LPACAP.
b) Por su normativa específica y supletoriamente por lo dispuesto en la LPACAP.
c) Por su normativa específica y supletoriamente por lo dispuesto en la LRJSP.
d) Por la LPACAP y supletoriamente por lo dispuesto en su normativa específica.

53. La LPACAP deroga:

a) La Ley 50/2002, de 26 de diciembre, de Fundaciones.
b) La Ley 11/2007, de 22 de junio, de acceso electrónico de los ciudadanos a los Servicios Públicos.
c) La Ley 33/2003, de 3 de noviembre, del Patrimonio de las Administraciones Públicas.
d) La Ley 47/2003, de 26 de noviembre, General Presupuestaria.

54. Para que los interesados pueden identificar la oficina de asistencia en materia de registros más próxima a su domicilio, las AAPP deberán:

a) Publicar un directorio en el boletín oficial correspondiente.
b) Mantener permanentemente actualizado en la correspondiente sede electrónica un directorio geográfico.
c) Mantener actualizado un registro, u otro sistema equivalente, donde constarán los funcionarios habilitados para la identificación o firma electrónica.
d) Publicar un directorio en el portal web correspondiente.

55. Las normas reguladoras estatales, autonómicas y locales de los distintos procedimientos normativos que sean incompatibles con lo previsto en la LPACAP deben adecuarse a la ley:

a) En el plazo de 3 meses a partir de la entrada en vigor de la LPACAP.
b) En el plazo de 6 meses a partir de la entrada en vigor de la LPACAP.
c) En el plazo de 1 año a partir de la entrada en vigor de la LPACAP.
d) En el plazo de 2 años a partir de la entrada en vigor de la LPACAP.

56. La Ley 36/2011, de 10 de octubre, reguladora de la jurisdicción social, ha sido:

a) Modificada por la LPACAP.
b) Derogada por la LPACAP.
c) Derogada por la LRJSP.
d) No se ha visto afectada ni por la LPACAP, ni por la LRJSP.

57. La modificación del "agotamiento de la vía administrativa previa a la vía judicial social" se encuentra en:

a) El art. 69 de la LISOS, introducida en la Disposición final tercera de la LPACAP.

b) El art. 70 de la LPACAP, en relación con la Disposición final segunda de la LRJSP.

c) La nueva redacción del art. 69 de la LRJS, introducida en la Disposición final tercera de la LPACAP.

d) La nueva redacción del art. 70 de la LRJS, introducida en la Disposición final segunda de la LPACAP.

58. De conformidad con la Ley reguladora de la jurisdicción social, para poder demandar al Estado, a las CCAA y a los EELL será requisito necesario:

a) Presentar reclamación administrativa previa a la vía judicial laboral.

b) Haber agotado la vía administrativa, cuando así proceda, de acuerdo con lo establecido en la normativa de procedimiento administrativo aplicable.

c) Presentar reclamación administrativa previa a la vía judicial laboral y haber agotado la vía administrativa.

d) Presentar reclamación administrativa previa a la vía judicial laboral, solo en los supuestos en los que la Administración vaya a ser demandada en su condición de empresaria.

59. De conformidad con la Ley reguladora de la jurisdicción social, desde que se deba entender agotada la vía administrativa, el interesado podrá formalizar la demanda:

a) En el plazo de un mes. Salvo en las acciones derivadas de despido y demás acciones sujetas a plazo de caducidad, en cuyo caso el plazo de interposición de la demanda será de quince días hábiles o el especial que sea aplicable, contados a partir del día siguiente a aquel en que se hubiera producido el acto o la notificación de la resolución impugnada, o desde que se deba entender agotada la vía administrativa en los demás casos.

b) En el plazo de dos meses. Salvo en las acciones derivadas de despido y demás acciones sujetas a plazo de caducidad, en cuyo caso el plazo de interposición de la demanda será de veinte días hábiles o el especial que sea aplicable, contados a partir del día siguiente a aquel en que se hubiera producido el acto o la notificación de la resolución impugnada, o desde que se deba entender agotada la vía administrativa en los demás casos.

c) En el plazo de dos meses. Salvo en las acciones derivadas de despido y demás acciones sujetas a plazo de caducidad, en cuyo caso el plazo de interposición de la demanda será de veinte días naturales o el especial que sea aplicable, contados a partir del día siguiente a aquel en que se hubiera producido el acto o la notificación de la resolución impugnada, o desde que se deba entender agotada la vía administrativa en los demás casos.

d) En el plazo de tres meses. Salvo en las acciones derivadas de despido y demás acciones sujetas a plazo de caducidad, en cuyo caso el plazo de interposición de la demanda será de treinta días hábiles o el especial que sea aplicable, contados a partir del día siguiente a aquel en que se hubiera producido el acto o la notificación de la resolución impugnada, o desde que se deba entender agotada la vía administrativa en los demás casos.

60. De conformidad con la Ley reguladora de la jurisdicción social, no será necesario agotar la vía administrativa para interponer demanda:

a) Por despido colectivo y movilidad geográfica.

b) En caso de modificación sustancial de condiciones de trabajo.

c) En caso de suspensión de contrato y reducción de jornada.

d) De tutela de derechos fundamentales y libertades públicas frente a actos de las AAPP en el ejercicio de sus potestades en materia laboral y sindical.

61. De conformidad con la Ley reguladora de la jurisdicción social, en el proceso no podrán introducir las partes variaciones sustanciales de tiempo, cantidades o conceptos respecto de los que fueran objeto del procedimiento administrativo y de las actuaciones de los interesados o de la Administración:

a) Bien en fase de reclamación previa en materia de prestaciones de Seguridad Social o de recurso que agote la vía administrativa, salvo en cuanto a los hechos nuevos o que no hubieran podido conocerse con anterioridad.

b) En fase de reclamación previa, salvo en cuanto a los hechos nuevos o que no hubieran podido conocerse con anterioridad.

c) Bien en fase de reclamación previa o de recurso que agote la vía administrativa, salvo en cuanto a los hechos nuevos o que no hubieran podido conocerse con anterioridad.

d) En fase de recurso que agote la vía administrativa, salvo en cuanto a los hechos nuevos o que no hubieran podido conocerse con anterioridad.

62. La LPACAP deroga:

a) La Ley 7/1985, de 2 de abril, Reguladora de las Bases del Régimen Local

b) El texto refundido de las disposiciones legales vigentes en materia de Régimen Local, aprobado por el Real Decreto Legislativo 781/1986, de 18 de abril.

c) La Ley 30/1992, de 26 de noviembre, de Régimen Jurídico de las Administraciones Públicas y del Procedimiento Administrativo Común.

d) La Ley 6/1997, de 14 abril, de Organización y Funcionamiento de la Administración General del Estado.

63. Las referencias hechas a la Ley 30/1992, de 26 de noviembre, de Régimen Jurídico de las Administraciones Públicas y del Procedimiento Administrativo Común, se entenderán hechas:

a) Siempre, a la LPACAP.

b) Siempre, a la LRJSP.

c) A la LPACAP o a la LRJSP, según corresponda.

d) A la LPACAP, a la LRJSP o a la normativa específica, según corresponda.

64. Los procedimientos administrativos regulados en leyes especiales por razón de la materia que no exijan alguno de los trámites previstos en esta ley o regulen trámites adicionales o distintos se regirán, respecto a estos, por:

a) La LPACAP.

b) La LRJSP.

c) Lo dispuesto en las leyes especiales.

d) La LPACAP y supletoriamente por lo dispuesto en su normativa específica

65. La disposición derogatoria única de la LPACAP deroga:

a) La Ley 20/2015, de 14 de julio, de ordenación, supervisión y solvencia de las entidades aseguradoras y reaseguradoras.

b) El Real Decreto-Ley 12/1995, de 28 de diciembre, sobre medidas urgentes en materia presupuestaria, tributaria y financiera.

c) El Real Decreto 772/1999, de 7 de mayo, por el que se regula la presentación de solicitudes, escritos y comunicaciones ante la Administración General del Estado, la expedición de copias de documentos y devolución de originales y el régimen de las oficinas de registro.

d) El Real Decreto 520/2005, de 13 de mayo, por el que se aprueba el Reglamento general de desarrollo de la Ley 58/2003, de 17 de diciembre, General Tributaria, en materia de revisión en vía administrativa.

66. Las actuaciones y procedimientos en materia de extranjería se rigen:

a) Por la LPACAP.

b) Por su normativa específica y supletoriamente por lo dispuesto en la LRJSP.

c) Por la LPACAP y supletoriamente por lo dispuesto en su normativa específica.

d) Por su normativa específica y supletoriamente por lo dispuesto en la LPACAP.

67. Desde el 2 de octubre de 2017 hasta el 1 de octubre de 2018, ¿cuántos archivos electrónicos tendrán los Ministerios?

a) Los archivos existentes en el momento de la entrada en vigor de la LPACAP.

b) Como máximo, un archivo electrónico por cada Ministerio.

c) Un único archivo electrónico para toda la Administración General del Estado.

d) Como máximo, un archivo electrónico por cada Departamento de los Ministerios.

68. Para cumplir con lo previsto en materia de registro electrónico de apoderamientos, registro electrónico, archivo electrónico único, plataforma de intermediación de datos y punto de acceso general electrónico de la Administración, las CCAA y las EELL podrán:

a) Adherirse voluntariamente a las plataformas y registros establecidos al efecto por la Administración General del Estado y su no adhesión, deberá justificarse en términos de eficacia.

b) Adherirse obligatoriamente a las plataformas y registros establecidos al efecto por la Administración General del Estado y su no adhesión, deberá justificarse en términos de seguridad jurídica.

c) Adherirse voluntariamente a las plataformas y registros establecidos al efecto por la Administración General del Estado y su no adhesión, deberá justificarse en términos de eficiencia.

d) Adherirse obligatoriamente a las plataformas y registros establecidos al efecto por la Administración General del Estado y su no adhesión, deberá justificarse en términos de seguridad jurídica y eficacia.

69. ¿Qué título competencial se invoca para la aprobación del Título V de la LPA-CAP relativo a la "revisión de los actos en vía administrativa"?

a) El art. 149.1.8.ª de la CE
b) El art. 149.1.14.ª de la CE.
c) El art. 149.1.13.ª de la CE.
d) El art. 149.1.18.ª de la CE.

70. ¿Qué normativa en materia de responsabilidad patrimonial queda derogada por la LPACAP?

a) El Real Decreto 456/1997, de 27 de julio.
b) El Real Decreto 1398/1993, de 4 de agosto.
c) El Real Decreto 1420/1995, de 13 de mayo.
d) El Real Decreto 429/1993, de 26 de marzo.

71. Las actuaciones y procedimientos en materia de asilo se rigen:

a) Por su normativa específica y supletoriamente por lo dispuesto en la LPACAP.
b) Por la I PACAP.
c) Por su normativa específica y supletoriamente por lo dispuesto en la LRJSP.
d) Por la LPACAP y supletoriamente por lo dispuesto en su normativa específica.

72. Según la LPACAP, para promocionar el análisis económico en la elaboración de las normas y, en particular, para evitar la introducción de restricciones injustificadas o desproporcionadas a la actividad económica, las AAPP:

a) Aplicarán el principio de eficacia, estabilidad presupuestaria y sostenibilidad financiera.

b) Promoverán la aplicación de los principios de buena regulación y cooperarán en el análisis económico citado.

c) Aplicarán la Ley Orgánica 2/2012, de 27 de abril, de garantía de la unidad de mercado.

d) Se someterán a los principios de estabilidad presupuestaria y sostenibilidad financiera definidos en la Ley 20/2013, de 9 de diciembre, de Estabilidad Presupuestaria y Sostenibilidad Financiera.

73. La LPACAP:

a) Modifica ciertos artículos y disposiciones del Real Decreto-Ley 12/1995, de 28 de diciembre.

b) Deroga ciertos artículos y disposiciones del Real Decreto 1671/2009, de 6 de noviembre.

c) Modifica ciertos artículos y disposiciones del Real Decreto Legislativo 3/2011, de 14 de noviembre.

d) Deroga ciertos artículos y disposiciones de la Ley 59/2003, de 19 de diciembre.

74. En el ejercicio de la iniciativa legislativa y la potestad reglamentaria, las AAPP actuarán de acuerdo con los principios de:

a) Lealtad institucional; Adecuación al orden de distribución de competencias establecido; Colaboración; Cooperación; Coordinación; Eficiencia en la gestión de los recursos públicos; Responsabilidad de cada Administración Pública en el cumplimiento de sus obligaciones y compromisos; Garantía e igualdad en el ejercicio de los derechos de todos los ciudadanos en sus relaciones con las diferentes Administraciones; Solidaridad interterritorial de acuerdo con la CE.

b) Necesidad; eficacia; proporcionalidad; seguridad jurídica; transparencia y eficiencia.

c) Lealtad institucional; Adecuación al orden de distribución de competencias establecido; Colaboración y Coordinación; Eficacia en la gestión de los recursos públicos; Responsabilidad de cada Administración Pública en el cumplimiento de sus obligaciones y compromisos; Garantía e igualdad en el ejercicio de los derechos de todos los ciudadanos en sus relaciones con las diferentes Administraciones; Solidaridad interterritorial de acuerdo con la CE.

d) Necesidad; eficacia; proporcionalidad; seguridad jurídica; transparencia; eficiencia; Responsabilidad de cada Administración Pública en el cumplimiento de sus obligaciones y compromisos; Garantía e igualdad en el ejercicio de los derechos de todos los ciudadanos en sus relaciones con las diferentes Administraciones; Solidaridad interterritorial de acuerdo con la CE.

75. Con carácter previo a la elaboración del proyecto o anteproyecto de ley o de Reglamento, se sustanciará una consulta pública, a través del portal web de la Administración competente en la que se recabará la opinión de los sujetos y de las organizaciones más representativas potencialmente afectados por la futura norma acerca de:

a) Los objetivos de la norma.

b) Los problemas que se pretenden solucionar con la iniciativa.

c) Las posibles soluciones alternativas regulatorias y no regulatorias.

d) Todas las respuestas son correctas.

Soluciones comentadas

1. d) El Título VI de la LPACAP.

Ver respuesta en: Título VI de la LPACAP (en relación con la Disposición final tercera de la LRJSP, que modifica el Título V de la Ley 50/1997, de 27 de noviembre, del Gobierno).

Con carácter general, la regulación sobre la iniciativa legislativa y potestad normativa de las Administraciones Públicas es introducida en el Título VI de la Ley 39/2015, de 1 de octubre (art. 127 a 133 de la LPACAP).

Además, la Disposición final tercera de la LRJSP, modifica el Título V de la Ley 50/1997, de 27 de noviembre, del Gobierno (arts. 22 a 28 de la LG), regulando "la iniciativa legislativa y la potestad reglamentaria del Gobierno", reduciendo su ámbito de aplicación a la Administración General Estatal.

En todo caso, hemos de decir que la regulación sobre la potestad normativa en España nunca fue excesivamente extensa.

El art. 22 de la LG indica que el Gobierno ejercerá la iniciativa y la potestad reglamentaria de conformidad con los principios y reglas establecidos en el Título VI de la LPACAP y en el Título V de la LRJSP.

El Título VI de la LPACAP se organiza en torno a los siguientes aspectos:

a) Principios de buena regulación (art. 129 de la LPACAP), cuando se informa que las AAPP actuarán conforme a los criterios de necesidad, eficacia, proporcionalidad, seguridad jurídica, transparencia y eficiencia.

b) Promoción de la participación ciudadana en tres momentos del proceso normativo:

   – Con carácter previo a la elaboración de la norma (art. 133.1 de la LPACAP), mediante consulta pública a través del portal web de la administración.

   – Mediante la audiencia a los ciudadanos afectados y a cualquier otra persona física o jurídica que quiera dar su opinión, si la norma afecta a intereses y derechos legítimos; debiendo ser publicado el borrador de la norma, también, en portal web pertinente (art. 133.2 de la LPACAP).

   – Y por último, en pro de la coherencia del ordenamiento jurídico, se diseña la revisión periódica de la normativa vigente para adaptarla a los principios de buena regulación, comprobar la consecución de los objetivos previstos, así como, para cuantificar los costes y las cargas asociadas a las normas. Con todo ello, debe emitirse un informe que deberá hacerse público (art. 130 de la LPACAP).

c) Evaluación *ex ante* y *ex post* de las normativas:

– *Ex ante*, mediante la difusión por las AAPP de un Plan Anual Normativo, que ha de contener iniciativas legales o reglamentarias que vayan a ser objeto de aprobación al año siguiente (art. 132 de la LPACAP).

– *Ex post*, a través de la revisión de la normativa vigente, para adaptarla a los principios de buena regulación y para comprobar si la norma ha conseguido o no los objetivos previstos y si están justificados los costes y las cargas impuestas por las normas.

2. a) Ejercerá la iniciativa legislativa, mediante la elaboración y aprobación de los anteproyectos de ley y podrá aprobar reales decretos-leyes y reales decretos legislativos en los términos previstos en la Constitución.

Ver respuesta en: Art. 127, párrafo primero y tercero de la LPACAP (en relación con los arts. 87.1, 86.1 y 82.1 de la CE).

El art. 127 de la LPACAP atribuye al Gobierno la iniciativa legislativa, prevista en el art. 87.1 de la CE, mediante la elaboración y aprobación de los anteproyectos de ley y la ulterior remisión de los proyectos de ley a las Cortes Generales, así como la potestad para aprobar reales decretos-leyes, previstos en el art. 86.1 de la CE, y reales decretos legislativos previstos en el art. 82.1 de la CE.

3. d) Al Gobierno de la Nación, a los órganos de Gobierno de las CCAA, de conformidad con lo establecido en sus respectivos Estatutos, a los órganos de gobierno locales, de acuerdo con lo previsto en la Constitución, los Estatutos de Autonomía y la Ley 7/1985, de 2 de abril, reguladora de las Bases del Régimen Local, así como por órganos y autoridades distintas de los Gobiernos respectivos.

Ver respuesta en: Art. 128.1 de la LPACAP y art. 129.4 párrafos tercero y cuarto de la LPACAP (en relación con los arts. 97, 137 y 153. c) de la CE) y los arts. 4. 1. a), 22.2 d) y 33.2 b) de la LRBRL).

El ordenamiento jurídico atribuye la potestad reglamentaria originaria, únicamente, al Gobierno de la Nación (art. 97 de la CE), a los gobiernos autonómicos (arts. 137 y 153. c) de la CE) y al Pleno de los Ayuntamientos y de las Diputaciones Provinciales (arts. 4. 1. a), 22.2 b) y 33.2 b) de la LRBRL).

No obstante, la potestad reglamentaria viene siendo ejercida (además, de por el Gobierno de la Nación), por otros órganos, entre ellos, y a nivel nacional, por el Presidente del Gobierno, los Ministros, e incluso, por otras autoridades administrativas inferiores y a nivel autonómico (como los Consejeros de las CCAA). La competencia de estos órganos para dictar reglamentos y, en su caso, el alcance de esa competencia, es, sin embargo, una cuestión poco clara y muy discutida en la doctrina administrativa.

Asimismo, el art. 27.10 de la CE reconoce la autonomía de las Universidades, en los términos que la ley establezca (términos que se concretan en la Ley Orgánica de Universidades y en los Estatutos de cada centro). El grado de autonomía de cada una de las universidades dependerá de la concreta articulación que realicen las normas y estatutos, de manera que la potestad para dictar normas reglamentarias podrá ser más o menos amplia en función del concreto diseño que realicen las mismas, pero nunca podrá desaparecer en la medida en que se trata de una garantía constitucional.

En todo caso, todos estos reglamentos (en cumplimiento del principio de separación de poderes o de otras garantías constitucionales), principalmente, son reglamentos administrativos de carácter organizativo.

4. c) El art. 129.4 de la LPACAP.

Ver respuesta en: Art. 129.4, párrafo tercero y cuarto de la LPACAP.

El art. 128.1 de la LPACAP establece que el ejercicio de la potestad reglamentaria corresponde al Gobierno de la Nación, a los órganos de Gobierno de las CCAA, y a los órganos de gobierno locales, de acuerdo con lo previsto en la CE, los Estatutos de Autonomía y en la Ley 7/1985, de 2 de abril, reguladora de las Bases del Régimen Local.

Sin embargo, el art. 129.4, párrafo tercero y cuarto de la LPACAP, hace referencia al ejercicio de la potestad reglamentaria por órganos y autoridades distintos de los Gobiernos respectivos, en el marco de la regulación de uno de los principios de buena La potestad reglamentaria viene siendo ejercida, además de por los Gobiernos de las distintas Administraciones Territoriales, por otros órganos, entre ellos, el Presidente del Gobierno, los Ministros, e incluso, por otras autoridades administrativas inferiores. La competencia de estos órganos para dictar reglamentos y el alcance de esa competencia es una cuestión sumamente discutida por la doctrina administrativa.

En el ámbito de las CCAA, los Estatutos de Autonomía y las respectivas leyes de la Administración o del Gobierno de las CCAA reproducen el esquema estatal, con la atribución de la potestad reglamentaria al Consejo de Gobierno y a los Consejeros.

En el ámbito local, la atribución de la potestad reglamentaria se realiza en favor del Pleno de la correspondiente Entidad. Así, el art.22.2.d) de la LBRL atribuye al Pleno la aprobación del Reglamento orgánico y las Ordenanzas, y el art.33.2.b) LBRL hace lo propio con el Pleno, en la Diputación Provincial.

En esta línea, el art. 129.4, párrafo tercero y cuarto de la LPACAP, establece –respecto de la potestad reglamentaria de órganos y autoridades distintos de los Gobiernos respectivos–, cuatros reglas:

1.ª Que las habilitaciones para el desarrollo reglamentario de una ley "serán conferidas, con carácter general, al Gobierno";

2.ª Que dichas habilitaciones podrán, también, conferirse directamente "a los titulares de los departamentos ministeriales o a otros órganos dependientes o subordinados de ellos";

3.ª Que, en estos casos, la habilitación "tendrá carácter excepcional y deberá justificarse en la ley habilitante";

4.ª Que, las leyes podrán, también, "habilitar directamente a Autoridades Independientes u otros organismos que tengan atribuida esta potestad para aprobar normas en desarrollo o aplicación de las mismas, cuando la naturaleza de la materia así lo exija".

5. b) Anteproyectos de ley, reales decretos-leyes y reales decretos legislativos, de conformidad con lo establecido en la Constitución y en sus respectivos Estatutos de Autonomía.

Ver respuesta en: Art. 127 párrafo tercero de la LPACAP.

El art. 127 de la LPACAP atribuye al Gobierno de la Nación la iniciativa legislativa de elaboración y aprobación de anteproyectos de ley para su remisión, ya en forma de proyectos de ley, a las Cortes Generales. Además, se faculta al Gobierno de la Nación para aprobar reales decretos-leyes y reales decretos legislativos, extendiendo –en el párrafo tercero del citado artículo– ambas competencias a los respectivos órganos de Gobierno de las CCAA, en su correspondiente ámbito territorial.

6. b) Vulnerar la CE o las leyes, regular aquellas materias que la CE o los Estatutos de Autonomía reconocen de la competencia de las Cortes Generales o de las Asambleas Legislativas de las CCAA y vulnerar los preceptos de otra de rango superior.

Ver respuesta en: Art. 128. 2 y 3 de la LPACAP.

De conformidad con el art. 128. 2 y 3 de la LPACAP, los reglamentos y disposiciones administrativas quedan sometidos a tres reglas:

–   La subordinación jerárquica (dado que no podrán vulnerar la CE o las leyes);

–   La prohibición de regular materias reservadas a la ley (ya que no podrán regular materias que CE o los Estatutos de Autonomía reconocen de la competencia de las Cortes Generales o de las Asambleas Legislativas de las CCAA);

–   La jerarquización de las disposiciones reglamentarias (dado que queda prohibido vulnerar los preceptos de otra norma de rango superior).

7. d) No podrán tipificar delitos, faltas o infracciones administrativas, ni podrán establecer penas o sanciones, ni tributos, exacciones parafiscales u otras cargas o prestaciones personales o patrimoniales de carácter público.

Ver respuesta en: Art. 128.2 de la LPACAP.

El art. 128.2 de la LPACAP, en primer lugar, reconoce la función clásica que los reglamentos vienen desempeñando en el ordenamiento jurídico, que no es otra que "su función de desarrollo o colaboración con respecto a la ley", pero –además– el artículo señala que los reglamentos y disposiciones administrativas "no podrán tipificar delitos, faltas o infracciones administrativas, establecer penas o sanciones, así como tributos, exacciones parafiscales u otras cargas o prestaciones personales o patrimoniales de carácter público".

Por otra parte, el art. 128.2 de la LPACAP debía haber recogido la salvedad establecida en el art. 139 de la Ley 7/1985, de 2 de abril, reguladora de las Bases del Régimen Local (LRBRL), que permite a los entes locales, en defecto de normativa sectorial específica, establecer infracciones e imponer sanciones por el incumplimiento de deberes, prohibiciones o limitaciones contenidos en las ordenanzas municipales. La salvedad se debía haber introducido expresamente en el art. 128.2 de la LPACAP o, en su defecto, introducirla por remisión, como lo hace el art. 25.1 de la LRJSP, que indica que la potestad sancionadora se ejerce, cuando se trate de Entidades Locales, de conformidad con lo dispuesto en el Título XI de la LRBRL (relativo a la "Tipificación de las infracciones y sanciones por las EELL en determinadas materias" y formado por los arts. 139 a 141 de la LRBRL).

8. a) Necesidad, eficacia, proporcionalidad, seguridad jurídica, transparencia, y eficiencia.

Ver respuesta en: Art. 129.1 de la LPACAP (en conexión con los apartados 2 a 6 del citado artículo).

El art. 129.1 de la LPACAP lleva por título "principios de buena regulación" y obliga a las AAPP a actuar de acuerdo con estos principios en el ejercicio de la iniciativa legislativa y la potestad reglamentaria.

El contenido de estos principios de buena regulación (necesidad, eficacia, proporcionalidad, seguridad jurídica, transparencia, y eficiencia) se concretan, uno a uno, en los apartados 2 a 6 del citado art. 129 de la LPACAP, estableciendo que –en el ejercicio de la iniciativa legislativa y la potestad reglamentaria– las AAPP actuarán de acuerdo con los siguientes principios:

– Principios de Necesidad y Eficacia. (art. 129.2 de la LPACAP).

– Principio de Proporcionalidad. (art. 129.3 de la LPACAP).

– Principio de Seguridad jurídica. (art. 129.4 de la LPACAP).

– Principio de Transparencia. (art. 129.5 de la LPACAP).

– Principio de Eficiencia. (art. 129.6 de la LPACAP).

9. c) Cuantificar y valorar sus repercusiones y efectos, y supeditarse al cumplimiento de los principios de estabilidad presupuestaria y de sostenibilidad financiera.

Ver respuesta en: Art. 129.7 de la LPACAP.

El art. 129. 1 a 6 de la LPACAP establece los principios de buena regulación en el ejercicio de la iniciativa legislativa y la potestad reglamentaria, obligando a las AAPP a actuar de acuerdo con los principios de necesidad, eficacia, proporcionalidad, seguridad jurídica, transparencia, y eficiencia.

Por otra parte, el art. 129.7 de la LPACAP, añade que las iniciativas normativas cuando afecten a los gastos o ingresos públicos presentes o futuros, deberán supeditarse al cumplimiento de los principios de estabilidad presupuestaria y sostenibilidad financiera y –además– se deberán cuantificar y valorar sus repercusiones y efectos.

Los principios de estabilidad presupuestaria y sostenibilidad financiera quedan definidos en los arts. 3.2 y 4.2 de la Ley Orgánica 2/2012, de 27 de abril, de Estabilidad Presupuestaria y Sostenibilidad Financiera, que disponen lo siguiente:

– *"Artículo 3. Principio de estabilidad presupuestaria.*

…2. Se entenderá por estabilidad presupuestaria de las Administraciones Públicas la situación de equilibrio o superávit estructural….

- *Artículo 4. Principio de sostenibilidad financiera.*

  …2. Se entenderá por sostenibilidad financiera la capacidad para financiar compromisos de gasto presentes y futuros dentro de los límites de déficit y deuda pública, conforme a lo establecido en esta ley y en la normativa europea."

10. b) La exposición de motivos de los anteproyectos de ley o en el preámbulo de los proyectos de reglamento.

Ver respuesta en: Art. 129.1 *in fine* de la LPACAP.

De conformidad con el art. 129.1 *in fine* de la LPACAP, en la exposición de motivos o en el preámbulo, según se trate, respectivamente, de anteproyectos de ley o de proyectos de reglamento, debe quedar suficientemente justificada su adecuación a los principios de necesidad, eficacia, proporcionalidad, seguridad jurídica, transparencia y eficiencia, así como de estabilidad presupuestaria y de sostenibilidad financiera, cuando la iniciativa normativa afecte a los gastos o ingresos públicos presentes o futuros.

11. d) Un informe que se hará público, con el detalle, periodicidad y por el órgano que determine la normativa reguladora de la Administración correspondiente.

Ver respuesta en: Art. 130.1 de la LPACAP.

El art. 130 de la LPACAP establece la obligación de realizar una revisión periódica de toda la normativa en vigor para, por un lado, adaptarla, paulatinamente, a los principios de buena regulación y, por otro, comprobar el grado de cumplimiento de los objetivos que se han previsto, debiendo quedar plasmada esa evaluación en un informe que tendrá carácter público, con el detalle, periodicidad y por el órgano que determine la normativa reguladora de la Administración correspondiente.

A esta previsión se refiere la Exposición de Motivos de la LPACAP, cuando señala que:

"…se fortalece la evaluación ex post, puesto que junto con el deber de revisar de forma continua la adaptación de la normativa a los principios de buena regulación, se impone la obligación de evaluar periódicamente la aplicación de las normas en vigor, con el objeto de comprobar si han cumplido los objetivos perseguidos y si el coste y cargas derivados de ellas estaba justificado y adecuadamente valorado…".

12. a) Habrán de publicarse en el diario oficial correspondiente. Adicionalmente, y de manera facultativa, las AAPP podrán establecer otros medios de publicidad complementarios.

Ver respuesta en: Art. 131 párrafo primero de la LPACAP.

El párrafo primero del art. 131 de la LPACAP regula la publicidad de las normas, estableciendo que todas las disposiciones de carácter general, para que entren en vigor y produzcan efectos jurídicos, habrán de publicarse en el diario oficial correspondiente, sin perjuicio de que adicionalmente, y de manera facultativa, las AAPP puedan establecer otros medios de publicidad complementarios.

En definitiva, el párrafo primero del art. 131 de la LPACAP reitera uno de los principios básicos del ordenamiento jurídico, que establece que "Las normas con rango de ley, los reglamentos y disposiciones administrativas habrán de publicarse en el diario oficial correspondiente para que entren en vigor y produzcan efectos jurídicos".

Sin embargo, parece que faltaría añadir que la norma ha de ser publicada íntegramente en el diario oficial correspondiente, para que surta efectos jurídicos, tal y como indica el art. 2.1 del Código Civil y el art. 70.2 de la LRBRL.

> El objetivo del párrafo primero del art. 131 de la LPACAP parece que era introducir las normas que se hacen constar en los párrafos segundo y tercero de este artículo sobre la publicación electrónica de los boletines y diarios oficiales, insistiendo en que la inserción de las normas en la edición electrónica del diario oficial correspondiente surtirá los mismos efectos que la publicación en la edición impresas en papel, siempre que se den "las condiciones y con las garantías" que se determinen y que deberán garantizar la autenticidad e inalterabilidad del texto de las citadas normas.

13. c) Anualmente y contendrá las iniciativas legales o reglamentarias que vayan a ser elevadas para su aprobación en el año siguiente. Una vez aprobado, el Plan Anual Normativo se publicará en el Portal de la Transparencia de la Administración Pública correspondiente.

Ver respuesta en: Art. 132. 1 y 2 de la LPACAP.

El art. 132 de la LPACAP establece que las diferentes AAPP, con carácter anual, elaborarán un Plan Normativo, comprensivo de las iniciativas legales o reglamentarias que se pretendan aprobar en el año siguiente. El Plan Normativo habrá de ser aprobado por el órgano que corresponda y será objeto de publicación en el Portal de Transparencia de la respectiva Administración Pública.

La Exposición de Motivos de la LPACAP justifica la citada medida, señalando que:

"…en aras de una mayor seguridad jurídica, y la predictibilidad del ordenamiento, se apuesta por mejorar la planificación normativa ex ante. Para ello, todas las Administraciones divulgarán un Plan Anual Normativo en el que se recogerán todas las propuestas con rango de ley o de reglamento que vayan a ser elevadas para su aprobación el año siguiente. …"

En este marco, en el ámbito de la Administración General del Estado se aprobó el *Real Decreto 286/2017, de 24 de marzo, por el que se regulan el Plan Anual Normativo y el Informe Anual de Evaluación Normativa de la Administración General del Estado y se crea la Junta de Planificación y Evaluación Normativa.*

14. b) Los sujetos y de las organizaciones más representativas potencialmente afectados por la futura norma.

Ver respuesta en: Art. 133.1 de la LPACAP (en relación con el art. 26.2 de la LG).

El art. 133 de la LPACAP regula los mecanismos de participación ciudadana en el procedimiento de elaboración de normas con rango de ley y reglamentos, que son la consulta previa, la audiencia a los afectados y la información pública.

Sin embargo, una de las mayores novedades de la LPACAP ha sido la inclusión de la consulta pública sobre la futura norma, a través del portal web de la Administración competente, a realizar con carácter previo a la elaboración de la citada norma. El contenido material de la norma no viene prejuzgado con un borrador de texto. El primer texto de la norma debe ser redactado, con posterioridad a la consulta, teniendo en cuenta la opinión recabada en dicha consulta pública sobre:

a) Los problemas que se pretenden solucionar con la iniciativa.

b) La necesidad y oportunidad de su aprobación.

c) Los objetivos de la norma.

d) Las posibles soluciones alternativas regulatorias y no regulatorias.

15. c) Cuando no imponga obligaciones relevantes a los destinatarios.

Ver respuesta en: Art. 133.4 de la LPACAP.

El art. 133.4 de la LPACAP establece que se podrá prescindir de los trámites de consulta, audiencia e información públicas:

– En el caso de normas presupuestarias u organizativas de la Administración General del Estado, la Administración autonómica, la Administración local o de las organizaciones dependientes o vinculadas a estas;

– O cuando concurran razones graves de interés público que lo justifiquen.

Y respecto de la consulta pública, añade que se podrá omitir cuando la propuesta normativa:

– No tenga un impacto significativo en la actividad económica;

– No imponga obligaciones relevantes a los destinatarios;

– Regule aspectos parciales de una materia.

Por último, el art. 133.4 de la LPACAP indica que: *Si la normativa reguladora del ejercicio de la iniciativa legislativa o de la potestad reglamentaria por una Administración prevé la tramitación urgente de estos procedimientos, la eventual excepción del trámite por esta circunstancia se ajustará a lo previsto en aquella".*

16. a) Necesidad y eficacia.

Ver respuesta en: Art. 129.2 de la LPACAP.

De conformidad con el art. 129 de la LPACAP, en la exposición de motivos o en el preámbulo, según se trate, respectivamente, de anteproyectos de ley o de proyectos de reglamento, debe quedar suficientemente justificada su adecuación a los principios de necesidad, eficacia, proporcionalidad, seguridad jurídica, transparencia y eficiencia, así como, de estabilidad presupuestaria y de sostenibilidad financiera, cuando la iniciativa normativa afecte a los gastos o ingresos públicos presentes o futuros.

En particular, la iniciativa normativa debe estar justificada por una razón de interés general, basarse en una identificación clara de los fines perseguidos y ser el instrumento más adecuado para garantizar su consecución, en virtud de los principios de necesidad y eficacia.

17. a) La singularidad de la materia o a los fines perseguidos por la propuesta.

Ver respuesta en: Art. 129.4 párrafo segundo de la LPACAP (en relación con el art. 1.2. de la LPACAP).

El art. 129.4 párrafo segundo de la LPACAP establece que:

"…Cuando en materia de procedimiento administrativo la iniciativa normativa establezca trámites adicionales o distintos a los contemplados en esta ley, estos deberán ser justificados atendiendo a la singularidad de la materia o a los fines perseguidos por la propuesta…".

Asimismo, el art. 1.2 de la LPACAP dispone lo siguiente:

"Solo mediante ley, cuando resulte eficaz, proporcionado y necesario para la consecución de los fines propios del procedimiento, y de manera motivada, podrán incluirse trámites adicionales o distintos a los contemplados en esta ley". Reglamentariamente podrán establecerse especialidades del procedimiento referidas a los órganos competentes, plazos propios del concreto procedimiento por razón de la materia, formas de iniciación y terminación, publicación e informes a recabar".

18. d) En la exposición de motivos, en los anteproyectos de ley.

Ver respuesta en: Art. 129.1 de la LPACAP.

La LPACAP dispone con claridad que tanto las exposiciones de motivos, de los anteproyectos de ley, como los preámbulos, que se corresponden a las disposiciones reglamentarias, deben dejar suficientemente justificada la adecuación de la nueva ley o reglamento a los principios de buena regulación, también llamada, de regulación inteligente.

La jurisprudencia en diversas ocasiones ha indicado el gran valor que tienen los textos introductorios, dado que la jurisprudencia constitucional y ordinaria deberá considerarlos para interpretar las normas.

19. d) El principio de proporcionalidad.

Ver respuesta en: Art. 129.3 de la LPACAP.

La consagración legal del principio de proporcionalidad significa que las iniciativas deben contener únicamente la regulación imprescindible para atender la necesidad a cubrir con la norma, tras constatar que no existen otras medidas menos restrictivas de derechos, o que impongan menos obligaciones a los destinatarios.

20. a) Principio de seguridad jurídica.

Ver respuesta en: Art. 129.4 de la LPACAP.

El principio de seguridad jurídica exige que la iniciativa normativa se ejerza de manera coherente con el resto del ordenamiento jurídico nacional y de la Unión Europea para generar un marco normativo estable, predecible, integrado, claro y de certidumbre que facilite su conocimiento y comprensión.

Por otra parte, cuando la iniciativa normativa establezca trámites adicionales o distintos de los contemplados en la LPACAP, deberán justificarse atendiendo a la singularidad de la materia o a los fines perseguidos por la propuesta.

Al hilo del principio de seguridad jurídica, la LPACAP introduce la referencia a al "régimen de habilitaciones reglamentarias a órganos distintos del Gobierno", sin que haya demasiada conexión entre este principio y las citadas las habilitaciones reglamentarias y, concretamente, la norma indica que las habilitaciones para el desarrollo reglamentario de una ley, atribuidas directamente a los titulares de los departamentos ministeriales o a otros órganos dependientes o subordinados de ellos, serán excepcionales y deberán justificarse en la ley habilitante (dado que, como indica el propio art. 129.4 de la LPACAP, con carácter general, las habilitaciones para el desarrollo reglamentario de una ley serán conferidas al Gobierno).

21. a) Los ciudadanos afectados y de otras personas o entidades que puedan hacer aportaciones adicionales.

Ver respuesta en: Art. 133.2 de la LPACAP (en relación el art. 83 de la LPACAP).

Tras la consulta previa, el art. 133.2 de la LPACAP contempla un segundo trámite de participación, que consiste en la información pública del texto articulado.

Este trámite se divide en dos tipos de audiencia (que son trámites adicionales y sucesivos a la "consulta previa a la redacción del texto de la iniciativa"): una audiencia pública, mediante el trámite de la información pública y la audiencia personalizada, mediante el trámite de audiencia directa de las personas interesadas o a través de las organizaciones representativas.

La primera de las audiencias es un trámite similar a la consulta previa, pero en este caso, la consulta se realiza respecto del texto del proyecto de disposición (frente a la consulta previa, que versa sobre el propósito de dictar una disposición normativa, es decir, no existe un borrador de disposición, dado que la consulta se realiza "con carácter previo a la redacción del texto").

Por tanto, la primera de las audiencias versa sobre un borrador de disposición, que se publicará en el portal web correspondiente y parece que sus destinatarios son "los ciudadanos afectados" y "otras personas o entidades" que puedan hacer aportaciones adicionales.

Dado el tenor literal de la LPACAP, cuando hace referencia a "otras personas o entidades", parece claro que el trámite de información pública no solo está abierto a la participación de los ciudadanos personalmente afectados, sino –en general– a cualquier persona. Se trata, por tanto, del tipo de audiencia pública a la que nuestra legislación ha denominado, tradicionalmente, "información pública".

Por otra parte, debemos indicar que la información pública, se configura como un trámite preceptivo y no meramente facultativo. En efecto, parece que solo podrá prescindirse del trámite de información pública en el caso de normas organizativas, presupuestarias o que no afecten a los derechos e intereses legítimos de las personas, o cuando lo justifiquen razones de interés público que queden acreditadas.

Por último, indicar que estas reglas acerca de la información pública (en el marco del procedimiento de elaboración de normas administrativas) deben entenderse sin perjuicio de la aplicación, en lo que no hayan sido desplazadas por ellas, de las normas que integran el régimen general de la información pública, que se encuentran establecidas en el art. 83 de la LPACAP:

que dispone que: "quienes presenten alegaciones u observaciones en este trámite tienen derecho a obtener de la Administración una respuesta razonada, que podrá ser común para todas aquellas alegaciones que planteen cuestiones sustancialmente iguales."

La segunda de las audiencias, es decir, la audiencia personalizada a las organizaciones representativas, se recogecomo un tercer trámite participativo, dirigido a "las organizaciones o asociaciones reconocidas por ley que agrupen o representen a las personas cuyos derechos o intereses legítimos se vieren afectados por la norma y cuyos fines guarden relación directa con su objeto", a través de una notificación individual (por tanto, en estas audiencias no se utilizan los portales web).

La audiencia a las organizaciones parece configurarse como un trámite meramente facultativo, dado que se utiliza la expresión "podrá" recabarse (lo contrario, exigiría utilizar expresiones como "deberá" recabarse).

22. a) Directamente.

Ver respuesta en: Art. 133.2 de la LPACAP (en relación con el art. 9.2 y con el art. 105 a) y c) de la CE).

El art. 133.2 de la LPACAP dispone que:

"…2. Sin perjuicio de la consulta previa a la redacción del texto de la iniciativa, cuando la norma afecte a los derechos e intereses legítimos de las personas, el centro directivo competente publicará el texto en el portal web correspondiente, con el objeto de dar audiencia a los ciudadanos afectados y recabar cuantas aportaciones adicionales puedan hacerse por otras personas o entidades. Asimismo, podrá también recabarse directamente la opinión de las organizaciones o asociaciones reconocidas por ley que agrupen o representen a las personas cuyos derechos o intereses legítimos se vieren afectados por la norma y cuyos fines guarden relación directa con su objeto. …"

A diferencia del trámite de información pública que es obligatorio, el tercer trámite de audiencia personalizada se configura como un trámite facultativo.

En este sentido parece que el art. 105.a) de la CE no se opone a que, una vez garantizado el carácter preceptivo del trámite de información pública, la audiencia personalizada -previa notificación individual– a las personas afectadas o a las organizaciones representativas pueda tener carácter meramente facultativo.

23. d) Los principios de necesidad y eficacia.

Ver respuesta en: Art. 129.2 de la LPACAP.

Tal y como indica el art. 129.2 de la LPACAP, en virtud de los principios de necesidad y eficacia, la iniciativa normativa debe:

1.º Estar justificada por una razón de interés general;

2.º Basarse en una identificación clara de los fines perseguidos y

3.º Ser el instrumento más adecuado para garantizar su consecución.

24. a) Sencillo, universal y actualizado a la normativa en vigor y los documentos propios de su proceso de elaboración.

Ver respuesta en: Art. 129.5 de la LPACAP.

El art. 129.5 de la LPACAP dispone que, en aplicación del principio de transparencia, las AAPP posibilitarán el acceso sencillo, universal y actualizado a la normativa en vigor y los documentos propios de su proceso de elaboración.

La Ley 19/2013, de 9 de diciembre, de transparencia, acceso a la información pública y buen gobierno, crea –en su título III– el Consejo de Transparencia y Buen Gobierno.

El Consejo de Transparencia y Buen Gobierno (CTBG) es el organismo de la Administración General del Estado, encargado de promover la transparencia de la actividad pública, velar por el cumplimiento de las obligaciones de publicidad, salvaguardar el ejercicio del derecho de acceso a la información pública y garantizar la observancia de las normas de buen gobierno. Actúa con plena autonomía e independencia en el cumplimiento de sus fines.

Las CCAA han aprobado sus propias Leyes de Transparencia y han creado sus propios Consejos de Transparencia.

25. c) La Ley 59/2003, de 19 de diciembre, de firma electrónica y la Ley 36/2011, de 10 de octubre, reguladora de la jurisdicción social.

Ver respuesta en: Disposición final segunda y tercera de la LPACAP.

La LPACAP modificada dos normas:

– La Disposición final segunda de la LPACAP, que introduce la "Modificación de la Ley 59/2003, de 19 de diciembre, de firma electrónica". (La Ley 59/2003 queda derogada por la Ley 6/2020, de 11 de noviembre, reguladora de determinados aspectos de los servicios electrónicos de confianza).

– La Disposición final tercera de la LPACAP, que introduce la "Modificación de la Ley 36/2011, de 10 de octubre, reguladora de la jurisdicción social".

Asimismo, la Disposición derogatoria única, apartado 2, de la LPACAP, deroga -expresamente– entre otras normas:

– Los arts. 4 a 7 de la Ley 2/2011, de 4 de marzo, de Economía Sostenible.

– La Ley 11/2007, de 22 de junio, de acceso electrónico de los ciudadanos a los Servicios Públicos.

Respecto al resto de las normas citadas en las posibles respuestas a la pregunta, indicar que la Disposición final tercera de la LRJSP modifica la Ley 50/1997, de 27 de noviembre, del Gobierno (LG) y la Disposición final quinta de la LRJSP modifica la Ley 22/2003, de 9 de julio, Concursal. (El 1 de septiembre de 2020 entró en vigor el Real Decreto Legislativo 1/2020, de 5 de mayo, por el que se aprueba el Texto Refundido de la Ley Concursal, derogando la Ley 22/2003, de 9 de julio).

26. a) Los principios de jerarquía, reserva de ley y de competencia.

Ver respuesta en: Art. 128. 2 y 3 de la LPACAP.

El art. 128. 2 y 3 de la LPACAP–establece, con una redacción precisa, los principios de jerarquía, reserva de ley y de competencia que rigen el ejercicio de la potestad reglamentaria (que de acuerdo con la jurisprudencia y la doctrina científica, son los principios que rigen nuestro sistema de fuentes del Derecho).

También, el art. 128.2. *in fine* de la LPACAP indican, con brevedad, cuáles son los límites constitucionales de los reglamentos, cuando dispone que:

"…*Sin perjuicio de su función de desarrollo o colaboración con respecto a la ley, no podrán tipificar delitos, faltas o infracciones administrativas, establecer penas o sanciones, así como tributos, exacciones parafiscales u otras cargas o prestaciones personales o patrimoniales de carácter público. …*"

Desciende la LPACAP a precisar dos cuestiones de interés:

1.º Hasta dónde llega la potestad normativa innovadora que pueden ostentar las órdenes ministeriales, al disponer que la atribución directa del desarrollo reglamentario de una ley a los titulares de los departamentos, o a otros órganos dependientes o subordinados de ellos, tendrá "carácter excepcional" y "deberá justificarse en la ley habilitante" (art. 129.4 párrafo tercero de la LPACAP).

2.º La posibilidad de que las leyes habiliten directamente a autoridades independientes u otros organismos para dictar normas en desarrollo o aplicación de las leyes habilitantes, cuando la naturaleza de la materia así lo exija (art. 129.4 párrafo cuarto de la LPACAP).

27. b) El art. 129 de la LPACAP.

Ver respuesta en: Art. 129 de la LPACAP (en relación con el art. 1 de la LPACAP y el art. 135 de la CE).

El art. 129.1. de la LPACAP establece que: *"1. En el ejercicio de la iniciativa legislativa y la potestad reglamentaria, las Administraciones Públicas actuarán de acuerdo con los principios de necesidad, eficacia, proporcionalidad, seguridad jurídica, transparencia, y eficiencia. ...".*

El primer antecedente de los principios de buena regulación se encuentra en la normativa europea, a través de la Comunicación de la Comisión al Consejo, al Comité Económico y Social Europeo y al Comité de las Regiones en 2010, "normativa inteligente en la Unión Europea".

La exposición de motivos de la LPACAP dice que la inclusión de los principios que conforman la iniciativa legislativa y la potestad reglamentaria en el objeto de la ley (es decir, en el art. 1 de la LPACAP), es una de sus principales novedades y añade que tienen carácter básico.

Según el art. 1.1. de la LPACAP, *"La presente ley tiene por objeto regular los requisitos de validez y eficacia de los actos administrativos, el procedimiento administrativo común a todas las Administraciones Públicas, incluyendo el sancionador y el de reclamación de responsabilidad de las Administraciones Públicas, así como los principios a los que se ha de ajustar el ejercicio de la iniciativa legislativa y la potestad reglamentaria. ...".*

En este sentido, después de que el art. 1 de la LPACAP considere y destaque como parte del objeto de la ley, entre otros aspectos, los principios de buena regulación que deben inspirar la iniciativa legislativa y la potestad reglamentaria, la LPACAP dedica un título completo, el Título VI, a desarrollar legalmente la regulación constitucional "de la iniciativa legislativa y la potestad para dictar reglamentos y otras disposiciones".

28. d) Cuando se trate de una propuesta normativa organizativa de la Administración General del Estado, la Administración autonómica, la Administración local o de las organizaciones dependientes o vinculadas a estas.

Ver respuesta en: Art. 133.4 párrafo primero de la LPACAP.

El art. 133.4 de la LPACAP establece los supuestos en los que se podrá prescindir de los trámites de consulta, audiencia e información pública (en el párrafo primero del artículo) y los supuestos en los que se podrá omitir la consulta previa (en el párrafo segundo del art. 133.4 de la LPACAP).

En este sentido, y de acuerdo con el art. 133.4 párrafo primero de la LPACAP, solo cabe prescindir de la consulta, trámite de audiencia e información pública en tres supuestos:

– Elaboración de normas presupuestarias;

– Elaboración de disposiciones organizativas de las Administraciones Públicas (Estatal, Autonómica y Local) y sus órganos dependientes.

– Cuando concurran razones graves de interés público que lo justifique.

Parece que la LPACAP no contempla un régimen de exclusiones al procedimiento de elaboración de normas, sino que simplemente contempla los supuestos en los que, facultativamente, es posible prescindir de la consulta, trámite de audiencia e información pública.

Por otra parte, y de acuerdo con el art. 133.4 párrafo segundo de la LPACAP, junto a los supuestos anteriores, cabe omitir el trámite de consulta previa (que no los trámites de audiencia e información públicas) cuando la propuesta normativa:

– No tenga un impacto significativo en la actividad económica;

– No imponga obligaciones relevantes a los destinatarios;

– Regule aspectos parciales de una materia.

Por último, si la normativa reguladora del ejercicio de la iniciativa legislativa o de la potestad reglamentaria de una Administración prevé la tramitación urgente de los procedimientos, la eventual excepción del trámite de consulta previa se ajustará a lo indicado en la citada normativa (es decir, en las tramitaciones de urgencia habrá de estarse a lo que establezca cada normativa en relación a la consulta previa, según indica el art. 133.4, párrafo segundo, *in fine* de la LPACAP).

29. d) El art. 127 del Título VI de la LPACAP.

Ver respuesta en: Art. 127 de la LPACAP.

El art. 127 de la LPACAP hace referencia, con carácter general, a la iniciativa legislativa y potestad para dictar normas con rango de ley.

El art. 127 de la LPACAP atribuye al Gobierno de la Nación la iniciativa legislativa de elaboración y aprobación de anteproyectos de ley para su remisión, ya en forma de proyecto, a las Cortes Generales.

Además, faculta al Gobierno de la Nación para aprobar reales decretos-leyes y decretos legislativos; extendiendo ambas competencias, para su correspondiente ámbito territorial, a los respectivos órganos de Gobierno de las CCAA.

30. a) Lo previsto en su normativa específica, en el marco de los principios que inspiran la actuación administrativa de acuerdo con la LPACAP.

Ver respuesta en: Disposición Adicional Quinta de la LPACAP.

De conformidad con la Disposición Adicional Quinta de la LPACAP, se regirá por lo previsto en su normativa específica, en el marco de los principios que inspiran la actuación administrativa de acuerdo con la LPACAP, la actuación administrativa de los órganos competentes:

– Del Congreso de los Diputados.

– Del Senado.

– Del Consejo General del Poder Judicial.

- Del Tribunal Constitucional.

- Del Tribunal de Cuentas.

- Del Defensor del Pueblo.

- De la Asambleas Legislativas de las Comunidades Autónomas y

- De la Instituciones autonómicas análogas al Tribunal de Cuentas y al Defensor del Pueblo.

31. a) El art. 149.1.18.ª CE.

Ver respuesta en: Disposición final primera, 1. de la LPACAP.

La LPACAP se aprueba al amparo de lo dispuesto en el artículo 149.1.18ª de la Constitución Española, que atribuye al Estado la competencia para dictar las bases del régimen jurídico de las Administraciones Públicas y competencia en materia de procedimiento administrativo común y sistema de responsabilidad de todas las Administraciones Públicas.

32. a) Adaptarla a los principios de buena regulación y para comprobar la medida en que las normas en vigor han conseguido los objetivos previstos y si estaba justificado y correctamente cuantificado el coste y las cargas impuestas en ellas.

Ver respuesta en: Art. 130.1 primer párrafo de la LPACAP.

El art. 130 de la LPACAP hace referencia a la "Evaluación normativa y adaptación de la normativa vigente a los principios de buena regulación".

El art. 130.1. de la LPACAP establece que:

"1. Las Administraciones Públicas revisarán periódicamente su normativa vigente para adaptarla a los principios de buena regulación y para comprobar la medida en que las normas en vigor han conseguido los objetivos previstos y si estaba justificado y correctamente cuantificado el coste y las cargas impuestas en ellas."

A este respecto, indicar que los aspectos que soportan la calidad normativa son los siguientes:

a) La simplificación administrativa de la regulación existente.

b) Los principios de buena regulación, que racionalizan la regulación.

c) La evaluación de impacto normativo.

Por último, indicar que el Título VI del LPACAP establece, por primera vez en España, unas bases, con carácter básico, para la promoción de la calidad normativa.

33. c) Un informe que se hará público, con el detalle, periodicidad y por el órgano que determine la normativa reguladora de la Administración correspondiente.

Ver respuesta en: Art. 130.1 segundo párrafo de la LPACAP.

El art. 130.1, primer párrafo, de la LPACAP establece la obligación que tienen las AAPP de realizar una revisión periódica de toda su normativa en vigor para:

1.º Adaptarla, paulatinamente, a los principios de buena regulación.

2.º Comprobar en las normas vigentes el grado de cumplimiento de los objetivos previstos.

3.º Determinar si estaba justificado y correctamente cuantificando el coste y las cargas impuestas en las normas.

En todo caso, el art. 130.1 segundo párrafo de la LPACAP añade que:

"El resultado de la evaluación se plasmará en un informe que se hará público, con el detalle, periodicidad y por el órgano que determine la normativa reguladora de la Administración correspondiente".

A esta previsión se refiere la Exposición de Motivos de la LPACAP cuando señala que:

"…se fortalece la evaluación ex post, puesto que junto con el deber de revisar de forma continua la adaptación de la normativa a los principios de buena regulación, se impone la obligación de evaluar periódicamente la aplicación de las normas en vigor, con el objeto de comprobar si han cumplido los objetivos perseguidos y si el coste y cargas derivados de ellas estaba justificado y adecuadamente valorado…".

34. c) Cuando se trate de normas presupuestarias.

Ver respuesta en: Art. 133.4 párrafo primero de la LPACAP.

Como hemos indicado con anterioridad, de conformidad con el art. 133.4 párrafo primero de la LPACAP, solo cabe prescindir de la consulta, trámite de audiencia e información pública en tres supuestos:

– Elaboración de normas presupuestarias;

– Elaboración de disposiciones organizativas de las AAPP (Estatal, Autonómica y Local) y sus órganos dependientes; y

– Cuando concurran razones graves de interés público que lo justifique.

35. c) Siete.

Ver respuesta en: Título VI de la LPACAP (art. 127 a 133).

El Título VI de la LPACAP tiene siete artículos, que va del art. 127 al art. 133 de la LPACAP.

El Título VI de la LPACAP ha sido considerado por la Doctrina como la novedad de mayor calado introducida por la LPACAP (respecto a su antecesora, la Ley 30/1992, de 26 de noviembre, de Régimen Jurídico y Procedimiento Administrativo Común), junto a la obligatoriedad del procedimiento administrativo electrónico.

En todo caso, la introducción de estas prescripciones se enmarca en el impulso que en el derecho comparado se viene dando a la necesidad de mejorar la calidad regulatoria, unido al afán de reformas administrativas, como respuesta a la crisis económica.

La mejora de la calidad de las normas constituye una prioridad para el conjunto de los países de nuestro entorno debido, entre otros factores, al papel que los ordenamientos jurídicos juegan como motor del desarrollo sostenible, la competitividad y la creación de empleo.

En el ámbito de la Administración del Estado, el "Real Decreto 931/2017, de 27 de octubre, por el que se regula la Memoria del Análisis de Impacto Normativo" desarrolla las previsiones contenidas en la Ley 50/1997, de 27 de noviembre, del Gobierno, en lo que se refiere a la memoria del análisis de impacto normativo que debe acompañar a los anteproyectos de ley y proyectos de reales decretos-leyes, reales decretos legislativos y normas reglamentarias.

El Título VI de la LPACAP unifica para toda la actividad normativa del Gobierno estatal, autonómico y local, una serie de reglas, principios y prescripciones que se incorporan como elementos del íter procedimental de elaboración administrativa de las iniciativas legislativas y del ejercicio de la potestad reglamentaria.

36. a) Eficiencia, conforme al art. 7 de la Ley Orgánica 2/2012, de 27 de abril, de Estabilidad Presupuestaria y Sostenibilidad Financiera.

Ver respuesta en: Disposición adicional segunda de la LPACAP.

La Disposición adicional segunda de la LPACAP se refiere a la "Adhesión de las CCAA y EELL a las plataformas y registros de la Administración General del Estado".

Las CCAA y las EELL podrán adherirse "voluntariamente" y "a través de medios electrónicos" a las plataformas y registros establecidos al efecto por la Administración General del Estado para cumplir con lo previsto en materia de:

– Registro electrónico de apoderamientos,

– Registro electrónico,

– Archivo electrónico único,

– Plataforma de intermediación de datos y

– Punto de acceso general electrónico de la Administración.

La no adhesión a las plataformas y registros establecidos al efecto por la Administración General del Estado deberá justificarse en términos de eficiencia, conforme al art. 7 de la Ley Orgánica 2/2012, de 27 de abril, de Estabilidad Presupuestaria y Sostenibilidad Financiera:

En el caso de que una Comunidad Autónoma o una Entidad Local justifique ante el Ministerio correspondiente que puede prestar el servicio de un modo más eficiente, de acuerdo con el art. 7 de la Ley Orgánica 2/2012, y opte por mantener su propio registro o plataforma, las citadas AAPP deberán garantizar que el servicio cumple con los requisitos del Esquema Nacional de Interoperabilidad, el Esquema Nacional de Seguridad, y sus normas técnicas de desarrollo, de modo que se garantice su compatibilidad informática e interconexión, así como la transmisión telemática de las solicitudes, escritos y comunicaciones que se realicen en sus correspondientes registros y plataformas.

37.a) Del art. 149.1.18.ª CE.

Ver respuesta en: Disposición final primera, párrafo primero de la LPACAP.

Con carácter general, la Disposición final primera, párrafo primero, de la LPACAP establece que la LPACAP se aprueba al amparo de lo dispuesto en el art. 149.1.18.ª de la CE, que atribuye al Estado la competencia para dictar las bases del régimen jurídico de las AAPP y competencia en materia de procedimiento administrativo común y sistema de responsabilidad de todas las AAPP.

38. a) Habrán de publicarse en el diario oficial correspondiente. Adicionalmente, y de manera facultativa, las Administraciones Públicas podrán establecer otros medios de publicidad complementarios.

Ver respuesta en: Art. 131 párrafo primero de la LPACAP (en relación con los arts. 9.3, 91 y 96 de la CE y los arts. 1.5 y 2.1 del Código Civil).

El art. 131, párrafo primero, de la LPACAP regula la publicidad de las normas, estableciendo que todas las disposiciones de carácter general, para que entren en vigor y produzcan efectos jurídicos, habrán de publicarse en el diario oficial correspondiente, sin perjuicio de que adicionalmente, y de manera facultativa, las AAPP puedan establecer otros medios de publicidad complementarios.

Las normas jurídicas están destinan a todos los ciudadanos (y no únicamente a quienes afectan, en un momento concreto) por lo que es necesario su publicidad, máxime cuando de conformidad con el art. 6 del Código Civil, *"la ignorancia de las leyes no excusa de su cumplimiento".*

La convivencia social no puede depender del conocimiento de las normas. Sin embargo, es necesario que, materialmente, sea posible conocer la existencia de las normas jurídicas, aunque dichas normas serán aplicadas, ya sean conocidas, desconocidas o ignoradas.

El art. 9.3 de la CE dispone que la Constitución garantiza la publicidad de las normas; el art. 91 de la CE dispone que el Rey, tras la sanción y promulgación de las Leyes, ordenará su inmediata publicación y, por último, el art. 96.1 de la CE establece que los Tratados Internacionales válidamente celebrados, una vez publicados oficialmente en España, formarán parte del ordenamiento interno.

Por otra parte, el art. 1.5 del Código Civil determina que las normas jurídicas contenidas en los Tratados Internacionales no serán de aplicación directa en España en tanto no hayan pasado a formar parte del ordenamiento interno, mediante su publicación íntegra en el BOE. Y el art. 2.1 del Código Civil prevé que las Leyes entrarán en vigor a los veinte días de su completa publicación en el boletín, si en ellas no se dispone otra cosa.

De otra parte, la propia estructura del Estado obliga a valorar bajo nuevos criterios el esquema de publicación de las normas. Disponiendo las Comunidades Autónomas de facultades propias de regulación, en el ámbito reconocido en la Constitución y en sus respectivos Estatutos de Autonomía, ha de afirmarse que los Diarios oficiales autonómicos satisfacen esta exigencia de *publicidad de las normas, sirviendo a idén-*

ticos fines, y desplegando, respecto de las normas sujetas a ellos, la máxima eficacia al principio iura novit curia, cuando menos, para los órganos judiciales cuya competencia no excede del ámbito territorial de aquellos".

Por tanto, con carácter general, la publicación de las normas es una garantía, consecuencia de la proclamación de España como un Estado de Derecho y se encuentra íntimamente relacionada con el principio de seguridad jurídica, consagrado en el art. 9.3 de la CE.

39. c) Debe garantizar la celeridad de la publicación, su correcta y fiel inserción, así como la identificación del órgano remitente.

Ver respuesta en: Disposición adicional tercera, 1, *in fine*, de la LPACAP.

La Disposición adicional tercera de la LPACAP establece un sistema de "Notificación por medio de anuncio publicado en el Boletín Oficial del Estado" que debe garantizar la celeridad de la publicación, su correcta y fiel inserción, así como la identificación del órgano remitente.

Concretamente, la disposición establece que, el BOE pondrá a disposición de las AAPP, un sistema automatizado de remisión y gestión telemática para la publicación en el BOE de los anuncios:

a) En los casos de notificación infructuosa del art. 44 de la LPACAP:

– Cuando los interesados del procedimientos son desconocidos;

– Cuando se ignorase el lugar de notificación de los interesados;

– Cuando, tras haberse intentado la notificación, hubiera sido imposible practicarla.

b) En los mismos supuestos previstos en el art. 44 de la LPACAP, pero en procedimientos administrativos con normativa específica.

Según la disposición adicional tercera, 3, de la LPACAP, *"la publicación en el BOE de los anuncios citados se efectuará sin contraprestación económica alguna por parte de quienes la hayan solicitado".*

Hasta la fecha, la publicación de estos anuncios en el BOE se viene realizando a través del Sistema Integrado del Tablón Edictal (TEU), al que se accede a través del portal web del Boletín Oficial del Estado.

Los anuncios de notificación que realice cualquier Administración Pública cuando los interesados en un procedimiento sean desconocidos, se ignore el lugar o el medio de la notificación, o bien intentada esta, no se hubiese podido practicar, deberán publicarse necesariamente en el BOE. Previamente, y con carácter facultativo, las Administraciones podrán publicar el anuncio en el boletín oficial de la comunidad autónoma o de la provincia.

Esta regulación resulta de aplicación:

a) Cualquiera que sea la Administración competente para realizar la notificación;

b) Cualquiera que sea la materia sobre la que verse;

c) Cualquiera que sea el tipo de procedimiento administrativo de que se trate, incluidos aquellos que cuentan con normativa específica.

En todos los casos, la publicación de los anuncios de notificación en el BOE se producirá de forma gratuita.

De esta manera, el ciudadano sabrá que, mediante el acceso a un único lugar y con la garantía y seguridad jurídica que supone el Boletín Oficial del Estado, puede tener conocimiento de todos los anuncios para ser notificado que le puedan afectar, independientemente de cuál sea el órgano que los realiza o la materia sobre la que versan.

40. a) Los principios de buena regulación.

Ver respuesta en: Art. 129 de la LPACAP (en relación con el art. 1 de la LPACAP y con los arts. 3 y 140 de la LRJSP).

El Título VI de la LPACAP (art. 127 a 133 de la LPACAP) regula la iniciativa legislativa y la potestad para dictar reglamento y otras disposiciones y concretamente, el art. 129.1 de la LPACAP regula los "principios de buena regulación" en el ejercicio de la iniciativa legislativa y la potestad reglamentaria, obligando a las AAPP a actuar de acuerdo con los principios de necesidad, eficacia, proporcionalidad, seguridad jurídica, transparencia, y eficiencia.

La LPACAP regula las relaciones *ad extra*, desarrollando la normativa en materia de procedimiento administrativo, incluyendo –entre otros aspectos– los principios que conforman la iniciativa legislativa y la potestad reglamentaria. Sin embargo, la LRJSP regula las relaciones *ad extra* entre las distintas AAPP, es decir, regula las relaciones internas entre las Administraciones, estableciendo los principios generales de actuación y las técnicas de relación entre los distintos sujetos públicos.

La Exposición de Motivos de la LPACAP señala, como novedosa, la inclusión de los principios que conforman la iniciativa legislativa y la potestad reglamentaria en el objeto de la ley (es decir, en el art. 1 de la LPACAP), y añade que tienen carácter básico.

Según el art. 1.1. de la LPACAP: *"La presente ley tiene por objeto regular los requisitos de validez y eficacia de los actos administrativos, el procedimiento administrativo común a todas las Administraciones Públicas, incluyendo el sancionador y el de reclamación de responsabilidad de las Administraciones Públicas, así como los principios a los que se ha de ajustar el ejercicio de la iniciativa legislativa y la potestad reglamentaria. …"*

Frente a los "Principios de buena regulación" del art. 129.1 de la LPACAP, el art. 3 de la LRJSP regula los "Principios Generales" que regirán la actuación de las AAPP (con independencia de que se trate de relaciones ad intra o ad extra) y el Capítulo I del Título III de la LRSJP regula los "Principios generales de las relaciones interadministrativas" (art. 140 de la LRJSP).

Cuando la LRJSP regula los principios generales de actuación de las AAPP, en el art. 3.1 de la LRJSP, parte de la reproducción del art. 103.1 de la CE, afirmando que *"las AAPP sirven con objetividad los intereses generales y actúan de acuerdo con los principios de eficacia, jerarquía, descentralización, desconcentración y coordinación, con sometimiento pleno a la Constitución, a la Ley y al Derecho".*

Por último, debemos indicar que los "principios de la potestad sancionadora" se encuentran regulados en los arts. 25 a 31 de la LRJSP: Principio de legalidad; Irretroactividad; Principio de tipicidad; Responsabilidad; Principio de proporcionalidad; Prescripción; y Concurrencia de sanciones (que supone que no se podrán sancionar los hechos que lo hayan sido penal o administrativamente).

41. a) Al año de su publicación en el BOE, es decir, el 2 de octubre de 2016, salvo las previsiones relativas al registro electrónico de apoderamientos, registro electrónico, registro de empleados públicos habilitados, punto de acceso general electrónico de la Administración y archivo único electrónico produjeron efectos a partir del día 2 de abril de 2021.

Ver respuesta en: Disposición final séptima de la LPACAP.

La Disposición final séptima de la LPACAP dispone que la LPACAP entraría en vigor al año de su publicación en el BOE, es decir, el 2 de octubre de 2016.

Asimismo, la citada disposición, en su redacción original, añadía que produciría efectos a los dos años de la entrada en vigor de la LPACAP, es decir, a partir del 2 de octubre de 2018, las previsiones relativas al:

– Registro electrónico de apoderamientos.

– Registro electrónico.

– Registro de empleados públicos habilitados.

– Punto de acceso general electrónico de la Administración.

– Archivo único electrónico.

En principio, la disposición final séptima de la LPACAP disponía que estas previsiones producirían efectos a los dos años de la entrada en vigor de la LPACAP, es decir, a partir del 2 de octubre de 2018. Sin embargo, el Real Decreto-ley 11/2018, de 31 de agosto, modifica la citada disposición, determinando que las citadas previsiones "*producirán efectos a partir del día 2 de octubre de 2020.*"

Sin embargo, esa *vacatio legis* resulta insuficiente, por la imposibilidad técnico-organizativa de concluir en los plazos inicialmente previstos los procesos de adaptación. Esto obliga a ampliar en dos años el plazo inicial de entrada en vigor de las previsiones citadas.

Posteriormente, la Ley 10/2021, de 9 de julio, de trabajo a distancia, modifican el párrafo segundo de la Disposición final séptima de la LPACAP, indicando que:

"…las previsiones relativas al registro electrónico de apoderamientos, registro electrónico, registro de empleados públicos habilitados, punto de acceso general electrónico de la Administración y archivo único electrónico producirán efectos a partir del día 2 de abril de 2021."

42. a) Los arts. 4 a 7 de la Ley 2/2011, de 4 de marzo.

Ver respuesta en: Disposición derogatoria única, 2.c) de la LPACAP (que deroga los arts. 4 a 7 de la Ley 2/2011, de 4 de marzo).

La mayoría de los principios de buena regulación del art. 129 de la LPACAP (salvo el principio de eficacia, estabilidad presupuestaria y sostenibilidad financiera) se enunciaban en el art. 4 de la Ley 2/2011, de 4 de marzo, de Economía Sostenible, que queda derogado por la Disposición derogatoria única, 2.c) de la LPACAP.

43. b) Promoverán la aplicación de los principios de buena regulación y cooperarán para promocionar el análisis económico en la elaboración de las normas y, en particular, para evitar la introducción de restricciones injustificadas o desproporcionadas a la actividad económica.

Ver respuesta en: Art. 130.2 de la LPACAP.

El art. 130.2 de la LPACAP contempla la evaluación previa de las normas, encomendando a las AAPP:

– Promover la aplicación de los principios de buena regulación.

– Cooperar para promocionar el análisis económico en la elaboración de las normas y, en particular, para evitar la introducción de restricciones injustificadas o desproporcionadas a la actividad económica.

De este modo, se enumeran algunos elementos de la evaluación previa de las normas, es decir, de la evaluación que se debe realizar antes de la aprobación de las normas, y que consiste en el análisis de los aspectos económicos y de las restricciones para la actividad económica. De ello se deduce que, la LPACAP da mucha importancia al impacto de las normas en el ámbito de la actividad económica.

La LPACAP no contempla la exigencia de la evaluación de impacto normativo *ex ante*, con carácter general, para todas las AAPP, y parece que no incluye una auténtica regulación de la evaluación normativa previa, ya que limita la citada evaluación a dos elementos: el análisis económico y las restricciones de la actividad económica, olvidando otro tipo de impactos.

En todo caso, y a pesar de esta omisión en la LPACAP, la evaluación de impacto normativo se recoge, para la Administración General del Estado, en el art. 26.3 de la LG.

Asimismo, debemos señalar que la mayoría de normas autonómicas reguladoras de los distintos procedimientos de elaboración de normas, en el ámbito territorial autonómico, contemplan la evaluación de impacto normativo.

Sin embargo, no resulta exigible –con carácter general– para las Administraciones Locales:

a) Al no estar contemplada en la LPACAP.

b) Omitirse toda referencia a la misma en la Ley 7/1985, de 2 de abril, reguladora de las Bases del Régimen Local.

c) Estar derogadas las previsiones incluidas al respecto en la Ley 2/2011, de 4 de marzo (en aplicación de la Disposición derogatoria única, 2.c) de la LPACAP).

En todo caso, no debe olvidarse que, a pesar de la falta de exigencia formal de la evaluación del impacto normativo en el ámbito local, con carácter previo a la aprobación de las ordenanzas y reglamentos locales, el Plan Anual Normativo, a cuya aprobación y publicación sí están obligadas las Administraciones Locales, se encuentra íntimamente relacionado con la evaluación previa al ejercicio de las potestades normativas.

44. a) La normativa vigente cuando se dictaron.

Ver respuesta en: Disposición transitoria tercera de la LPACAP.

La Disposición transitoria tercera de la LPACAP regula el régimen transitorio de los procedimientos.

La aplicación transitoria de la LPACAP a los procedimientos se sistematiza en cinco reglas:

1. La LPACAP no se aplica a los procedimientos iniciados antes del 2 de octubre de 2016, que se regirán por la normativa anterior.

2. Los procedimientos de revisión de oficio que se inicien después del 2 de octubre de 2016, se sustanciarán por las normas de la LPACAP.

3. Los recursos interpuestos contra los actos y resoluciones dictados después del 2 de octubre de 2016, se regirán por la LPACAP.

4. Los actos y resoluciones pendientes de ejecución a fecha 2 de octubre de 2016, se regirán para su ejecución por la normativa vigente cuando se dictaron.

5. Como regla de cierre al régimen transitorio, se indica que: *"A falta de previsiones expresas establecidas en las correspondientes disposiciones legales y reglamentarias, las cuestiones de Derecho transitorio que se susciten en materia de procedimiento administrativo se resolverán de acuerdo con los principios establecidos en los apartados anteriores".* Por tanto, a falta de previsión expresa, las cuestiones de derecho transitorio se deben resolver de acuerdo con las cuatro reglas (principios) anteriores.

45. d) La Ley 59/2003, de 19 de diciembre, de firma electrónica.

Ver respuesta en: Disposición final segunda de la LPACAP.

El legislador aprovecha para introducir, en las disposiciones finales de la LPACAP, modificaciones normativas de ciertas leyes. De las 7 disposiciones finales de la LPACAP, dos tienen por objeto modificar leyes, y son las siguientes:

– La Disposición final segunda de la LPACAP, modifica la Ley 59/2003, de 19 de diciembre, de firma electrónica. (Norma por la Ley 6/2020, de 11 de noviembre, reguladora de determinados aspectos de los servicios electrónicos de confianza).

– La Disposición final tercera de la LPACAP, modifica la Ley 36/2011, de 10 de octubre, reguladora de la jurisdicción social.

En relación con el resto de las normas citadas en las respuestas a la pregunta decir que:

– La Disposición final cuarta de la LRJSP, modifica la Ley 50/2002, de 26 de diciembre, de Fundaciones.

– La Disposición final séptima de la LRJSP, modifica la Ley 38/2003, de 17 de noviembre, General de Subvenciones.

– La Disposición final novena de la LRJSP, modifica el Texto Refundido de la Ley de Contratos del Sector Público, aprobado por Real Decreto Legislativo 3/2011, de 14 de noviembre (que queda derogado por la Ley 9/2017, de 8 de noviembre, de Contratos del Sector Público, por la que se transponen al ordenamiento jurídico español las Directivas del Parlamento Europeo y del Consejo 2014/23/UE y 2014/24/UE, de 26 de febrero de 2014).

46. a) Por su normativa específica y supletoriamente por lo dispuesto en la LPACAP.

Ver respuesta en: Disposición adicional primera, 2. a) de la LPACAP.

La LPACAP es una ley de carácter básico aplicable a todas las AAPP, no obstante, determinadas actuaciones y procedimientos se regirán por su normativa específica y la LPACAP será de aplicación supletoria, tal y como dispone la Disposición adicional primera, párrafo segundo, de la LPACAP.

En concreto, la Disposición adicional primera, párrafo segundo, de la LPACAP lista una serie de actuaciones y procedimientos que se regirán por su normativa específica y supletoriamente por lo dispuesto en la LPACAP, entre los que podemos destacar:

a) Las de aplicación de los *tributos en materia tributaria y aduanera*, así como su *revisión en vía administrativa*.

b) Las de gestión, inspección, liquidación, recaudación, impugnación y revisión en materia de *Seguridad Social y Desempleo*.

c) Las actuaciones y procedimientos *sancionadores* en *materia tributaria y aduanera*, en el *orden social*, en *materia de tráfico y seguridad vial*.

d) Y, también, en materia de *extranjería y asilo*.

En todo caso, y de forma breve, diremos que el procedimiento sancionador tributario es el cauce a través del cual se va a decidir la culpabilidad, y en consecuencia la sanción tributaria de un sujeto, ante la posible comisión de una infracción tributaria, cuyos indicios fueron hallados en procedimientos tributarios anteriores.

El procedimiento sancionador tributario lo encontramos en la Ley 58/2003, de 17 de diciembre, General Tributaria (LGT), en su Título IV, bajo la rúbrica "La Potestad Sancionadora" (arts. 178 a 212 de la LGT), y en particular, en el Capítulo IV, relativo al "Procedimiento sancionador en materia tributaria" (arts. 207 a 212 de la LGT).

47. b) El Portal de la Transparencia de la Administración Pública correspondiente.

Ver respuesta en: Art. 132.2 de la LPACAP.

El art. 132 de la LPACAP dispone que:

"1. Anualmente, las Administraciones Públicas harán público un Plan Normativo que contendrá las iniciativas legales o reglamentarias que vayan a ser elevadas para su aprobación en el año siguiente.

2. Una vez aprobado, el Plan Anual Normativo se publicará en el Portal de la Transparencia de la Administración Pública correspondiente."

48. a) El art. 149.1.18.ª de la CE.

Ver respuesta en: Disposición final primera, párrafo primero, de la LPACAP (en relación con el art. 149.1.18.ª de la CE).

Para la aprobación de la LPACAP se invoca el art. 149.1.18.ª de la CE, que atribuye al Estado la competencia para dictar las bases del régimen jurídico de las AAPP y competencia en materia de procedimiento administrativo común y sistema de responsabilidad de todas las AAPP.

El art. 149.1.18 de la CE establece una doble competencia: la de establecer las «*bases del régimen jurídico de las Administraciones Públicas*» y la de regular el «*procedimiento administrativo común*», siendo, según la Constitución Española, la primera de carácter básico y la segunda de carácter exclusivo.

49. d) Las normas con rango de ley, los reglamentos y disposiciones administrativas habrán de publicarse en el diario oficial correspondiente para que entren en vigor y produzcan efectos jurídicos. Adicionalmente, y de manera facultativa, las AAPP podrán establecer otros medios de publicidad complementarios.

Ver respuesta en: Art. 131, párrafo primero, de la LPACAP.

El art. 131, párrafo primero, de la LPACAP dispone que:

"Las normas con rango de ley, los reglamentos y disposiciones administrativas habrán de publicarse en el diario oficial correspondiente para que entren en vigor y produzcan efectos jurídicos. Adicionalmente, y de manera facultativa, las Administraciones Públicas podrán establecer otros medios de publicidad complementarios. …"

En relación con la regulación de la publicación de las normas, el art. 131 de la LPACAP distingue entre la inserción formal de las normas en la sede electrónica del Boletín Oficial correspondiente, que tiene carácter oficial y auténtico (con los efectos previstos en el Título preliminar del Código Civil) y la simple publicidad material o publicidad complementaria.

A estas previsiones se añade, en el art. 132 de la LPACAP, la planificación previa de las normas, por la que las AAPP deben elaborar y publicar un Plan Anual Normativo que se deberá publicar en el portal de transparencia de la Administración correspondiente y que deberá contener las iniciativas legales o reglamentarias que vayan a ser elevadas para su aprobación en el año siguiente.

50. a) Voluntariamente. Su no adhesión deberá justificarse en términos de eficiencia conforme al art. 7 de la Ley Orgánica 2/2012, de 27 de abril.

Ver respuesta en: Disposición adicional segunda de la LPACPA.

Según la Disposición adicional segunda de la LPACAP, para cumplir con lo previsto en materia de registro electrónico de apoderamientos, registro electrónico, archivo electrónico único, plataforma de intermediación de datos y punto de acceso general electrónico de la Administración, las CCAA y las EELL "podrán adherirse voluntariamente", y a través de medios electrónicos, a las plataformas y registros establecidos al efecto por la Administración General del Estado.

Su no adhesión deberá justificarse en términos de eficiencia, de conformidad con al art. 7 de la Ley Orgánica 2/2012, de 27 de abril, de Estabilidad Presupuestaria y Sostenibilidad Financiera.

La Adhesión de las Comunidades Autónomas, Entidades Locales y Universidades a estas herramientas se realiza a través de los Convenios para la prestación mútua de soluciones básicas de administración electrónica (PMSBAE).

Dichos convenios se firman entre la Administración del Estado y cada CCAA. Las Entidades Locales deberán suscribir dicho convenio a través de su Comunidad Autónoma. Por otra parte, la Administración del Estado y la *Conferencia de Rectores de las Universidades Españolas*-CRUE tienen suscrito un convenio para la adhesión de las Universidades, a través de la CRUE.

51. c) El Real Decreto 1398/1993, de 4 de agosto, por el que se aprueba el Reglamento del Procedimiento para el Ejercicio de la Potestad Sancionadora.

Ver respuesta en: Disposición derogatoria única, 2.e) de la LPACAP.

La Disposición derogatoria única, 2.e) de la LPACAP deroga, expresamente, el Real Decreto 1398/1993, de 4 de agosto, por el que se aprueba el Reglamento del Procedimiento para el Ejercicio de la Potestad Sancionadora.

Con la entrada en vigor de la LPACAP, el Título IV de la LPACAP es el que regula el procedimiento administrativo común, y dentro de él se establecen las particularidades del procedimiento sancionador, hasta ahora regulado, de forma independiente, por el Real Decreto 1398/1993, derogado.

Por tanto, el procedimiento administrativo sancionador seguirá el esquema propio del procedimiento administrativo común de la LPACAP, con los matices y especialidades que se prevén en la propia norma. En particular, y entre otros artículos, la LPACAP dedica al procedimiento administrativo sancionador los siguientes artículos:

– El art. 63 de la LPACAP relativo a las "Especialidades en el inicio de los procedimientos de naturaleza sancionadora";

– El art. 85 de la LPACAP relativo a la "Terminación en los procedimientos sancionadores";

– El art. 89 de la LPACAP relativo a la "Propuesta de resolución en los procedimientos de carácter sancionador";

– El art. 90 de la LPACAP relativo a las "Especialidades de la resolución en los procedimientos sancionadores", entre otras referencias (como pueden ser las citas del art. 60.2 y del art. 61.3 de la LPACAP).

Dicho esto, debe indicarse que ciertos procedimientos sancionadores se regirán por su normativa específica. En concreto, la Disposición adicional primera, párrafo segundo, de la LPACAP lista una serie de actuaciones y procedimientos que se regirán por su normativa específica y supletoriamente por lo dispuesto en la LPACAP, entre los que podemos destacar:

a) Las de aplicación de los tributos en materia tributaria y aduanera, así como su revisión en vía administrativa.

b) Las de gestión, inspección, liquidación, recaudación, impugnación y revisión en materia de Seguridad Social y Desempleo.

c) Las actuaciones y procedimientos sancionadores en materia tributaria y aduanera, en el orden social, en materia de tráfico y seguridad vial.

d) Y, también, en materia de extranjería y asilo.

Por su parte, los principios de la potestad sancionadora (en una decisión de técnica legislativa discutible), se recogen en la LRJSP (arts. 25 a 31 de la LRJSP), y son los siguientes:

– Art. 25 de la LRJSP. Principio de legalidad.

– Art. 26 de la LRJSP. Irretroactividad.

– Art. 27 de la LRJSP. Principio de tipicidad.

– Art. 28 de la LRJSP. Responsabilidad.

– Art. 29 de la LRJSP. Principio de proporcionalidad.

– Art. 30 de la LRJSP. Prescripción.

– Art. 31 de la LRJSP. Concurrencia de sanciones.

Concretamente, el art. 25.1 de la LRJSP indica que: la potestad sancionadora de las AAPP se ejercerá cuando haya sido expresamente reconocida por una norma con rango de ley, con aplicación del procedimiento previsto para su ejercicio y de acuerdo con lo establecido en la LRJSP y en la LPACAP y, cuando se trate de Entidades Locales, de conformidad con lo dispuesto en el Título XI de la Ley 7/1985, de 2 de abril.

52. b) Por su normativa específica y supletoriamente por lo dispuesto en la LPACAP.

Ver respuesta en: Disposición adicional primera, párrafo segundo, c) de la LPACAP.

La LPACAP es una ley de carácter básico aplicable a todas las AAPP. No obstante, determinadas actuaciones y procedimientos se regirán por su normativa específica y la LPACAP será de aplicación supletoria, tal y como dispone la Disposición adicional primera, párrafo segundo, de la LPACAP.

En concreto, la Disposición adicional primera, párrafo segundo, de la LPACAP lista una serie de actuaciones y procedimientos que se regirán por su normativa específica y supletoriamente por lo dispuesto en la LPACAP, entre los que podemos destacar:

a) Las de aplicación de los *tributos en materia tributaria y aduanera*, así como su *revisión en vía administrativa*.

b) Las de gestión, inspección, liquidación, recaudación, impugnación y revisión en materia de *Seguridad Social y Desempleo*.

c) Las actuaciones y procedimientos *sancionadores* en *materia tributaria y aduanera*, en el *orden social*, en *materia de tráfico y seguridad vial*.

d) Y, también, en materia de *extranjería y asilo*.

La regulación legal del derecho administrativo sancionador en materia social se encuentra en:

– El Real Decreto Legislativo 5/2000, de 4 de agosto, por el que se aprueba el Texto Refundido de la Ley sobre Infracciones y Sanciones del Orden Social (LISOS), que ajusta la potestad administrativa sancionadora en materia social a los principios constitucionales del art. 24 de la CE (tutela judicial efectiva) y del art. 25 de la CE (que establece el principio de legalidad, vetando una tipificación simultánea de iguales conductas con diferentes efectos sancionadores). En concreto, el Capítulo VIII de la LISOS está dedicado al procedimiento sancionador (arts. 51 al 54 de la LISOS).

– El Real Decreto 928/1998, de 14 de mayo, por el que se aprueba el Reglamento General sobre procedimientos para la imposición de sanciones por infracciones de orden social y para los expedientes liquidatorios de cuotas de la Seguridad Social.

Por tanto, el procedimiento administrativo sancionador en materia social debe ajustarse a lo previsto en la propia LISOS, siendo de aplicación subsidiaria la LPACAP.

53. b) La Ley 11/2007, de 22 de junio, de acceso electrónico de los ciudadanos a los Servicios Públicos.

Ver respuesta en: Disposición derogatoria única, 2. letra b) de la LPACAP.

El apartado 1 de la Disposición derogatoria única de la LPACAP, establece que quedan derogadas todas las normas de igual o inferior rango en lo que contradigan o se opongan a lo dispuesto en la LPACAP.

El apartado 2, letra b) de la Disposición derogatoria única de la LPACAP deroga– expresamente– la Ley 11/2007, de 22 de junio, de acceso electrónico de los ciudadanos a los Servicios Públicos.

En relación con el resto de las normas citadas en las respuestas a la pregunta, debemos indicar que:

– La Disposición final cuarta de la LRJSP incorpora la "Modificación de la Ley 50/2002, de 26 de diciembre, de Fundaciones".

– La Disposición final sexta de la LRJSP incorpora la "Modificación de la Ley 33/2003, de 3 de noviembre, del Patrimonio de las Administraciones Públicas".

– La Disposición final octava de la LRJSP incorpora la "Modificación de la Ley 47/2003, de 26 de noviembre, General Presupuestaria".

54. b) Mantener permanentemente actualizado en la correspondiente sede electrónica un directorio geográfico.

Ver respuesta en: Disposición adicional cuarta de la LPACAP.

La Disposición adicional cuarta de la LPACAP no olvida establecer el deber de las AAPP de mantener permanentemente actualizado en la sede electrónica un directorio geográfico que permita al interesado identificar la oficina de asistencia en materia de registros más próxima a su domicilio.

Se introduce esta disposición para asegurar el impulso del uso de las nuevas tecnologías que pretende llevar a cabo la LPACAP, y para que se materialice de forma efectiva, tanto en el funcionamiento interno de la Administración, como –sobre todo– en el marco de las relaciones entre la Administración y los ciudadanos, donde las oficinas de asistencia en materia de registros resultan esenciales.

Estas oficinas deben ser puestas en marcha por las AAPP con el objeto de hacer efectivo el cumplimiento de su deber de asistir en el uso electrónico a los interesados (art. 12 de la LPACPA) y facilitar el ejercicio por parte de los ciudadanos de su derecho a relacionarse electrónicamente con la Administración, siendo una obligación de la Administración facilitar el uso de las nuevas tecnologías en sus relaciones con la Administración.

La LPACP está salpicada de referencias a las oficinas de asistencia en materia de registro.

55. c) En el plazo de 1 año a partir de la entrada en vigor de la LPACAP.

Ver respuesta en: Disposición final quinta de la LPACAP.

La Disposición final quinta de la LPACAP hace referencia a la "Adaptación normativa" y dispone que:

"En el plazo de un año a partir de la entrada en vigor de la Ley, se deberán adecuar a la misma las normas reguladoras estatales, autonómicas y locales de los distintos procedimientos normativos que sean incompatibles con lo previsto en esta ley".

Por otra parte, en relación con el desarrollo normativo de la LPACAP, la Disposición final sexta de la LPACAP faculta al Consejo de Ministros y al Ministro de Hacienda y Administraciones Públicas, en el ámbito de sus competencias, para dictar cuantas disposiciones reglamentarias sean necesarias para el desarrollo de la ley, así como para acordar las medidas necesarias para garantizar la efectiva ejecución e implantación de las previsiones de la misma.

56. a) Modificada por la LPACAP.

Ver respuesta en: Disposición final tercera de la LPACAP.

El legislador aprovecha para introducir modificaciones de normas entre las disposiciones finales de la LPACAP. En concreto, la LPACAP modifica dos normas:

–   La Disposición final segunda de la LPACAP, que introduce la "Modificación de la Ley 59/2003, de 19 de diciembre, de firma electrónica". (Norma derogada por la

Ley 6/2020, de 11 de noviembre, reguladora de determinados aspectos de los servicios electrónicos de confianza).

– La Disposición final tercera de la LPACAP, que introduce la "Modificación de la Ley 36/2011, de 10 de octubre, reguladora de la jurisdicción social".

La Disposición Final Tercera de la LPACAP, modifica los siguientes preceptos de la Ley 36/2011, de 10 de octubre, reguladora de la jurisdicción social (LRJS):

– El art. 64 de la LRJS, relativo a las "Excepciones a la conciliación o mediación previa".

– El art. 69 de la LRJS, relativo al "Agotamiento de la vía administrativa previa a la vía judicial social".

– El art. 70 de la LRJS, relativo a las "Excepciones al agotamiento de la vía administrativa".

– El art. 72 de la LRJS, relativo a la "Vinculación respecto a la reclamación administrativa previa en materia de prestaciones de Seguridad Social o vía administrativa previa".

– El art. 73 de la LRJS, relativo a los "Efectos de la reclamación administrativa previa en materia de prestaciones de Seguridad Social".

– El art. 85 de la LRJS, relativo a la "Celebración del juicio".

– El art. 103 de la LRJS, relativo a la "Presentación de la demanda por despido".

– El art. 117 de la LRJS, relativo al "Requisito del agotamiento de la vía administrativa previa a la vía judicial".

Junto con la introducción de estas modificaciones directas de la Ley reguladora de la jurisdicción social (LRJS), no puede olvidarse que la LPACAP contiene la regulación completa de las normas de procedimiento administrativo, por lo que estas normas son aplicables al conjunto de los procedimientos administrativos tramitados en materia laboral, al menos en clave de supletoriedad.

57. c) La nueva redacción del art. 69 de la LRJS, introducida en la Disposición final tercera de la LPACAP.

Ver respuesta en: Art. 69 de la LRJS, en la redacción introducida por la Disposición final tercera de la LPACAP.

La LPACAP contiene una importante novedad sobre la derogada LRJPAC, ya que en el Título V "de la revisión de actos en vía administrativa" han desaparecido las reclamaciones administrativas previas al ejercicio de las acciones civiles y laborales (que antes quedaban reguladas en los arts. 120 al 126 de la derogada Ley 30/1992, de 26 de noviembre, bajo el enunciado de "De las reclamaciones previas al ejercicio de las acciones civiles y laborales").

Según la Exposición de Motivos de la Ley, se pretende poner en marcha:

"…una nueva Ley que sistematice toda la regulación relativa al procedimiento administrativo…".

Y en relación con las reclamaciones administrativas previas, indica que:

"…De acuerdo con la voluntad de suprimir trámites que, lejos de constituir una ventaja para los administrados, suponían una carga que dificultaba el ejercicio de sus derechos, la Ley no contempla ya las reclamaciones previas en vía civil y laboral, debido a la escasa utilidad práctica que han demostrado hasta la fecha y que, de este modo, quedan suprimidas…".

Por tanto, la desaparición de la reclamación previa al ejercicio de la acción laboral se produce en el marco de simplificación del procedimiento administrativo.

58. b) Haber agotado la vía administrativa, cuando así proceda, de acuerdo con lo establecido en la normativa de procedimiento administrativo aplicable.

Ver respuesta en: Art. 69.1 de la LRJS, en la redacción introducida por la Disposición final tercera de la LPACAP.

La Disposición final tercera de la LPACAP reforma diversos preceptos de la LRJS. En concreto, se modifican el art. 64 (excepciones a la conciliación o mediación previas), el art. 69 (agotamiento de la vía administrativa previa a la vía judicial social), el art. 70 (excepciones al agotamiento de la vía administrativa), el art. 72 (vinculación respecto a la reclamación administrativa previa en materia de prestaciones de Seguridad Social o vía administrativa previa), el art. 73 (efectos de la reclamación administrativa previa en materia de prestaciones de Seguridad Social), el art. 85 (celebración del juicio), el art. 103 (presentación de la demanda por despido) y el art. 117 (requisito del agotamiento de la vía administrativa previa a la vía judicial para demandar al Estado por los salarios de tramitación).

Como hemos indicado, la desaparición del requisito de procedibilidad en que consiste la reclamación administrativa previa a la vía judicial laboral ha sido considerada, por la doctrina, un acierto.

Por tanto, con la aprobación de la LPACAP resulta de aplicación la regla general del agotamiento de la vía administrativa para abrir el camino al proceso laboral, excepto para los asuntos sobre prestaciones de Seguridad Social.

59. b) En el plazo de dos meses. Salvo en las acciones derivadas de despido y demás acciones sujetas a plazo de caducidad, en cuyo caso el plazo de interposición de la demanda será de veinte días hábiles o el especial que sea aplicable, contados a partir del día siguiente a aquel en que se hubiera producido el acto o la notificación de la resolución impugnada, o desde que se deba entender agotada la vía administrativa en los demás casos.

Ver respuesta en: Art. 69.2 y 3 de la LRJS, en la redacción introducida por la Disposición final tercera de la LPACAP.

De conformidad con el art. 69.2 y 3 de la LRJS, desde que se deba entender agotada la vía administrativa, el interesado podrá formalizar la demanda en el plazo de dos meses ante el juzgado o la Sala competente.

A la demanda se acompañará copia de la resolución denegatoria o documento acreditativo de la interposición o resolución del recurso administrativo, según proceda, uniendo copia de todo ello para la entidad demandada.

En las acciones derivadas de despido y demás acciones sujetas a plazo de caducidad, el plazo de interposición de la demanda será de veinte días hábiles o el especial que sea aplicable, contados a partir del día siguiente a aquel en que se hubiera producido el acto o la notificación de la resolución impugnada, o desde que se deba entender agotada la vía administrativa en los demás casos.

60. d) De tutela de derechos fundamentales y libertades públicas frente a actos de las Administraciones públicas en el ejercicio de sus potestades en materia laboral y sindical.

Ver respuesta en: Art. 70 de la LRJS, en la redacción introducida por la Disposición final tercera de la LPACAP.

El art. 70 LRJS ha sido modificado por la Disposición final tercera de la LPACAP y se limita a enumerar las excepciones al agotamiento de la vía administrativa, quedando reducido a lo que fue su apartado 2, que disponía que: "*No será necesario agotar la vía administrativa para interponer demanda de tutela de derechos fundamentales y libertades públicas frente a actos de las Administraciones públicas en el ejercicio de sus potestades en materia laboral y sindical…*"

La modificación del art. 70 LRJS hace desaparecer el apartado 1 del mismo, que establecían las excepciones a la reclamación administrativa previa o los casos de agotamiento de la vía administrativa, permitiendo la demanda directa en caso de despido colectivo, vacaciones, materia electoral, movilidad geográfica, modificación sustancial de condiciones de trabajo, suspensión de contrato y reducción de jornada, derechos de conciliación de la vida personal, familiar y laboral (del art. 139 de la LRJS), y en los casos de procedimiento de oficio, conflictos colectivos (del art. 124.5 de la LRJS), impugnación de convenio, impugnación de estatutos de los sindicatos o de su modificación, tutela de derechos fundamentales y libertados públicas, y reclamaciones contra el Fondo de Garantía Salarial.

61. a) Bien en fase de reclamación previa en materia de prestaciones de Seguridad Social o de recurso que agote la vía administrativa, salvo en cuanto a los hechos nuevos o que no hubieran podido conocerse con anterioridad.

Ver respuesta en: Art. 72 de la LRJS, en la redacción introducida por la Disposición final tercera de la LPACAP.

El art. 72 de la LRJS, modificado por la Disposición final tercera de la LPACAP, bajo la denominación "Vinculación respecto a la reclamación administrativa previa en materia de prestaciones de Seguridad Social o vía administrativa previa" mantiene, la imposibilidad de introducir en el proceso, por las partes, variaciones sustanciales de tiempo, cantidades o conceptos respecto de los que fueran objeto del procedimiento administrativo y de las actuaciones de los interesados o de la Administración, bien en fase de reclamación previa en materia de prestaciones de Seguridad Social (dado que solamente cabrá reclamación previa en este ámbito) o de recurso que agote la vía administrativa, salvo en cuanto a los hechos nuevos o los que no hubieran podido conocerse con anterioridad.

Continúa de esta forma, también, para los recursos que ponen fin a la vía administrativa, una solución más restrictiva para el demandante que la establecida en el art. 56.1 de la Ley 29/1998, de 13 de julio, reguladora de la Jurisdicción Contencioso-Administrativa, que indica lo siguiente:

"En los escritos de demanda y de contestación se consignarán con la debida separación los hechos, los fundamentos de Derecho y las pretensiones que se deduzcan, en justificación de las cuales podrán alegarse cuantos motivos procedan, hayan sido o no planteados ante la Administración".

62. c) La Ley 30/1992, de 26 de noviembre, de Régimen Jurídico de las Administraciones Públicas y del Procedimiento Administrativo Común.

Ver respuesta en: Disposición derogatoria única, 2. letra a) de la LPACAP.

El apartado 1 de la Disposición derogatoria única de la LPACAP, establece que quedan derogadas todas las normas de igual o inferior rango en lo que contradigan o se opongan a lo dispuesto en la LPACAP.

El apartado 2, letra a) de la Disposición derogatoria única de la LPACAP, deroga –expresamente– las siguientes disposiciones, entre la que se encuentra la Ley 30/1992, de 26 de noviembre, de Régimen Jurídico de las Administraciones Públicas y del Procedimiento Administrativo Común.

En relación con las distintas normas citadas en las posibles repuestas a las preguntas, debemos decir que la Disposición derogatoria única de la LRJSP deroga:

– La Ley 6/1997, de 14 abril, de Organización y Funcionamiento de la Administración General del Estado (LOFAGE).

– La Ley 28/2006, de 18 de julio, de Agencias estatales para la mejora de los servicios públicos.

– Algunos artículos de otras normas, entre los que se encuentra el art. 87 de la Ley Reguladora de las Bases del Régimen Local y el art. 110 del texto refundido de las disposiciones legales vigentes en materia de Régimen Local.

63. c) A la LPACAP o a la LRJSP, según corresponda.

Ver respuesta en: Disposición final cuarta de la LPACAP.

La Disposición final cuarta de la LPACAP, relativo a las "Referencias normativas", indica que las referencias hechas a la Ley 30/1992, de 26 de noviembre, de Régimen Jurídico de las Administraciones Públicas y del Procedimiento Administrativo Común (LRJPAC), se entenderán hechas a la Ley del Procedimiento Administrativo Común de las Administraciones Públicas (LPACAP) o a la Ley de Régimen Jurídico del Sector Público (LRJSP), según corresponda.

64. c) Lo dispuesto en las leyes especiales.

Ver respuesta en: Disposición adicional primera, 1, de la LPACAP.

La Disposición adicional primera de la LPACAP, en su párrafo segundo, recoger los procedimientos especiales, a los que es de aplicación su normativa específica, y supletoriamente la LPACAP, indicando –en su párrafo primero– las causas que justifican su existencia, como son la posibilidad de que no se exijan alguno de los trámites previstos en la LPACAP, o que regulen trámites adicionales o distintos.

En concreto, la Disposición adicional primera, 1, de la LPACAP, indica que:

"1. Los procedimientos administrativos regulados en leyes especiales por razón de la materia que no exijan alguno de los trámites previstos en esta ley o regulen trámites adicionales o distintos se regirán, respecto a estos, por lo dispuesto en dichas leyes especiales…"

De todo ello, se deduce que no existen más procedimientos especiales que puedan exceptuar el régimen de la LPACAP que los señalados en la Disposición adicional primera, párrafo segundo, de la LPACAP, o los que cumplan las exigencias del art. 1.2 de la LPACAP, que indica lo siguiente:

"…Solo mediante ley, cuando resulte eficaz, proporcionado y necesario para la consecución de los fines propios del procedimiento, y de manera motivada, podrán incluirse trámites adicionales o distintos a los contemplados en esta ley. Reglamentariamente podrán establecerse especialidades del procedimiento referidas a los órganos competentes, plazos propios del concreto procedimiento por razón de la materia, formas de iniciación y terminación, publicación e informes a recabar".

El art. 1.2 de la LPACAP establece el conjunto de causas y supuestos que pueden justificar la existencia de un procedimiento especial, que además de una previsión legal, requiere de una justificación y una adecuación al fin pretendido.

En la misma línea que el art. 1.2 de la LPACAP, la Disposición adicional primera, 1, de la LPACAP hace referencia a la justificación de los procedimientos que pueden ser considerados especiales por razón de la materia.

La Disposición adicional décima del Real Decreto 203/2021, de 30 de marzo, por el que se aprueba el Reglamento de actuación y funcionamiento del sector público por medios electrónicos, establece las "Especialidades por razón de materia" indicando lo siguiente.

1. De acuerdo con la disposición adicional primera de la Ley 39/2015, de 1 de octubre, los procedimientos administrativos regulados en leyes especiales por razón de la materia que no exijan alguno de los trámites previstos en la citada ley o regulen trámites adicionales o distintos se regirán, respecto a estos, por lo dispuesto en dichas leyes especiales.

2. Las siguientes actuaciones y procedimientos se regirán por su normativa específica y supletoriamente por lo dispuesto en la Ley 39/2015, de 1 de octubre:

    a) Las actuaciones y procedimientos de aplicación de los tributos en materia tributaria y aduanera, así como su revisión en vía administrativa.

b) Las actuaciones y procedimientos de gestión, inspección, liquidación, recaudación, impugnación y revisión en materia de Seguridad Social y desempleo.

c) Las actuaciones y procedimientos sancionadores en materia tributaria y aduanera, en el orden social, en materia de tráfico y seguridad vial y en materia de extranjería. d) Las actuaciones y procedimientos en materia de extranjería y asilo.

3. De acuerdo con lo previsto en la Disposición adicional decimoséptima de la Ley 40/2015, de 1 de octubre, la Agencia Estatal de Administración Tributaria se regirá por su legislación específica y únicamente de forma supletoria y en tanto resulte compatible con su legislación específica por lo previsto en dicha Ley. El acceso, la cesión o la comunicación de información de naturaleza tributaria se regirán en todo caso por su legislación específica. "

65. c) El Real Decreto 772/1999, de 7 de mayo, por el que se regula la presentación de solicitudes, escritos y comunicaciones ante la Administración General del Estado, la expedición de copias de documentos y devolución de originales y el régimen de las oficinas de registro.

Ver respuesta en: Disposición derogatoria única, 2.f) de la LPACAP.

La Disposición derogatoria única, 2.f) de la LPACAP deroga, expresamente, el Real Decreto 772/1999, de 7 de mayo, por el que se regula la presentación de solicitudes, escritos y comunicaciones ante la Administración General del Estado, la expedición de copias de documentos y devolución de originales y el régimen de las oficinas de registro.

66. d) Por su normativa específica y supletoriamente por lo dispuesto en la LPACAP.

Ver respuesta en: Disposición adicional primera, 2, d) de la LPACAP.

La Disposición adicional primera, 2, d) de la LPACAP, reconoce el carácter prevalente de la normativa de extranjería en materia de actuaciones y procedimientos, incluyendo el ámbito sancionador, de tal manera que en este ámbito, con la entrada de vigor de la LPACAP, la extranjería se continúa rigiendo por su normativa específica y solo supletoriamente por la LPACAP.

67. b) Como máximo, de un archivo electrónico por cada Ministerio.

Ver respuesta en: Disposición transitoria segunda de la LPACAP.

La Disposición transitoria 2.ª de la LPACAP indica que, durante el segundo año tras la entrada en vigor de la Ley, se dispondrá, como máximo, de un archivo electrónico por cada Ministerio, en el que se archivará la documentación correspondiente a cada Ministerio y posteriormente, a partir del 2 octubre de 2018, pasará a existir un único archivo electrónico para toda la Administración General del Estado.

En todo caso, debemos precisar que cuando la Disposición transitoria segunda de la LPACAP hace referencia al "archivo" se refiere a procedimientos finalizados.

El art. 17 de la LPACAP establece que existirá un archivo electrónico único para cada Administración.

Por otra parte, el art. 16 de la LPACAP contempla la transformación de las Oficinas de Registro en Oficinas de Asistencia en materia de registros. En las Oficinas de Asistencia en materia de registros, las personas serán asistidas por un funcionario para realizar sus trámites por vía electrónica, tal y como indica el art. 12 de la LPACAP.

Por lo tanto, desde el 2 de octubre de 2017, todas las oficinas de registro se transforman en "Oficinas de Asistencia en materia de registro" de los ministerios o de sus organismos, y deben digitalizar la documentación que se presenta por Registro, conforme a lo establecido en el art. 16.5 de la LPACAP.

En resumen, el art. 17 de la LPACAP establece que existirá un archivo electrónico único para cada Administración (para procedimientos finalizados). En las nuevas Oficinas de Asistencia en materia de registros (fruto de la transformación de las antiguas Oficinas de Registro, de conformidad con el art 16. y la Disposición Transitoria Segunda de la LPACAP) las personas estarán asistidas por un funcionario para realizar sus trámites por vía electrónica (art. 12 de la LPACAP). En este proceso de integración a desarrollar hasta 2018, la disposición transitoria segunda de la LPACAP establece que:

– Durante el primer año, tras la entrada en vigor de la LPACAP (2 octubre 2016-1 octubre 2017), se podrán mantener los registros existentes.

– Durante el segundo año, tras la entrada en vigor de la LPACAP (2 octubre 2017-1 octubre 2018), se dispondrá, como máximo, de un registro por Ministerio u Organismo Público. Además, a partir del 2 de octubre de 2017, todas las oficinas de registro se transforman *ex lege* en oficinas de asistencia en materia de registro de los ministerios o de sus organismos.

– El archivo único electrónico producirá efectos a partir del día 2 de abril de 2021.

68. c) Adherirse voluntariamente a las plataformas y registros establecidos al efecto por la Administración General del Estado y su no adhesión, deberá justificarse en términos de eficiencia.

Ver respuesta en: Disposición adicional segunda de la LPACAP.

Según la Disposición adicional segunda de la LPACAP, para cumplir con lo previsto en materia de registro electrónico de apoderamientos, registro electrónico, archivo electrónico único, plataforma de intermediación de datos y punto de acceso general electrónico de la Administración, las CCAA y las EELL "podrán adherirse voluntariamente", y a través de medios electrónicos, a las plataformas y registros establecidos al efecto por la Administración General del Estado.

Su no adhesión deberá justificarse en términos de eficiencia, de conformidad con al art. 7 de la Ley Orgánica 2/2012, de 27 de abril, de Estabilidad Presupuestaria y Sostenibilidad Financiera.

En el caso que una Comunidad Autónoma o una Entidad Local justifique que puede prestar el servicio de un modo más eficiente, y opte por mantener su propio registro o plataforma, las citadas Administraciones deberán garantizar que este cumple con los requisitos del Esquema Nacional de Interoperabilidad, el Esquema Nacional de Seguridad, y sus normas técnicas de desarrollo, de modo que se garantice su compatibilidad informática e interconexión, así como la transmisión telemática de las solicitudes, escritos y comunicaciones que se realicen en sus correspondientes registros y plataformas.

Para instrumentar esta "cuasi obligación" (a pesar de la voluntariedad con la que se introduce en la LPACAP), el "Portal de la Administración Electrónica (PAe)" del Gobierno de España, tiene a disposición de las distintas Administraciones los Convenios de colaboración en materia de Administración electrónica para la prestación mutua de servicios de administración electrónica (PMSBAE).

En el citado Portal se pueden descargar los Convenios firmados entre cada una de las CCAA y la Administración General del Estado. Las EELL ubicadas en el territorio de cada Comunidad Autónoma también pueden acceder a las funcionalidades de las soluciones tecnológicas, suscribiendo el respectivo convenio entre la Comunidad Autónoma y cada ente local.

En todo caso, y ya antes de la aprobación de la LPACAP, las Administraciones disponían de la Red SARA (Sistema de Aplicaciones y Redes para las Administraciones), que es un conjunto de infraestructuras de comunicaciones y servicios básicos que conecta las AAPP españolas y las instituciones europeas, facilitando el intercambio de información y el acceso a los servicios.

En definitiva, se trataba de una red de comunicaciones que interconectara los sistemas de información de las AAPP españolas y permitiera el intercambio de información y servicios entre las mismas, así como la interconexión con las redes de las Instituciones de la Unión Europea y de otros Estados Miembros.

69. d) El art. 149.1.18.ª de la CE.

Ver respuesta en: Disposición final primera, 1, de la LPACAP (en relación con el art. 149.1.18.ª de la CE).

Con carácter general, la Disposición final primera, párrafo primero, de la LPACAP establece que la LPACAP se aprueba al amparo de lo dispuesto en el art. 149.1.18.ª de la CE, que atribuye al Estado la competencia para dictar las bases del régimen jurídico de las AAPP y competencia en materia de procedimiento administrativo común y sistema de responsabilidad de todas las AAPP.

Por tanto, de conformidad con la Disposición final primera, párrafo primero, de la LPACAP, el Título V de la LPACAP "de la revisión de los actos en vía administrativa" se aprueba al amparo de lo dispuesto en el art. 149.1.18.ª de la CE.

70. d) El Real Decreto 429/1993, de 26 de marzo.

Ver respuesta en: Disposición derogatoria única, 2.d) de la LPACAP.

La LPACAP deroga, expresamente, el Real Decreto 429/1993, de 26 de marzo, por el que se aprueba el Reglamento de los procedimientos de las Administraciones Públicas en materia de responsabilidad patrimonial.

De esta forma, el ordenamiento jurídico español deja de tener una norma procedimental específica en materia de responsabilidad patrimonial (en este caso, el Real Decreto 429/1993), y en su lugar, se seguirá el procedimiento común recogido en el Título IV de la LPACAP, con las especialidades que la propia LPACAP fija en materia de responsabilidad patrimonial (lo mismo ocurre con los procedimientos de naturaleza sancionadora).

La LPACAP dedica varios artículos a esta materia.

71. a) Por su normativa específica y supletoriamente por lo dispuesto en la LPACAP.

Ver respuesta en: Disposición adicional primera, 2. d) de la LPACAP.

La Disposición adicional primera, párrafo segundo, d) de la LPACAP reconoce el carácter prevalente de la normativa de asilo en materia de actuaciones y procedimientos, de tal manera que este ámbito, con la entrada de vigor de la LPACAP, el asilo continua rigiéndose por su normativa específica y solo, supletoriamente, por la LPACAP.

72. b) Promoverán la aplicación de los principios de buena regulación y cooperarán en el análisis económico citado.

Ver respuesta en: Art. 130.2 de la LPACAP.

El art. 130.2 de la LPACAP dispone que:

"2. Las Administraciones Públicas promoverán la aplicación de los principios de buena regulación y cooperarán para promocionar el análisis económico en la elaboración de las normas y, en particular, para evitar la introducción de restricciones injustificadas o desproporcionadas a la actividad económica".

El art. 129. 1 a 6 de la LPACAP establece los principios de buena regulación en el ejercicio de la iniciativa legislativa y la potestad reglamentaria, obligando a las AAPP a actuar de acuerdo con los principios de necesidad, eficacia, proporcionalidad, seguridad jurídica, transparencia, y eficiencia.

Por otra parte, el art. 129.7 de la LPACAP, añade, que cuando la iniciativa normativa afecte a los gastos o ingresos públicos presentes o futuros, se deberán cuantificar y valorar sus repercusiones y efectos, y supeditarse al cumplimiento de los principios de estabilidad presupuestaria y sostenibilidad financiera (establecidos en los arts. 3.2 y 4.2 de la Ley Orgánica 2/2012, de 27 de abril, de Estabilidad Presupuestaria y Sostenibilidad Financiera).

El art. 130.1 de la LPACAP establece que las AAPP revisarán, periódicamente, su normativa vigente para:

1.º Adaptarla a los principios de buena regulación.

2.º Comprobar la medida en que las normas en vigor han conseguido los objetivos previstos.

3.º Determinar si estaba justificado y correctamente cuantificado el coste y las cargas impuestas por las normas.

En todo caso, añadir que los aspectos que soportan la calidad normativa son:

a) La simplificación administrativa de la regulación existente.

b) Los principios de buena regulación que racionalizan la regulación normativa.

c) La evaluación de impacto normativo.

73. b) Deroga ciertos artículos y disposiciones del Real Decreto 1671/2009, de 6 de noviembre.

Ver respuesta en: Disposición derogatoria única, 2. g) de la LPACAP.

La Disposición derogatoria única, 2. a) b y g) de la LPACAP, expresamente, deroga:

"a) Ley 30/1992, de 26 de noviembre de Régimen Jurídico de las Administraciones Públicas y del Procedimiento Administrativo Común.

b) Ley 11/2007, de 22 de junio, de acceso electrónico de los ciudadanos a los Servicios Públicos.

…

g) Los artículos 2.3, 10, 13, 14, 15, 16, 26, 27, 28, 29.1.a), 29.1.d), 31, 32, 33, 35, 36, 39, 48, 50, los apartados 1, 2 y 4 de la disposición adicional primera, la disposición adicional tercera, la disposición transitoria primera, la disposición transitoria segunda, la disposición transitoria tercera y la disposición transitoria cuarta del Real Decreto 1671/2009, de 6 de noviembre, por el que se desarrolla parcialmente la Ley 11/2007, de 22 de junio, de acceso electrónico de los ciudadanos a los Servicios Públicos…".

El apartado g) de la Disposición derogatoria única, 2 de la LPACAP, añade:

"Hasta que, de acuerdo con lo dispuesto en la disposición final séptima, produzcan efectos las previsiones relativas al registro electrónico de apoderamientos, registro electrónico, punto de acceso general electrónico de la Administración y archivo único electrónico, se mantendrán en vigor los artículos de las normas previstas en las letras a), b) y g) relativos a las materias mencionadas".

Según la modificación de la Disposición final séptima de la LPACAP, introducida por la Ley 10/2021, de 9 de julio, de trabajo a distancia, producirán efectos a partir del 2 de abril de 2021, las previsiones relativas al:

– Registro electrónico de apoderamientos;

– Registro electrónico;

– Registro de empleados públicos habilitados;

– Punto de acceso general electrónico de la Administración;

– Archivo único electrónico.

74. b) Necesidad; eficacia; proporcionalidad; seguridad jurídica; transparencia y eficiencia.

Ver respuesta en: Art. 129.1 de la LPACAP.

El art. 129. 1 de la LPACAP establece los principios de buena regulación en el ejercicio de la iniciativa legislativa y la potestad reglamentaria, obligando a las AAPP a actuar de acuerdo con los principios de necesidad, eficacia, proporcionalidad, seguridad jurídica, transparencia, y eficiencia.

El art. 129. 2 a 6 de la LPACAP desarrolla cada uno de los principios citados.

El último apartado del artículo 126, el apartado 7, cierra el artículo indicando que:

"Cuando la iniciativa normativa afecte a los gastos o ingresos públicos presentes o futuros, se deberán cuantificar y valorar sus repercusiones y efectos, y supeditarse al cumplimiento de los principios de estabilidad presupuestaria y sostenibilidad financiera".

Frente a estos principios, en la LRJSP existen dos preceptos que recogen los principios generales a los que las AAPP deben sujetar su actuación y relaciones, tanto en el ámbito ciudadano, como en las relaciones que se dan entre las propias administraciones:

– El art. 3 de la LRJSP, que regula los "Principios Generales" que regirán la actuación de las AAPP.

– El art. 140 de la LRJSP, que regula "Principios generales de las relaciones interadministrativas" que presidirán las relaciones interadministrativas.

75. d) Todas las respuestas son correctas.

Pregunta basada en el artículo 133.1 de la Ley 39/2015, de 1 de octubre, del Procedimiento Administrativo Común de las Administraciones Públicas:

1. Con carácter previo a la elaboración del proyecto o anteproyecto de ley o de reglamento, se sustanciará una consulta pública, a través del portal web de la Administración competente en la que se recabará la opinión de los sujetos y de las organizaciones más representativas potencialmente afectados por la futura norma acerca de:

    a) Los problemas que se pretenden solucionar con la iniciativa.

    b) La necesidad y oportunidad de su aprobación.

    c) Los objetivos de la norma.

    d) Las posibles soluciones alternativas regulatorias y no regulatorias.

Cómo acceder al Curso

Ley 39/2015, de 1 de octubre, del Procedimiento Administrativo Común de las Administraciones Públicas
Test comentados para oposiciones volumen 1

El uso de los códigos **es exclusivo de los compradores de los productos de Editorial MAD**. Cada producto posee un código único y de un solo uso. Es personal e intransferible y da acceso a servicios y contenidos adicionales. Editorial MAD se reserva el derecho de hacer cuantas comprobaciones sean necesarias para identificar al legítimo poseedor del código y dejar de dar servicio a quien haga uso fraudulento del mismo, además de emprender cuantas acciones legales estime oportunas según la legislación vigente.

Deberás acceder a:

mad.es/registro-campus

Si una vez aceptadas las condiciones de uso del Campus decides hacer uso del mismo, necesitarás del siguiente código de acceso junto con los códigos del resto de títulos que se exigen (si fuera el caso):

4S36GLY7NJ